Micah White
DIE ZUKUNFT DER REBELLION

Blumenbar

MICAH WHITE

DIE ZUKUNFT DER REBELLION

Eine Anleitung

Aus dem Englischen
von Helmut Ettinger

Für Chiara: Dein Licht hat mich verändert.
Und für all jene, die nie zweimal auf die gleiche
Weise protestieren.

Danke.

Stimmen zum Buch

»Micah White liefert uns eine Draufsicht auf das Schlachtfeld dynamischer gesellschaftlicher Veränderungen, auf dem ständig Bewegung herrscht. Neue Kriege erfordern eine neue Kampf-kunst, um erfolgreich zu sein.«
LUPE FIASCO, Rapper und Hip-Hop-Künstler

»Micah ist ein Genie im Durchdringen komplexer Systeme. Er ist die moralische Stimme einer denkenden Generation. Seine Schlüsse sind einfach, wahr und überraschend.«
ROSEANNE BARR, Schauspielerin

»Anhand seiner Erfahrungen mit der Occupy-Bewegung for-dert Micah White kühn die Protestroutine heraus, in der viele Streiter für soziale Gerechtigkeit gefangen sind. Seine Kritik an den sozialen Bewegungen von heute drängt sie, ein höheres Ni veau anzustreben, und lässt uns hoffen, dass die Revolution für eine bessere Welt bereits im Gange ist.«
PAM PALMATER, Professorin, Anwältin der Mi'kmaq-Indianer, Sprecherin und Erzieherin der Idle-No-More-Bewegung mehrerer kanadischer Indianerstämme

»*Die Zukunft der Rebellion* ist ein fesselndes historisches Doku-ment, ein Kampfaufruf, eine Anleitung und ein selbstkritischer Blick auf die Occupy-Bewegung von einem ihrer Mitbegründer. Das Buch zeichnet die Geschichte des Protests in Nordamerika nach und bietet eine neue Vision, Strategie und Taktik für die friedliche Revolution einer horizontalen weltweiten Bewegung. Eine inspirierende Pflichtlektüre für jeden Aktivisten.«

CARMEN AGUIRRE, Schriftstellerin, Autorin von *Mexican Hooker #1* **und** *Something Fierce,* **Trägerin des Preises »Canada Reads«**

»Micah White lässt einen leidenschaftlichen Weckruf an die Aktivisten erschallen, den Protest neu zu erfinden. White stützt sich dabei auf Jahrzehnte eigener Erfahrung und die Bilanz der Geschichte. Dies ist ein ausgesprochen lesbares Buch voller Weisheit und praktischer Ratschläge, um im 21. Jahrhundert die Wirkung des Andersdenkens wiederzubeleben.«

GABRIELLA COLEMAN, Autorin von *Hacker, Hoaxer, Whistleblower, Spy*

»*Die Zukunft der Rebellion* ist ein informatives, inspirierendes Buch für Aktivisten jeder Couleur. Wie White den ›mentalen Umweltschutz‹ herausstellt, ist brillant.«

ALEX EBERT, Leadsänger von Edward Sharp and the Magnetic Zeros

»Micah White ist ein *Stratege,* eine neue Art Revolutionär. Er weiß, dass Widerstand nicht in erster Linie das ist, was du tust, sondern was du *bist*: Er durchdringt dich ganz und gar, dein innerstes Sein, deinen Glauben, deine Hoffnung auf Demokratie, deinen Hass auf die Großkonzerne, dein ganzes geistiges Umfeld. Dieses Buch ist *Rules for Radicals** für die Weltpartei, die erst noch kommen muss.«

ANDY MERRYFIELD, Autor von *The Wisdom of Donkeys* **und** *Magical Marxism*

---

* *Deutsch: Saul Alinsky, Anleitung zum Mächtigsein, Bornheim-Merten 1984 – Anm. d. Übers.*

»Micah White argumentiert überzeugend, dass die heute praktizierten Protestformen sich überlebt haben. Er weist die Richtung, wie sie erneuert werden können und müssen. Sein Buch ist
eine Liebeserklärung an die Aktivisten der Zukunft.«

MICHAEL HARDT, Mitautor der Empire-Trilogie (*Empire, Multitude,
Commonwealth*)*

»Furchtlos klar und radikal offen weist Micah White dem Protest den ihm gebührenden Platz zu – unter den stärksten Kräften, welche die Geschichte geprägt haben. Dann enthüllt er die
Protestkultur als ebenso überlebt wie die Strukturen, die sie
stürzen will. Sie braucht dringend eine ›rücksichtslose Erneuerung‹. Viele Bücher sagen uns, *warum* wir protestieren sollen,
dieses Buch sagt uns, *wie*.«

J. B. MacKINNON, Autor von *The Once and Future World*

»Präsident Kennedy hat gesagt: ›Wer eine friedliche Revolution
unmöglich macht, wird eine gewaltsame Revolution unvermeidlich machen.‹ Eine der drängendsten Existenzfragen unserer
Zeit ist, wie wir auf diese Hypothese antworten. In *Die Zukunft
der Rebellion* weist Micah White dieser Debatte die Richtung,
indem er ein tiefes Verständnis für Geschichte und politische
Philosophie mit einem aufregenden Sinn für die Möglichkeiten
der Zukunft verbindet.«

MARIANNE WILLIAMSON, Autorin von *A Return to Love***

---

* Deutsch: (mit Antonio Negri) *Empire. Die neue Weltordnung, Frankfurt am Main
2002 – Anm. d. Übers.*
** Deutsch: *Rückkehr zur Liebe, München 1995 – Anm. d. Übers.*

»Micah White vermittelt uns eine zutiefst aufrichtige, mutige und letztlich optimistische Sicht darauf, wie die Menschen eine bessere Welt errichten können und warum das noch nicht gelungen ist. Das Buch ist so voller Einblicke und Ideen, dass man einigen zustimmen und andere hinterfragen muss. Aber der Leser wird herausgefordert und dadurch klüger. Dieses Buch ist dringend nötiger Treibstoff für eine leidenschaftliche Revolution des Volkes.«

JONAH SACHS, Autor von *Winning the Story Wars*

»*Die Zukunft der Rebellion* ist nichts Geringeres als ein neues Paradigma für den Widerstand. Es wird ganz sicher eine heftige und notwendige Debatte darüber auslösen, wie gegen Unterdrückung vorzugehen ist und worin der Sieg besteht.«

DOUGLAS RUSHKOFF, Autor von *Throwing Rocks at the Google Bus* **und** *Present Shock**

---

* *Deutsch: Present Shock. Wenn alles jetzt passiert, Freiburg im Breisgau 2014 – Anm. d. Übers.*

Inhalt

SCHLUSSBEMERKUNGEN

ANHANG

»Revolutionär sein ist wie verliebt sein. Verliebte glauben, dies sei in ihrem Leben noch nie jemand anderem passiert. Daher lernen sie auch nicht von anderen und machen immer wieder die gleichen Fehler.«

Paul N. Rosenstein-Rodan, Ökonom, 1974

»All Day, All Week, Occupy Wall Street!«

Lupe Fiasco, amerikanischer Rapper, 2011

VORWORT

*»Also – ihr 90 000 Erlöser, Rebellen und Radikale dort draußen …
Wir wollen, dass am 17. September 20 000 Leute nach Lower Manhattan strömen, dort Zelte, Küchen und friedliche Barrikaden
aufbauen und mehrere Monate lang die Wall Street besetzen.«*

Mit diesem flammenden Aufruf wurde ein weltweiter Aufstand
losgetreten. Das Getöse war enorm, die Stimmung ansteckend.
Binnen weniger magischer Wochen des Jahres 2011 flog das Occupy Wall Street Mem in Windeseile von Stadt zu Stadt, griff
von Bankenvierteln auf öffentliche Parks über: Occupy Toronto,
Occupy Oakland, Occupy Vancouver, Occupy London, Occupy Sydney … In 951 Städten von 82 Ländern schossen Feldlager
wie Pilze aus dem Boden. Viele empfanden es als ein überwälti-
gendes Erlebnis: Das Event war in ihnen – sie waren das Event.
Die Teilnehmer verloren jede Furcht, setzten das normale Funktionieren der Gesellschaft aufs Spiel, erschienen nicht mehr zur
Arbeit, *lebten ohne Atempause,** sich der Bedeutung des Augen-
blicks voll bewusst. Occupy feierte Menschen, die endlich sie
selbst wurden und sich restlos hingaben. Die kollektive Krea-

---

* *Bezug auf* Live Without Dead Time, *eine 2003 in den USA und Kanada
erschienene, in der Bewegung verbreitete CD. Siehe https://www.discogs.com/de/
Various-Live-Without-Dead-Time/release/1 227 991 – Anm. d. Übers.*

tivität der Menschheit freizusetzen war das Credo unserer Bewegung.

Occupy Wall Street war ein politisches Wunder, ein Bruch, der die Wirklichkeit neu bestimmte, die Grenzen des Möglichen weitete, die Teilnehmer das Gute und Wahre in sich entdecken ließ. Ohne Führer wurden wir alle zu Führern. Wunderbare Ideen brauchten nicht auf Genehmigung zu warten. Wenn jemand eine Volksbibliothek zu gründen wünschte, dann machte man ihm oder ihr Mut, und Buchspenden flossen. Wer eine Demo organisieren wollte, hatte das Recht dazu, und die Menschen schlossen sich an. Tausende Hungrige wurden von den freien Küchen der Bewegung versorgt. Unsere Lager zogen die Menschen an, weil sie einen Raum außerhalb der üblichen Regeln der hierarchischen Konsumgesellschaft darstellten. Viele erlebten bei Occupy zum ersten Mal radikale Demokratie. Die Freiheit war berauschend.

Eine bessere Welt schien möglich, sie war bereits im Entstehen. Die Mauer zwischen ironischer Distanz und glühender Hoffnung war endlich gefallen.

Im schwindelerregenden Fieber dieser gesellschaftlichen Erhebung glaubten wir die Revolution zum Greifen nah. Angesichts dessen sollte man unsere Naivität verzeihen.

Die Lager wurden schließlich von paramilitärischen Kräften geräumt. Occupy verflüchtigte sich, in den Bankenvierteln weltweit zog wieder Normalität ein. Und doch wird nichts mehr so sein wie früher, als die Menschen die Kraft einer globalen sozialen Bewegung noch nicht gespürt hatten.

Als der NSA-Whistleblower Edward Snowden nach seiner Meinung gefragt wurde, weshalb sich unsere Bewegung auflöste, erklärte er, Occupy habe die Grenzen unserer Art des Protests sichtbar gemacht: »Occupy Wall Street stieß an seine Grenzen, weil es den Lokalbehörden gelang, uns ein Bild davon zu suggerieren, was ziviler Ungehorsam tatsächlich ist – schlicht unwirksam.«[1]

Zu Recht wirft Snowden den Behörden Gegenmaßnahmen vor, durch welche die Protestierenden nur vergebliche, performative, rein symbolische Akte ausüben können. Sie müssen für Protestaktionen Genehmigungen einholen, die Organisatoren werden dazu gedrängt, bei der Vorbereitung geplanter Festnahmen mit den Behörden zu kooperieren. Redefreiheit wird dort gewährt, wohin sich keine Zuhörer verirren. Die Teilnehmer werden gezwungen, auf dem Gehweg zu demonstrieren statt den Verkehr zu blockieren. All das wurde erdacht, um den Aktionen die Wirkung zu nehmen und zu verhindern, dass Rebellion zu gesellschaftlichen Veränderungen führt.

Auch damit hat Snowden recht: Die Aktivisten müssen ihren Teil der Verantwortung dafür tragen, dass sie an gescheiterten Protestformen und überholten Theorien für soziale Veränderungen festhalten. Allzu oft greifen sie zu Taktiken, die sich über die Jahrzehnte abgenutzt haben und heute einfach scheitern müssen. Die Behörden ermutigen sie zu solchen nostalgischen Protestritualen, weil diese nach einem bekannten Schema ablaufen und leicht zu kontrollieren sind. Sie mögen früher einmal Wirkung gezeigt haben, aber die Zeiten haben sich geändert. Doch wir folgen nach wie vor einer vagen Theorie von gesellschaftlichem Wandel, den der Aktivist Peter Gelderloos einmal so beschrieben hat: »Wir protestieren, protestieren und protestieren, bis ›das Volk‹ sich schließlich erhebt und der Staat zerfällt, oder so ähnlich.«[2] Der erste Schritt, um wahrhafte Veränderung zu erreichen, besteht darin, für das Scheitern des Paradigmas »Protestieren, protestieren und protestieren« Verantwortung zu übernehmen. Das beginnt mit der Einsicht, dass der Protest von heute gescheitert ist, und dem Willen, den Schaden zu beheben.

Wenn man ein wirkungsloses Paradigma überwinden will, muss man es durch ein neues ersetzen. Occupy war ein Geschenk an die Aktivisten in der ganzen Welt, die jetzt nach dem nächsten Paradigma für gesellschaftliche Bewegungen suchen. Es war ein Weckruf, sich von diesem Szenarium des Protests loszusagen und das Prinzip gesellschaftliche Veränderungen durch kollektive Aktion neu zu überdenken. Die Lehre für unsere Bewegung lag vor allem darin, endlich die Herausforderung anzunehmen, vor der bisher jede Generation von Revolutionären gestanden hat: die neue Protestform zu finden, die sich in der gegenwärtigen historischen Situation als wirksam erweist.

> »Eine Revolution ist kein Theaterstück!
> Dort gibt es keine Zuschauer! Jeder und jede ist beteiligt,
> ob sie das wissen oder nicht.«
>
> The Weather Underground, 1968

EINLEITUNG: DU WIRST GEBRAUCHT

Du sehnst dich nach einem Protest, der allen Protesten ein Ende setzt, nach der ultimativen Revolution, welche die Ungerechtigkeit beseitigt und die Gesellschaft von Grund auf verändert. Du träumst von einer besseren Welt, in der Protest nicht mehr gebraucht wird. Du willst ihn so wirksam gestalten, dass deine Ideale Wirklichkeit werden. Ein Ende des Protests bedeutet für dich die Einstellung aller Aktionen, denn deine Arbeit ist getan und das Ziel deines Kampfes erreicht. Du verstehst, dass das Ende des Protests selbst eine Revolution ist.

Dieses Buch bietet dir Werkzeuge an, um die Transformation der Gesellschaft zu beschleunigen. Da du begreifst, dass der Protest ein Mittel von vielen für soziale Veränderung ist, greife nach dem, das wirkt, und trenne dich von den übrigen.

Solltest du dich durch die Revolution bedroht fühlen, Bewegungen wie Occupy fürchten oder verachten, solltest du zu diesem Buch gegriffen haben, um den Protesten ein Ende zu setzen und jeden Widerspruch zu ersticken, dann wisse, dass es auch für dich geschrieben wurde. Der Aufstand braucht immer Menschen, die sich, aus einer Machtstellung kommend, zur Sache bekennen – Polizisten, die die Seiten wechseln, Insider, die zu Whistleblowern werden, Politiker, die die Forderungen des Volkes anerkennen. Du magst heute noch gegen uns sein, morgen schließt du dich uns an. Unsere Bewegung wird stärker, je mehr Bekehrte dazugehören. Sie begreifen die Irrwege der alten Welt, denn sie haben sie selbst verkörpert.

Du magst jene, die auf die Straße gehen, mit Skepsis betrachten und für rücksichtslos halten. Die haben wohl nichts zu verlieren; du hingegen hast so hart gearbeitet, um Stellung, Wohlstand und Ansehen zu erreichen. Vielleicht teilst du nicht ihre Wut. Vielleicht glaubst du, dass zu einer guten Gesellschaft auch ein paar Revolten gehören. Aufruhr hat in der Tat viele unangenehme Seiten. Revolutionen arten zuweilen in Gewalt aus und bringen immer Folgen mit sich, die nicht beabsichtigt waren. »In einer Gesellschaft wie unserer«, schreibt Herbert Marcuse, ein führender Gesellschaftstheoretiker und Philosoph des 20. Jahrhunderts, »in der die Befriedung einen bestimmten Punkt erreicht hat, erscheint es zunächst irrwitzig, eine Revolution zu wollen. Denn wir haben, was wir uns wünschen.« Als Rezept bietet er an: »Das Ziel besteht darin, den Wunsch selbst zu transformieren, damit die Menschen nicht mehr das wollen, was sie jetzt wollen.«[3] Du wünschst dir ein Ende des Protests, aber wenn dein Wunsch in Erfüllung geht, wäre das verheerend für dich.

Wenn es gar keinen Protest gibt, ist das für eine Gesellschaft gefährlich. Protest ist ein Symptom dafür, dass es zu Veränderungen kommen muss. Die Menschen auf den Straßen sind Vorboten von mehr Demokratie. Wenn kein wirksamer Protest stattfindet, dann stehen die Zeichen auf Unruhen im Land. Ob man Protestierende unterstützt oder unterdrückt, die Geschichte zeigt, dass Widerspruch notwendig ist, damit die Gesellschaft sich entwickeln und kollektiv erneuern kann. Eine Revolution gibt uns die gesellschaftliche Freiheit, die die Menschen brauchen, um alte Gewohnheiten abzuwerfen und ihr wahres kollektives Potential zu erschließen.

ERSTER TEIL: HEUTE

»Wenn eine Sache ihr Ende erreicht hat, kehrt sie zum Anfang zurück.«
Tai Gongs Sechs geheime Lehren (475–221 v. u. Z.)

»In jeder Kriegsführung spielt das Unberechenbare eine große Rolle, der Zufall, und die Beherrschung dieses dunklen Elements der Ungewissheit durch Entschlossenheit ist eine der wesentlichsten Eigenschaften des Feldherrn.«

Hans Delbrück, *Geschichte der Kriegskunst*, Bd. 4, *Neuzeit*, 1920

DIE ENTSTEHUNG VON OCCUPY

Mehrere Jahre vor Occupy Wall Street wurden bei zunehmenden Protesten überall in der Welt mehr Demokratie, mehr wirtschaftliche Gleichheit und politische Repräsentation gefordert. Der Zusammenbruch des globalen Finanzsystems und das darauffolgende Ansteigen der Lebensmittelpreise aufgrund von Missernten, zum Teil verursacht durch den Klimawandel, ließen die Zahl der Proteste gegen erkennbare Missstände und mit konkreten Forderungen heftig in die Höhe schnellen. Sie wuchs von 59 im Jahre 2006 auf 80 im Jahre 2008 und auf 153 im Jahre 2011 an. In diesem Jahr wurde Occupy geboren.[4] Auch der Umfang des Geschehens nahm dramatisch zu. Es kam zu den mächtigsten Protestaktionen in der Geschichte der Menschheit: Von 2006 bis 2013 fanden 37 Demonstrationen mit über einer Million Teilnehmer statt. 2010 protestierten allein in Frankreich 3,5 Millionen Menschen gegen die Erhöhung des Renteneintrittsalters. In Portugal gingen beim ersten Generalstreik seit 22 Jahren 3 Millionen gegen die Sparpolitik der Regierung auf die Straße. Zu gewaltigen Protestaktionen kam es in Brasilien. Und überwältigende 100 Millionen Arbeiter traten am 20. Februar 2013 in Indien für niedrigere Preise, mehr Arbeitsplätze, höhere Investitionen im staatlichen Sektor und bessere Arbeiterrechte in den Streik.

Der Zyklus der Revolten, die schließlich zu Occupy Wall Street führten, begann am 17. Dezember 2010 in Tunesien, wo der 26-jährige Straßenhändler Mohamed Bouazizi sich selbst anzündete, um gegen das demütigende Vorgehen eines Polizisten zu protestieren, der seinen Obstwagen beschlagnahmt hatte. Danach war Bouazizi zum Sitz des Gouverneurs gegangen, um von ihm die Herausgabe seiner Ware zu verlangen. Als der es ablehnte, mit ihm zu sprechen, übergoss sich der junge Mann auf der Straße mit Benzin und setzte sich in Brand. Dabei rief er: »Wie, meinen Sie, soll ich meinen Lebensunterhalt verdienen?« Der politische Selbstmord entfachte den aufgestauten Zorn des tunesischen Volkes. Dieses litt unter einem Regime, das laut eines Berichts des US State Department »die Justiz einsetzt, um durch Einschüchterung, Strafverfahren, willkürliche Festnahmen, Aufenthaltsbeschränkungen und Verkehrskontrollen jede Kritik im Keim zu ersticken«.[5] Bouazizis Tod hatte sofort überall im Land große Demonstrationen zur Folge, die das autokratische Regime von Ben Ali zu Fall brachten. Das löste den Arabischen Frühling aus, der auf Algerien, Ägypten, Jemen, Bahrein, Libyen und fast alle arabischen Staaten übergriff.

Bouazizis Selbstverbrennung inspirierte Aktivisten in Algerien und Mauretanien, die ihren Widerstand auf die gleiche dramatische Weise zum Ausdruck brachten. Am 18. Januar 2011 erreichte der Arabische Frühling Kairo, wo sich ein Ägypter vor dem Parlamentsgebäude in Brand steckte. Fünf weitere derartige Versuche folgten. Eine Woche später versammelten sich auf dem Tahrir-(Befreiungs-)Platz vor dem Mogamma, dem riesigen Gebäudekomplex der Zentralverwaltung des Landes, Zehntausende Ägypter zu einem »Tag des Zorns« gegen Polizeigewalt und 30 Jahre Unterdrückung durch das Regime von Hosni Mubarak. Ich habe in den Jahren vor dieser Erhebung mehrere Monate lang in der Nähe des Tahrir-Platzes gewohnt. Ich erinnerte mich daran, wie brutal die Polizei damals agierte. Als ich nun die Bilder von den Protestierenden sah, die die Straßen füllten, war mir sofort klar, dass es sich hier um eine revolutionäre Situation von historischem Ausmaß handelte. Auf dem Tahrir-Platz wurde ein Pro-Demokratie-Lager errichtet. Die Welt sah zu, wie einfache Leute öffentlich den Rücktritt Mubaraks forderten und sich dabei gegen Beschuss und vom Regime vorgeschickte Schläger verteidigten. Als Mubarak am 11. Februar 2011 schließlich sein Amt aufgab, rollte eine weitere Protestwelle durch die Welt. Von dem Erfolg ermutigt, sahen die Menschen, dass dramatische Veränderungen möglich waren.

Am 15. Mai 2011 kam es in 58 Städten Spaniens zu Protesten gegen den Sparkurs der Regierung. In Madrid versammelten sich 50 000 Menschen. Sie forderten direkte Demokratie und Mitbestimmung. Vom Tahrir-Aufstand angeregt, führten Aktivisten der 15.-Mai-(15M)Bewegung die Methode der *acampadas* (Zeltlager) ein, wobei sie auf öffentlichen Plätzen konsensbasierte Generalversammlungen einberiefen. Dort gaben die Menschen ihrer Forderung nach direkter Demokratie mit einer neuen Form autonomer Selbstorganisation Ausdruck. In Gruppendiskussionen und offenen Vollversammlungen mit wechselndem Konsens wurden komplexe Fragen geklärt.

Die neuen, in Tunesien, Ägypten und Spanien erfundenen Formen kollektiven Protests wurden in Occupy Wall Street zusammengefasst und auf dem gesamten Erdball reproduziert. Es war das junge, hochgebildete und bestens vernetzte Kognitariat, das sie von Stadt zu Stadt weitergab. Ein globales Netzwerk der Jugend wurde geknüpft. Soziale Netze verbreiteten online den Aufruf, offline zu handeln. Auf öffentlichen Plätzen zu kampieren war offiziell verpönt, wenn nicht gar verboten. Durch die weltweite Verbreitung dieses neuen gesellschaftlichen Verhaltens erhielten wir die Gelegenheit, unser Abweichen von althergebrachten Aktionsformen zu demonstrieren.

Als wir erlebten, wie in anderen Ländern Diktatoren gestürzt und quicklebendige demokratische Versammlungen ins Leben gerufen wurden, drängte es viele Aktivisten, die Revolution in die USA und nach Kanada zu importieren. Kalle Lasn und mir gelang das. Unser Wunsch, dass 20 000 Menschen nach Lower Manhattan strömen sollten, wurde wie durch ein Wunder wahr. Unser Mem #OCCUPYWALLSTREET erwies sich als hoch ansteckend und schlug, von der Wall Street kommend, in Bankenvierteln auf der ganzen Welt ein.

Kalle ist der Gründer von *Adbusters*, des kanadischen antikulturellen Magazins für Konsumkritik und der gleichnamigen Webseite für internationalen Aktivismus. Ich – seit jungen Jahren politisch aktiv – arbeitete bereits fünf Jahre lang als Redakteur für dieses Magazin. Als rebellischer 14-Jähriger hatte ich es zum ersten Mal gelesen, und mit Kalle zu arbeiten war für mich fortan der lang ersehnte Traumjob. In dem Jahr, in dem Occupy entstand, wirkten wir besonders eng zusammen. Die Redaktion von *Adbusters* saß in Vancouver in British Columbia, und ich lebte damals im kalifornischen Berkeley. Unsere Zusammenarbeit lief über E-Mail und Telefon.

In dem Jahr, bevor Kalle und mir die Idee zu Occupy Wall Street kam, hatten wir versucht, eine globale Aktionswoche gegen den Konsumwahn ins Leben zu rufen, die wir Karnevalistische Rebellion nannten. Wir widmeten Nr. 92 von *Adbusters* einer Reihe von Protestaktionen, als deren Auftakt am 22. November 2010 eine neue Kampagne mit dem Titel #NOSTARBUCKS geplant war. Der Boykott der Kaffeehauskette sollte über den bereits praktizierten konsumkritischen Buy Nothing

Day, der jeweils am Black Friday nach Thanksgiving begangen wurde, in den USA, in Kanada, Großbritannien und anderenorts bis ins Weihnachtsgeschäft hinein fortgesetzt werden. Dass wir die Sache als Karnevalsspaß anlegten, war unser Versuch, den Geist des ursprünglichen Protests der Antiglobalisierungsbewegung, den »Karneval gegen das Kapital«, der am 18. Juni 1999 in London stattgefunden hatte, für uns zu nutzen. Bei der Karnevalistischen Rebellion probierten wir auch zum ersten Mal aus, mit Hilfe von Twitter-Hashtags eine Offline-Aktion zu starten. Kalle, die anderen bei *Adbusters* und ich boten all unsere Energie, unsere Überzeugung und Kreativität auf, um die Aktionswoche voranzutreiben. Wir glaubten tatsächlich, dass eine revolutionäre Situation in Reichweite sei. Doch wir waren im Irrtum. Die Karnevalistische Rebellion geriet zum Flop und der Protest verpuffte in ein paar kläglichen Aktionen, die kaum Widerhall fanden. Selbst der Buy Nothing Day fiel in diesem Jahr mittelmäßig aus. Das Scheitern war demütigend. Doch wir ließen uns nicht entmutigen. Ich kam zu der Überzeugung, dass für die Idee von einer über Hashtag verbreiteten, ansteckenden Aktion die Zeit einfach noch nicht reif war. Wir hatten Schiffbruch erlitten, weil wir zu früh waren. Ich erinnere mich an das Gefühl, dass Kalle und ich schon in der Zukunft des Aktivismus lebten. Wir waren sicher, wenn wir es wieder probierten, würden wir Anhänger finden. Also zogen wir Lehren aus der Karnevalistischen Rebellion und versuchten es 2011 noch einmal. Inspiriert vom Arabischen Frühling und den nachfolgenden Erhebungen, griffen wir zu einer erprobten Taktik, der Besetzung öffentlicher Räume, und übertrugen sie auf ein neues Feld, die Bankenviertel dieser Welt.

Außer dem Tahrir-Platz und den *acampadas* nutzten wir für die bei Occupy Wall Street angewandte Taktik auch Erfahrungen der Besetzung der Universitäten von London, New York,

Berkeley und Dutzenden anderer Städte durch die Studenten im Jahre 2009. Gespannt hatte ich verfolgt, wie sich dort die Dinge entfalteten – in Berkeley persönlich und in anderen Fällen aus größerer Entfernung. In *Adbusters* feierte ich die Besetzungen als ein potentielles Zeichen dafür, dass eine revolutionäre Situation heraufzog. Während der Welle dieser Aktionen besetzten die Studenten Unterrichtsräume und Hörsäle für politische Protestaktionen. In Großbritannien wurde anfangs das Ziel verfolgt, die Universitäten zu öffentlichen Stellungnahmen gegen die anhaltende israelische Bombardierung des Gazastreifens im dreiwöchigen Krieg von 2008/09 zu zwingen. Später nutzte man die Besetzungen als Mittel des Protests gegen die ständige Erhöhung der Studiengebühren. Als die Methode auf die New Yorker New School und die staatlichen Universitäten von Kalifornien übergriff, ging das konkrete Ziel verloren. »Fordert nichts! Besetzt alles!«, wurde jetzt zur Losung des Tages. Bei der Besetzung der Wheeler Hall an der University of California in Berkeley im November 2009 war ich dabei. Als ich sah, dass sich die Studenten im obersten Stock eingeschlossen hatten und den Zuschauern unten Worte zuriefen, die kaum zu verstehen waren, kam mir zum ersten Mal der Gedanke, die Besetzungsaktionen in den öffentlichen Raum zu verlegen. In geschlossenen Gebäuden waren solche Aktionen viel zu leicht zu ignorieren. Sie wirkten verzweifelt und eng, nicht attraktiv und offen genug. Ich erinnere mich an den Gedanken, Besetzungen könnten viel mehr Spaß machen und wirksamer sein, wenn sie nicht in Universitätsräumen, sondern in Parks stattfänden. Nach dem Scheitern der Karnevalistischen Rebellion wandten Kalle und ich das Mittel der Besetzung zwei Jahre später bei Occupy Wall Street an.

Die Idee, die Wall Street zu besetzen, starteten wir am 13. Juli 2011 mit einem zwei Seiten langen taktischen Briefing und einem surrealistischen Plakat – einer Ballerina, die auf dem heranstürmenden Wall-Street-Bullen, einer berühmten Skulptur in der Nähe des Bankenviertels, posiert. Über der Tänzerin schwebt die bohrende Frage: »Was ist unsere einzige Forderung?« Im vernebelten Hintergrund haben sich militante Protestierende untergehakt und scheinen auf den Beschauer zuzulaufen. Das Poster mit der Ballerina und dem Bullen war von einem Foto der Konzeptkünstlerin Joan Fontcuberta inspiriert, auf dem ein angeblicher Mujaheddin in Afghanistan auf einem Esel balanciert. Das war natürlich eine Montage, aber Kalle hatte die furchtlose, ausgelassene, revolutionäre Freude fasziniert, die Fontcubertas Arbeit ausstrahlte. Er wandelte die Idee ab, und das Kultplakat von Occupy war geboren. Den Aufruf zu Occupy verschickten wir über das *Adbusters*-Netzwerk, eine Liste von 90 000 E-Mail-Adressen, und druckten ihn in den 40 524 Exemplaren von Nr. 97 des Magazins ab.* Um der Kampagne einen letzten Anstoß zu geben, lag die bewusste Ausgabe von *Adbusters* schon mehrere Wochen vor dem geplanten Datum der Aktion, dem 17. September, an den Kiosken aus. Kalle hatte dafür den Geburtstag seiner Mutter gewählt.

Die Kernbotschaft unseres taktischen Briefings lautete, durch eine neue Form des Protests – die Synthese der Besetzung öffentlichen Raumes, wie auf dem Tahrir-Platz praktiziert, mit dem Modell der konsensbasierten Generalversammlungen der spanischen *acampadas* – werde es den Amerikanern endlich gelingen, den Würgegriff des »größten Verderbers unserer Demokratie, der Wall Street, des finanziellen Gomorrhas von Amerika« zu sprengen.[6] Zwar zielte unser Mem auf New York, aber Kalle und ich riefen zu Protestaktionen der Solidarität in allen

---

* *Mindestens 20 000 dieser Adressen waren alt, und die Mails kamen zurück. Ohne es genau zu wissen, schätze ich, dass nur 5000 bis 7000 Empfänger die erste Mail tatsächlich lasen. Um die 15 670 Exemplare der Adbusters-Ausgabe mit dem Occupy-Aufruf wurden über den Handel verkauft.*

Bankenvierteln der Welt auf. Um diese Neuerung möglichst breit zu streuen, schrieben wir in dem taktischen Briefing:

»Der Geist dieser frischen Taktik, einer Fusion des Tahrir mit den *acampadas* von Spanien, ist in dem folgenden Zitat [von Raimundo Viejo, einem Politikwissenschaftler und Aktivisten, der in der 15.-Mai-Bewegung von Spanien mitwirkt] eingefangen: ›Die Antiglobalisierungsbewegung war der erste Schritt auf unserem Weg. Aber damals gingen wir nach dem Modell vor, das System wie ein Wolfsrudel anzugreifen. Es gab ein Alphatier, den Wolf, der das Rudel anführte, und jene, die ihm folgten. Jetzt haben wir das Modell weiterentwickelt. Heute sind wir ein einziger riesiger Menschenschwarm.‹«

Wir appellierten an unsere Adressaten, »Zelte mitzubringen«, eine Versammlung abzuhalten und »nur *eine* einfache Forderung in einer Pluralität von Stimmen unablässig zu wiederholen«. Die Leser von *Adbusters* erinnerten wir daran, dass Hosni Mubarak in Ägypten zum Rücktritt gezwungen wurde, weil die Menge auf dem Tahrir-Platz mit einer Stimme sprach. Wir riefen dazu auf, die Wall Street durch eine offene Versammlung zu besetzen, welche über die eine Forderung des Volkes entscheiden sollte. *Adbusters'* Seele ist der Kampf gegen Großkonzerne und Konsumwahn. Mit dem Start von Occupy verfolgten wir das Ziel, eine Massenprotestbewegung zu schaffen, die imstande war, das Citizens-United-Urteil des Obersten Gerichts der USA von 2010 zu kippen. Dieses hatte Unternehmen und Gewerkschaften das Recht zugesprochen, Geldsummen in unbegrenzter Höhe für die Beeinflussung von Wahlen einzusetzen.* In den USA gewinnt in

---

* Seit dem hoch umstrittenen Citizens-United-Urteil des Obersten Gerichts der USA von 2010 dürfen Unternehmen, Gewerkschaften und Einzelpersonen in unbegrenzter Höhe an sogenannte politische Aktionskomitees spenden, solange diese nicht direkt unter der Regie einer Partei stehen. U. a. wurde die bisher geltende Obergrenze von 123 200 Dollar für Spenden von Einzelpersonen abgeschafft. Das Gericht gab damit

90 Prozent der Fälle derjenige Kandidat eine Wahl, der für seinen Wahlkampf das meiste Geld ausgibt. Wenn Geld die Wahlen bestimmt, wenn Unternehmen und Gewerkschaften beliebige Summen dafür aufwenden können, dann ist klar, dass die Wahlen nicht mehr vom Volk entschieden werden. In unserem taktischen Briefing schlugen wir als die beste Forderung der Protestierenden vor: »Barack Obama soll eine präsidiale Kommission mit dem Auftrag einsetzen, den Einfluss des Geldes auf unsere Repräsentanten in Washington zu beenden.« Mit unseren Ideen trafen wir den Nerv der Aktivisten. Am ersten Tag von Occupy Wall Street folgten 5000 Menschen unserem Aufruf.

Die E-Mail, die die Occupy-Bewegung auslöste, entstand in Telefongesprächen zwischen Kalle in der Redaktion von *Adbusters* in Vancouver und mir in meinem Home-Office in Berkeley. Wir hofften auf einen Protest an der Wall Street, Tausende Kilometer entfernt, und der konnte nur Wirklichkeit werden, wenn es gelang, unser Mem an die Aktivisten im Raum New York zu bringen. Kalle kennt sich mit den sozialen Medien aus, nutzt sie aber selbst nicht direkt. Daher war es meine Aufgabe, das Mem online zu verbreiten. Am 4. Juli, neun Tage vor der Veröffentlichung des taktischen Briefings, benutzte ich als Erster bei Twitter den Hashtag #OCCUPYWALLSTREET, als ich vom *Adbusters*-Account einen Tweet verschickte, der die Amerikaner aufrief, »von einem Aufstand gegen die Herrschaft der Unternehmen zu träumen«. Den sandte ich auch an Reddit, an politische Foren im anonymisierten Deep Web* und an die Webseiten von Aktivisten der Anonymous-Bewegung. Ich richtete E-Mails an jeden Aktivisten, den ich kannte. Außerdem meldete

---

der Klage der konservativen NGO Citizens United – Vereinigte Bürger gegen die US-Wahlkommission – recht – Anm. d. Übers.

* Der Teil des Internets, der von Suchmaschinen nicht automatisch erfasst wird – Anm. d. Übers.

ich unter @OccupyWallStNYC den ersten Account der Bewegung bei Twitter an. 24 Stunden nach Erscheinen des taktischen Briefings nahm Justine Tunney, eine Computerprogrammiererin und aktive Teilnehmerin am anarchistischen Reddit-Forum, die Idee von Occupy auf. Justine richtete OccupyWallSt.org ein und begann die Webseite zu verschlüsseln, die schließlich zum Netzknoten der Bewegung wurde. Ich wusste sofort, dass Occupy Wall Street damit in Gang kam, denn Justine und die anderen Gründer-Zuccottis (so genannt nach dem Park in New York, den sie als Erste besetzten) warteten nicht auf eine Bestätigung oder Anweisung von *Adbusters*. Stattdessen nahmen sie das Mem und hielten im Tompkins Square Park Organisationsmeetings ab, wo entschieden wurde, wie die Bewegung sich entfalten sollte. An diesen frühen Versammlungen beteiligten sich um die 200 Personen, die Gründer von Occupy Wall Street. Ihre Initiative inspirierte mich. Aus meiner Erfahrung als Aktivist wusste ich: Es war ein sehr gutes Zeichen, dass das Protest-Mem bereits der Kontrolle der Gründer entglitt.

Einen Monat vor der Besetzung zog das Occupy Wall Street Mem spürbare Aufmerksamkeit des Untergrunds auf sich. Die Anonymous-Bewegung verbreitete ein Video-Kommuniqué zur Unterstützung von Occupy Wall Street. Das in der Sprache unseres taktischen Briefings abgefasste Video wurde auf YouTube in kurzer Zeit 100 000 Mal angeklickt. Ich twitterte dem amerikanischen Rapper Lupe Fiasco, der sich zu meiner Überraschung der Aktion anschloss und den Tweet an seine Million Follower weiterleitete. Lupe, der später für Occupy in New York und Chicago bedeutende Summen spendete, schuf auch den Erkennungsspruch unserer Bewegung: »All Day, All Week, Occupy Wall Street!« Inzwischen schworen Aktivisten in Mailand, Valencia, Lissabon, Athen, Madison, Amsterdam, Los Angeles, in Israel und anderenorts, zum Zeichen der Solidarität Protestaktionen durchzuführen. Doch ungeachtet all der Begeisterung ignorierten die großen gemeinnützigen Organisationen, Gewerkschaften und bekannte amerikanische Aktivisten wie der Filmemacher Michael Moore, der mit Hunderten von Tweets mit der Forderung nach Unterstützung einer konzertierten Aktion vor dem 17. September bombardiert wurde, unser Mem und lehnten es ab, sich dafür zu engagieren. Erst als die Besetzung in der zweiten Woche zu einer Sensation wurde, sprangen viele dieser Leute und Organisationen auf den fahrenden Zug auf.

Als Occupy 2011 startete war Kalle, ein Kanadier estnischer Herkunft, 69 Jahre alt und ich, ein amerikanischer Aktivist, noch nicht einmal 30. Nach Lebensalter und Werdegang stand ich den jungen Leuten aus den Städten näher, die anfingen, Occupy Wall Street zu organisieren. Daher bildete ich von Anfang an die Brücke zwischen *Adbusters* und den Zuccottis von New York. Eine Woche vor Einrichtung des Lagers übergab ich die Kontrolle des Twitter-Accounts @OccupyWallStNYC an Marisa Holmes, eine Filmemacherin und Aktivistin, die eines der wichtigsten Mitglieder des Moderatorenteams wurde. Zu der Zeit zählte der Twitter-Account etwa 6000 Followers. Wenige Wochen später waren es bereits über 150 000. Ich hielt Telefonkontakt zu den Occupy-Gründern und nahm an deren E-Mail-Diskussionen teil. Kalle bestand darauf, keinerlei Fernsehinterviews zu geben. Daran hielt ich mich und lehnte auch die meisten Anfragen der Presse ab. Stattdessen fand ich Aktivisten vor Ort, denen *Adbusters* vertrauen konnte, und schickte die Reporter zu ihnen. Nach Rücksprache mit Kalle gab ich den Zuccottis gelegentlich Ratschläge. Wenn ich auch häufig mit den Gründern sprach, so vermochte *Adbusters* die Bewegung nicht zu kontrollieren und versuchte es auch gar nicht erst. Wir konnten nur hoffen, ihr mit den 30 taktischen Briefings, die wir während der gesamten Aktion verfassten, eine Richtung zu geben.

Am 17. September 2011 kamen 5000 Aktivisten. Etwa 300 übernachteten im Zuccotti-Park, nachdem sie geschworen hatten, das Zeltlager aufrechtzuerhalten, bis ihre vorläufig noch nicht klar definierten Forderungen erfüllt waren.

Occupy Wall Street war von Anfang an ein wunderbares Event. Bei den Versammlungen herrschte ein Geist der Gemeinsamkeit. Volksküchen gaben täglich kostenlos schmackhafte Mahlzeiten an Tausende Besetzer aus. »Ich war beeindruckt von der Organisation, die auf dem Gelände herrschte: Die Wege waren sauber, die Zelte sorgsam von Überzelten geschützt, in einer Ecke wurde hingebungsvoll gesungen, zum Abend wurde Pizza ausgegeben, die köstlich aussah, es gab ein ständig besetztes Zelt für die Medien, und in wasserdichten Containern war eine Bibliothek mit Reihen von Büchern zum Ausleihen oder Nachschlagen eingerichtet«, erinnert sich eine Teilnehmerin.[7] Occupy war ein tolles Erlebnis. Viele Menschen, die nur zum Zuccotti-Park kamen, um zu sehen, was dort los war, fühlten sich angezogen und beteiligten sich zum ersten Mal an einer Protestbewegung. Wer an unseren Versammlungen vorüberging, konnte leicht von unserer Energie angesteckt werden. Leute aus der Mittelklasse bauten Zelte auf und begannen, Not leidende Obdachlose zu verpflegen. Unruhestifter starteten Störaktionen. Man ersann Wege, um Polizeiverbote zu umgehen, z. B. Fahrrad-Generatoren zur Stromversorgung oder Kommunikations-Apps für die Selbstorganisation. Unkonventionelle Einfälle wurden in Umlauf gebracht und spontan aufgenommen. Zum ersten Mal seit Jahrzehnten sahen sich Politiker gezwungen, auf eine lautstarke Demokratiebewegung zu reagieren.

Doch Geschichte wurde erst geschrieben, als mehrere unerwartete Geschehnisse eintraten. Das ist ein allgemeines Gesetz der Rebellion.

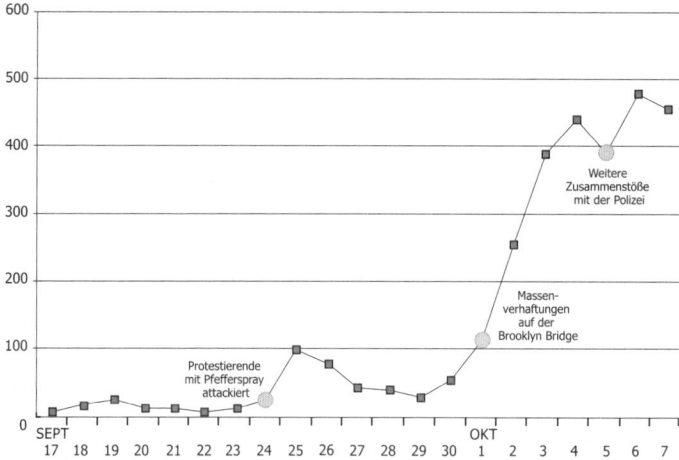

Occupy Wall Street wurde weitgehend ignoriert, bis es zu einer Reihe un-
erwarteter Zwischenfälle, beginnend mit dem Einsatz von Pfefferspray durch
die Polizei, kam. Die machten die Bewegung schlagartig international be-
kannt. Revolutionen werden häufig eher durch Zufall als durch sorgfältig ge-
plante Aktionen ausgelöst.

Revolutionen entstehen selten aus einer genau geplanten Aktion
heraus. Viel häufiger wird der Aufstand durch einen glücklichen
Zufall oder unabsichtliches Handeln ausgelöst. Zuweilen schafft
geplantes Vorgehen die Gelegenheit zum Eingreifen. 1927 sagte
Lyford P. Edwards, ein Priester der Episkopalkirche und frü-
herer Revolutionstheoretiker, ahnungsvoll voraus: »Der Ausbruch einer Revolution wird in der Regel durch einen für sich
genommen unbedeutenden Akt angekündigt, der zur Trennung
der Unterdrücker und ihrer Gefolgsleute von den Unterdrück-
ten und deren Gefolgsleuten führt.«[8] Im Fall von Occupy Wall
Street kam es zum ersten derartigen Zwischenfall während eines

geplanten »Schlangenmarsches«* am 24. September 2011 nahe dem Union Square. Als dieser sich der East 12th Street näherte, attackierte ein Polizist zwei Frauen mit Pfefferspray, die auf die Knie fielen und vor Schmerzen aufschrien. Das wurde von Umstehenden aus verschiedenen Blickwinkeln gefilmt. Für landesweite Verbreitung der Szene sorgte der politische Kabarettist Jon Stewart, der den Täter, den New Yorker Deputy Inspector Anthony Bologna, persiflierte. Die allgemeine Stimmung blieb unbeschwert, bis sich der nächste Zwischenfall ereignete – die Massenverhaftung von 700 Occupyern am 1. Oktober auf der Brooklyn Bridge. Diese Nachricht ging um den Globus und machte Occupy als neue Protestform weltweit bekannt. Binnen vier Tagen schoss die Zahl der täglichen Artikel über Occupy von 100 auf 400 in die Höhe.[9] Zugleich stieg auch die Zahl der Lager entsprechend an.

Die globale Verbreitung der Nachricht über Occupy empfanden wir als logisch, weil wir sie vorausgesagt hatten. Sie war in unser Mem eingebaut. Von Anfang an hatte *Adbusters* zur Besetzung der Bankenviertel in aller Welt aufgerufen, um darauf aufmerksam zu machen, dass der Einfluss des Geldes die Demokratie überall stranguliert. Nach der Massenverhaftung wurden in den Finanzdistrikten von San Francisco, London, Vancouver und mehreren Hundert weiterer Städte Zeltlager aufgeschlagen. Überall schlossen sich die Aktivisten der großen Bewegung an, indem sie dem Wort Occupy den Namen ihrer Stadt hinzufügten. Jede Besetzung hatte ihr eigenes Flair, doch sie alle einte das Ideal einer partizipatorischen, konsensbasierten Demokratie. Auf dem Höhepunkt unserer Bewegung nann-

* Bei einem »Schlangenmarsch« stören Protestierende den Verkehrsfluss, indem sie nicht entsprechend ihrer Genehmigung geordnet demonstrieren, sondern auf der Fahrbahn gegen die Fahrtrichtung oder mit ihr zwischen den Fahrzeugen laufen. Diese urbane Protestmethode wurde von der Antiglobalisierungsbewegung entwickelt.

ten sich alle Protestaktionen Occupy. Um ernst genommen zu werden, brauchten sie nur das Mem zu benutzen. Die Bewegung breitete sich umso schneller aus, als nur wenige Menschen wussten, woher die Idee kam. Für die meisten Beteiligten war Occupy wie aus dem Nichts aufgetaucht, so dass ihnen leichtfiel, das Mem für sich in Besitz zu nehmen. (Tatsächlich erschien der erste Artikel, der sich eingehender mit den Ursprüngen von Occupy befasste und auf Interviews mit Kalle und mir beruhte, erst nachdem man die Occupyer aus dem Zuccotti-Park vertrieben hatte.)[10]

Im ersten taktischen Briefing hatte *Adbusters* Occupy Wall Street darauf orientiert, eine Präsidialkommission zu fordern, die dem Einfluss des Geldes auf die Demokratie ein Ende setzen sollte. Zwar wurde die Verdrängung des Geldes aus der Politik eines der zentralen Ziele der Bewegung im weiteren Sinne, doch unsere Anregung, sich auf diese eine Forderung zu beschränken, lehnte die Generalversammlung im Zuccotti-Park ab. Occupy gehörte den Teilnehmern. Es fand seinen Weg in die kulturelle Vorstellungswelt und wurde zu einem Instrument zum Erreichen gesellschaftlicher Veränderungen bei einer Vielzahl von Themen.

Die Menschen erkannten: Wenn sie sich auf Occupy beriefen, dann zog ihr Protest sofort viele engagierte Teilnehmer und große Medienaufmerksamkeit an. Schließlich fand alles – vom Protest gegen Bauprojekte in der Nähe von Berkeley (Occupy the Farm) bis zur Organisierung von Hilfe für die Opfer des Hurrikans Sandy (Occupy Sandy) – unter dem Schirm von Occupy seinen Platz. Aus unerwarteten Zwischenfällen entstanden und zur *lingua franca* für eine Vielzahl von Anliegen und Vorhaben geworden, hatte unser neues Vorgehen bei gesellschaftlichen Protesten geschichtsbildendes Gewicht erlangt.

>>Nimm keinen Angriff in der gleichen Richtung
(oder in der gleichen Form) wieder auf,
wenn der erste fehlgeschlagen ist.<<

B. H. Liddell Hart, *Strategie*, 1954

EIN KONSTRUKTIVER FEHLSCHLAG

Die Nachricht von einer innovativen Taktik hat aufrührerische
Wirkung. Überall konnten die Menschen sehen, dass die Besetzung öffentlicher Räume und das Abhalten von Versammlungen die Chance boten, gehört zu werden. Also führten sie Besetzungen durch oder unterstützten andere dabei. Protestierende
in der ganzen Welt übernahmen Symbole und Methoden der
Wall-Street-Besetzer – das Fingertanzen mit erhobenen Händen
als Zeichen der Zustimmung* und das Volksmikrophon – die
Sprechchöre, welche die Atomkraftgegner in den 1980er Jahren
als Erste und nach ihnen protestierende Globalisierungsgegner
in den 1990er Jahren als Mittel gegen das von der Polizei ver-
hängte Verbot von Verstärkertechnik eingesetzt hatten. Dabei
wurden die Worte des Sprechers von den Zuhörern einträch-
tig nachgesprochen, um sie hörbar zu machen. Daraus entstand
ein regelrechtes Ritual. Die Menschen glaubten daran, dass das
Mitwirken in einer solch aufrührerischen sozialen Bewegung es
wert war, selbst eine Festnahme zu riskieren, und dass es diesmal gelingen könnte, den Status quo zu verändern.

---

* *Engl. twinkle fingers, siehe https://youtu.be/qaVvzTyMcls?t=20s – Anm. d. Übers.*

Der Erfolg von Occupy beruhte im Grunde auf einer tiefen Überzeugung, die von vielen geteilt wurde: *Das* war es, eine soziale Bewegung der Massen, die alles zu verändern vermochte. Dieser Glaube stützte sich auf eine Reihe unumstrittener Thesen darüber, wie die politischen Realitäten gekippt werden könnten. Wir glaubten daran, dass man nominell demokratische Regierungen durch die historische Aktion einer *urbanen, gewaltfreien, einheitlich handelnden Masse* ins Wanken bringen kann. Diese vier Kriterien haben die Theorie und Praxis von Revolutionen jahrzehntelang dominiert, besonders seit den revolutionären Wellen von 1989, die den Kommunismus in Polen, Ungarn, Ostdeutschland, Bulgarien, der Tschechoslowakei und Rumänien stürzten. In unserem ersten taktischen Briefing hatten Kalle und ich diese These als unsere Vorstellung davon formuliert, wie die Besetzung der Wall Street einen fundamentalen Wandel auslösen könnte. »Sollten wir – 20 000 Menschen – Woche um Woche allen Versuchen von Polizei und Nationalgarde trotzen, uns aus der Wall Street zu vertreiben, dann kann Obama uns nicht länger ignorieren. Unsere Regierung wäre gezwungen, sich öffentlich zwischen dem Willen des Volkes und der Profitgier der Unternehmen zu entscheiden.« Mit anderen Worten, wir bestanden auf einer dem Theater entlehnten Sicht auf den Aktivismus, der Behandlung des öffentlichen Raumes als Bühne für ein politisches Schauspiel. Wir gingen davon aus, dass die Vereinigten Staaten nicht imstande waren, gegen gewaltlos protestierende Demokraten Gewalt anzuwenden und schließlich vor unseren Forderungen kapitulieren würden, weil unsere politische Aufführung vor den Augen der internationalen Gemeinschaft stattfand. Eine beliebte Losung lautete: »Die ganze Welt schaut zu!« Kalle, ich und mit uns viele Aktivisten, die zu den Lagern strömten, glaubten daran: Wenn die Welt sah, wie die Besetzer ihre Würde und ihre Forderungen gegen die

Brutalität der Polizei verteidigten, dann würde die Bewegung siegen … so wie sie in Tunesien und Ägypten gesiegt zu haben schien. Der erste Teil unserer Geschichte wurde wahr. Gegen extreme Widrigkeiten hielten die Besetzer die Bewegung am Leben. Am Ende wurden in den USA über 7000 Teilnehmer von Occupy verhaftet. Durch Polizeigewalt erlitten viele schwere Verletzungen und Knochenbrüche. Besonders brutal ging die Polizei gegen Occupyer in Oakland im Staat Kalifornien vor, wo es zu zahlreichen Anzeigen gegen die Behörden kam. In einer Aktion vom 25. Oktober erklärte ein Teilnehmer der Proteste: »Als die Beamten auf einen einzelnen Mann stießen, schlugen sie ihn und brachen ihm das Knie.«[11]

Doch der zweite Teil unserer Geschichte der Veränderung, der Glaube, dass die brutalen Repressalien gegen die ihre Würde verteidigenden Occupyer auf die USA zurückfallen würden, erfüllte sich nicht.

Occupy Wall Street war ein *konstruktiver Fehlschlag*, keine *totale Niederlage*. Occupy demonstrierte die Wirksamkeit des Einsatzes von Memen in den sozialen Netzwerken für die rasche Ausbreitung einer Bewegung, änderte die politische Debatte über die gerechte Verteilung des Reichtums und brachte eine neue Generation von Aktivisten hervor, die das Fundament für weitere Bewegungen bildeten – von der Studentenbewegung gegen den weiteren Abbau fossiler Brennstoffe bis zu den Protesten gegen die Ermordung von Afroamerikanern durch die Polizei unter der Losung »Black Lives Matter«. Occupy hat viele lokale Projekte angestoßen, die im kleineren Rahmen dauerhafte Wirkung haben werden. Occupy half vielen institutionellen Strukturen von Aktivisten zu überleben, weil diese das neu erwachte Interesse an Protesten materiell nutzen konnten. All das sind Anzeichen dafür, dass unsere Bewegung kulturell einflussreich war. Es mag tröstlich sein zu glauben, Occupy sei in tausend Lichtreflexe zerstoben. Doch wenn wir ehrlich sind, dann wissen wir, dass Occupy Wall Street sein revolutionäres Potential nicht zu entfalten vermochte. Weder haben wir dem Einfluss des Geldes auf die Demokratie ein Ende gesetzt, noch die Herrschaft des einen Prozents Megakonzerne gestürzt oder das Problem der Ungleichheit der Einkommen gelöst. Wenn unsere Bewegung Erfolge hatte, dann nicht die, nach denen wir strebten. Als Occupy der Sieg entglitt, brach eine Welt von Gewissheiten über den Aktivismus zusammen.

Ich nenne Occupy Wall Street einen konstruktiven Fehlschlag, weil die Bewegung grundlegende Schwächen der dominierenden und immer noch weit verbreiteten Theorien für gesellschaftliche Veränderungen durch kollektives Handeln sichtbar gemacht hat. Occupy war angetreten, »das Geld aus der Politik zu vertreiben«, und es gelang uns, eine globale soziale Bewegung in Gang zu setzen, die alle unsere Hypothesen auf den Prüfstand stellte. Das Scheitern unserer Bemühungen enthüllt eine Wahrheit, welche die nächste erfolgreiche Revolution beschleunigen wird: Der gegenwärtige Protest geht von falschen Voraussetzungen aus. Die alten Modelle des Aktivismus führen zu keiner Veränderung. Durch öffentliche Spektakel und Medienhype sind die westlichen Demokratien nicht ins Wanken zu bringen. Proteste sind zu einem akzeptierten und deshalb ignorierten Nebenprodukt des politischen Tagesgeschäfts geworden. Durch internationalen Druck können die Regierungen des Westens nicht dazu gebracht werden, die Proteste ihrer Bürger ernst zu nehmen. Das Fehlschlagen von Occupy war konstruktiv, weil es die Grenzen der heutigen Vorstellungen von Rebellion aufzeigte. Dabei möchte ich betonen, dass es mir nicht um die Grenzen einer bestimmten Methode, sondern der Grundidee von Protest, der Theorie von gesellschaftlicher Veränderung geht, die unserem Szenarium zugrunde lag. Occupy hat offenbart, dass die Aktivisten ihre Herangehensweise an die Revolution revolutionieren müssen.

Ein Fehlschlag kann befreiend sein. Die Niederlage löst uns von einer Revolutionstheorie, die nicht mehr wirkt, und eröffnet damit die Chance auf wirkliche Veränderung. »Für einen Revolutionär«, schreibt Régis Debray, Philosophieprofessor und Mitkämpfer Che Guevaras, »ist der Misserfolg ein Sprungbrett. Er bereichert die revolutionäre Theorie mehr als der Erfolg und hilft, Erfahrung und Wissen zu sammeln.«[12] Gelegenheiten, die Grundprinzipien des Aktivismus zu testen, sind so selten wie revolutionäre Situationen. In Nordamerika mussten die Aktivisten nach dem Zusammenbruch der Bewegung gegen den Irakkrieg acht Jahre lang auf eine soziale Bewegung warten, die unsere Thesen im globalen Maßstab auf die Probe stellen konnte. Die Bewegung gegen den Irakkrieg brach zusammen, als es den weltweiten Demonstrationen vom 15. Februar 2003, dem größten global synchronisierten Protest der Menschheitsgeschichte, nicht gelang, Präsident Bush und Premierminister Blair von der Entfesselung dieses Präemptivkrieges abzuhalten. Die Aktivisten von 2003 glaubten, wenn Millionen Menschen auf der ganzen Welt am selben Tag mit einer Stimme nein sagen, dann werde es keinen Krieg geben. Wie Occupy löste sich auch diese Antikriegsbewegung in Luft auf, als die ihr zugrunde liegende Theorie, dass Regierungen sich beugen, wenn Millionen Menschen auf die Straße gehen und für eine einzige Forderung demonstrieren, sich als unwirksam herausstellte.

»In der Politik wie im Krieg kehrt
eine verpasste Gelegenheit niemals wieder.«

Napoleon Bonaparte, 1815

DER ENTSCHEIDENDE MOMENT

Schon bald nach dem Start von Occupy Wall Street war das
Ende nah. Der Winter stand vor der Tür, und die Stimmung in
der Öffentlichkeit schlug um. Zwei Wochen lang strömten unpolitische Drogensüchtige in den Zuccotti-Park, was die Dynamik in dem Zeltlager veränderte. Ein Korrespondent der *New
York Daily News* berichtete, die Polizei schicke aggressive Stadt-
streicher zu Occupy, wo sie die offene Struktur der Bewegung
ausnutzen sollten. »Zwei Alkoholiker, mit denen ich letzte Woche einzeln sprach, haben mir erzählt, Beamte, die sie beim
Trinken in anderen Parks antrafen, hätten gesagt, sie sollten sich
›zum Zuccotti scheren‹. Mitglieder von Occupys Arbeitsgrup-
pe für Kontakte zur Stadt erwähnten ähnliche Dinge, die sie im
Gespräch mit betrunkenen oder streitlustigen Neuankömmlin-
gen erfahren hatten.«[13] Gerüchte (zutreffende und erfundene)
von sexuellen Übergriffen, Krankheiten und gefährlicher Un-
ordnung in den Lagern kamen auf. In Vancouver, zum Beispiel,
starb eine Occupyerin an einer Überdosis Heroin und Kokain.
In Oakland wurde ein Mann in der Nähe eines Occupy-Lagers
erschossen. Während einige Occupyer darauf beharrten, das Lager in Lower Manhattan könne ewig bestehen, sahen Kalle und
ich deutlich, dass der Schwung abebbte. »Enttäuschte Hoffnung

kann schnell ins Gegenteil umschlagen, aus erschöpfter Geduld wird Zorn, und militante Gewaltlosigkeit verliert ihren Reiz«, schrieben wir in unserem 18. taktischen Briefing am 14. November 2011. *Adbusters* empfahl, die Occupyer sollten ihren Sieg erklären, eine Party feiern, sich freiwillig auflösen und einen Neustart im Frühjahr vorbereiten. Ein gespenstisches Timing, wie sich bald herausstellte.

Am 15. November um ein Uhr morgens ließ New Yorks Bürgermeister Bloomberg einen Angriff paramilitärischer Kräfte auf den Zuccotti-Park, den Geburtsort unserer Bewegung, durchführen. Der Überfall begann mit einer totalen Medienblockade. Für Medienhubschrauber wurde der Luftraum geschlossen. Das Zeltlager war von Polizisten umstellt, wurde mit Flutlicht erleuchtet und mit Tränengas beschossen. Keiner kam mehr hinein. Reporter, die sich ausweisen konnten und Zutritt verlangten, wurden abgewiesen, sieben von ihnen festgenommen. Auch 150 Occupyer kamen in Haft. Sämtliche Gegenstände, darunter 5000 Bücher der Volksbibliothek, wurden konfisziert oder vernichtet. Die Polizei benutzte ein akustisches Gerät mit großer Reichweite (LRAD), die berüchtigte Schallkanone*, die das Militär bisher nur gegen somalische Piraten und irakische Aufständische eingesetzt hatte.[14]

Die Vertreibung der Bewegung aus Lower Manhattan hatte Erfolg. So war es kein Wunder, dass das Beispiel rasch Schule machte. Fünf Tage vor der Auflösung des Lagers im Zuccotti-Park hatte die Polizei eine landesweite Telefonkonferenz mit den Bürgermeistern von 18 Städten geschaltet.[15]

Als Mittel gegen die Taktik von Occupy wurde ein Räu-

---

* Engl. *Long Range Acoustic Device (LRAD)* – ein von den US-Streitkräften benutztes akustisches Gerät, mit dem sowohl normale Lautsprecher-Durchsagen als auch schmerzhaft laute Töne ausgesendet werden können. Siehe https://de.wikipedia.org/wiki/Long_Range_Acoustic_Device – Anm. d. Übers.

mungsszenarium ausgearbeitet. Die Bürgermeister wurden instruiert, die bevorstehende Räumung zunächst anzukündigen und den Occupyern eine exakte Frist zu stellen, worauf, wie sie erwarteten, weitere Menschen herbeieilen würden, um das Lager zu verteidigen. Sie sollten die Frist verstreichen lassen, um die Protestierenden durch lange Anspannung und Kampfbereitschaft zu zermürben. Viele würden nach Hause gehen in dem Glauben, die Krise sei vorüber. Dann sollte die Polizei mit allen verfügbaren Kräften zuschlagen und die Räumung vollziehen. Diese von Bloomberg und anderen ausgearbeitete konterrevolutionäre Taktik übernahmen rasch immer mehr Städte. Das brutale Vorgehen wurde auf der obersten Ebene der US-Behörden koordiniert – vom FBI, der US-Taskforce Terrorismusbekämpfung und dem Heimatschutzministerium.[16] In Kanada wurden die Occupy-Proteste vom Integrierten Analysezentrum Terrorismus, einer Struktur des Kanadischen Sicherheits- und Nachrichtendienstes, beobachtet, dessen Auftrag eigentlich die Terrorismusbekämpfung ist.[17] Eine Woche später waren die meisten Lager der Bewegung überall in der Welt verschwunden.

Acht Tage nach der Vertreibung aus dem Zuccotti-Park unterbrachen Occupy-Anhänger eine Rede von Präsident Barack Obama. Dieser sprach gerade an einer Highschool von Manchester im Staat New Hampshire zum Thema Arbeitsplätze, da riefen ihm die Occupyer »Mikrophonprobe!« zu und verlangten im Sprechchor die Einstellung der Angriffe gegen Occupy. Doch bevor sie geendet hatten, wurden sie zum Schweigen gebracht und aus dem Saal entfernt. Der Präsident beruhigte die Zuhörer. Zum ersten Mal erkannte er Occupy Wall Street öffentlich an. »Eine Menge Leute, die in New York und überall im Land bei der Occupy-Bewegung waren, empfinden tiefe Frustration darüber, dass der Sinn des amerikanischen Traums – wenn du hart arbeitest und nicht davon ablässt, dann kannst du alles erreichen – sich in Luft aufzulösen scheint«, sagte der Präsident, bevor er sich wieder seinem Text auf dem Teleprompter zuwandte.[18] Aber die Occupyer agierten beharrlich und einfallsreich. Als Obama geendet hatte und auf die Zuhörer zuging, steckte ihm der Occupyer Ryan Hirsch eine Mitteilung zu.

Die zweite Aufnahme zeigt, wie Präsident Obama wortlos den nachfolgenden Text liest und Hirsch auf seine Reaktion wartet. »Mr. Präsident: Mehr als 4000 friedlich Protestierende sind verhaftet worden. Während die Banker weiter ungestraft die Wirtschaft ruinieren. Sie müssen den Angriff auf unsere Rechte aus dem 1. Zusatzartikel* stoppen. Von Ihrem Schweigen geht die Botschaft aus, dass Brutalität der Polizei akzeptabel ist. Die Banken wurden gerettet. Wir wurden verkauft.« Diese Aktion erbrachte einen wichtigen Beweis: Der höchste gewählte Repräsentant des Landes konnte jetzt nicht mehr behaupten, er wisse nichts von der Unterdrückung der größten Demokratiebewegung Amerikas seit einem halben Jahrhundert. Doch Obama schwieg weiter. Die Vertreibungen hielten an, wovon sich die Bewegung nicht mehr erholte. Einige Lager hielten durch. Die Zuccottis versuchten am 17. Dezember einen anderen Platz zu besetzen. Ohne Erfolg. Dann sollte der große Generalstreik am 1. Mai 2012 die Bewegung wieder aufleben lassen. Aber auch der führte zu nichts. Es war nicht zu übersehen: Wir hatten verloren. Die Banker wurden nicht festgenommen, und der Einfluss des Geldes auf die Demokratie wurde nicht gestoppt. Der entscheidende Moment war verstrichen.

* Zur amerikanischen Verfassung – Anm. d. Übers.

> »Die gewohnte Praxis, zu demonstrieren, Schilder hochzuhalten und zeitweilige autonome Zonen einzurichten, riskiert zu einem bequemen Ersatz für wirkliche Erfolge zu werden.«

Nick Srnicek und Alex Williams,
Accelerate: Manifesto for an Accelerationist Politics, 2013

DAS ENDE DES PROTESTS

Occupy Wall Street markiert das Ende des Protests, wie wir ihn bisher kennen, und den Beginn eines grundlegend neuen Vorgehens. Wir haben eine globale Bewegung geschaffen. Diese wurde all den schwierigen Erfordernissen gerecht, die man den Bürgern von Demokratien bislang als Voraussetzungen für politische Veränderung erklärt hatte. Auf ihrem Höhepunkt war Occupy eine Massenbewegung: modern, säkular (mit einer universalistischen Spiritualität) und überwiegend gewaltlos. Teilnehmer waren Menschen aus dem gesamten politischen Spektrum, was der Soziologe Thomas Greene für unabdingbar erklärt: »Revolutionäre Bewegungen haben keinen Erfolg, wenn nur die Arbeiter, die Bauern oder die Mittelklassen mobilisiert werden. Sie sind dann erfolgreich, wenn eine kritische Masse der meisten oder aller Hauptklassen der Gesellschaft im revolutionären Prozess aktiviert wird.«[19] Unsere Bewegung verlieh dem Willen der Regierten Ausdruck. Wir sprachen öffentlich und mit einer Stimme. Wir erklärten: *Wir sind die 99 Prozent* und vertraten zumeist *eine* grundlegende Forderung wie: *Stoppt den Einfluss von Unternehmergeld auf unsere Wahlen!* Occupy war geradezu das Lehrbeispiel für eine Bewegung, die funktionieren sollte. Und ein paar wundervolle Wochen lang glaubten fast alle, dass das auch geschehen werde. Doch dann scheiterten wir.

Der Aktivismus steckte in der Krise. Occupy erwies sich als die stärkste, am besten durchdachte, breiteste soziale Bewegung seit 50 Jahren, und doch waren wir absolut nicht in der Lage, das Kräfteverhältnis zu verändern. Die Lehre aus Occupys konstruktivem Fehlschlag umfasst mehr als unsere Unfähigkeit, der Gewalt standzuhalten, die gegen uns angewandt wurde. Es ist wahr, dass die Polizeikräfte in den letzten Jahren in alarmierender Weise militarisiert worden sind. So sind zum Beispiel den Polizeieinheiten in den Bundesstaaten und Städten der USA nach einem Programm Nr. 1033 des Verteidigungsministeriums zusätzlich militärische Ausrüstungen im Wert von 5 Milliarden Dollar übergeben worden, darunter Hubschrauber, Nachtsichtgläser, Sturmgewehre und gepanzerte Fahrzeuge. In Kanada erhielten die Gemeinden nach einem ähnlichen Programm einer Behörde namens *Direktion Entsorgung, Verkauf, Artefakte und Kredite*, die dem Verteidigungsministerium untersteht, militärische Güter, darunter Panzerwagen, »rollende Festungen« genannt.[20] Es ist bestürzend, dass Regierungen militärisches Gerät einsetzen, um demokratischen Protest zu unterdrücken. Aber neu ist es nicht. Zu jeder Zeit haben Aktivisten gut ausgerüstete Polizeieinheiten und ausgefeilte Methoden der Kontrolle von Menschenmengen überwinden müssen. Das ist besonders seit den Protesten gegen die Tagung der Welthandelsorganisation WTO in Seattle 1999 und gegen den G20-Gipfel von Toronto 2010 der Fall. Bewaffnete Polizei mit Panzerunterstützung, ausgerüstet mit Tränengas, Blendgranaten und Schlagstöcken, haben unsere gegenwärtigen Methoden urbanen Protests unwirksam gemacht. Aber neue, effektivere Taktiken des Widerstands werden garantiert gefunden werden.

Die grundlegende Lehre aus Occupys Scheitern besteht darin, dass die Regierungen des Westens nicht auf die Forderungen ihrer Völker eingehen müssen, selbst wenn diese von einer sozialen Bewegung historischen Ausmaßes artikuliert werden, die von Millionen Menschen auf den Straßen unterstützt wird. Wir haben so agiert, als besäße das Volk die Souveränität über seine Regierung, wenn es gemeinsam handelt. Jetzt ist klar, dass es diese Souveränität verloren hat. Wir waren im Irrtum, wenn wir glaubten, mit immer mächtigeren Straßenprotesten Regierungschefs und Präsidenten zwingen zu können, auf die Wünsche des Volkes einzugehen. Es war eine Illusion.

Das Repertoire der Taktiken, die Aktivisten derzeit anwenden – Demonstrationen und ähnliche öffentliche Störaktionen –, war dafür gedacht, auf Demokratien des 20. Jahrhunderts Einfluss zu nehmen. Auf gewählte Repräsentanten, die ihren Wählern zuhören mussten. Aber dieses Paradigma ist zusammengebrochen. Das Scheitern von Occupy hat uns gelehrt, dass die ritualisierten öffentlichen Aktionen Zehntausender auf den Straßen nur dann Wirkung zeigen, wenn sie sich gegen autokratische Regime richten, die durch internationalen Druck angreifbar sind. Wie es scheint, funktionieren Massenproteste nur dann, wenn sie sich in die derzeitige geopolitische Agenda des Westens einordnen. Das erklärt, weshalb man die Proteste säkularer Jugendlicher in Ägypten benutzte, um einen Regimewechsel zu rechtfertigen, während zur selben Zeit demographisch ähnliche Protestierende in den USA unterdrückt wurden. Oder weshalb die USA in Erklärungen »ernste Besorgnis über Berichte von exzessiver Gewaltanwendung der Polizei« in Istanbul zum Ausdruck bringen, während das gleiche gewaltsame Vorgehen der Polizei zur Unterdrückung von Unruhen im eigenen

Land ignoriert wird.[21] Die Bilder in den Medien von Menschen auf den Straßen sollten den Sturz von Führern undemokratischer Regime wie Ben Ali in Tunesien und Mubarak in Ägypten rechtfertigen, die sich internationalem Druck beugten und dem Willen ihrer Völker nachgaben. Ministerpräsident Harper und Präsident Obama vermochten sie indes nicht zu erschüttern. Dieser Widerspruch zwischen scheinbarer Ermutigung demokratischer Proteste im Ausland bei deren gleichzeitiger Unterdrückung im Inland hat russische Militäranalytiker veranlasst, westlichen Regierungen vorzuwerfen, sie setzten soziale Bewegungen oder sogenannte Farbenrevolutionen als neue Form der Kriegsführung ein, um ihre Gegner zu destabilisieren.[22]

Zunächst und oberflächlich gesehen schien die Revolution in Ägypten ein Erfolg zu sein. Aber drei Jahre nach Mubaraks Sturz stellt sich heraus, dass die Menschen, die auf dem Tahrir-Platz protestiert hatten, damit nicht mehr Demokratie gewonnen haben. Ein anderer prowestlicher autoritärer Führer ist zur Macht gelangt und hat ein drakonisches, gegen jeden Protest gerichtetes Gesetz beschließen lassen, das öffentliche Versammlungen von mehr als zehn Personen ohne Genehmigung der Behörden verbietet. Protestierende, die Demokratie fordern, werden jetzt regelmäßig getötet. Am vierten Jahrestag des Tahrir-Aufstandes wurden 17 Personen ermordet. Der große internationale Aufschrei blieb aus.[23]

Der Protest ist zusammengebrochen, und die Menschen überall auf der Welt wissen das. Die Filmemacherin und Aktivistin Astra Taylor fasst es so zusammen: »Wir hatten einige der größten Protestdemonstrationen in der Geschichte der letzten 15 Jahre, aber das muss nicht unbedingt wie durch Zauberhand politische Folgen nach sich ziehen.«[24]

Das Scheitern des gegenwärtigen Aktivismus ist eine gute Nachricht. Die Ingredienzien für die globale Revolution liegen nun vor. Die Demokratie funktioniert, weil die Bürger daran glauben, dass Protest wirkt, wenn er kompetent organisiert wird und ihnen kein anderes Mittel bleibt. Die Möglichkeit einer Revolution sorgt dafür, dass sich die Politiker dem Volk verpflichtet fühlen. Wenn wir nicht mehr daran glauben, dass gewählte Vertreter durch eine kollektive Erhebung aus dem Amt gejagt werden können, und wenn unsere gewählten Vertreter nicht mehr fürchten, dass Proteste ihre politische Karriere zu beenden vermögen, dann entartet Demokratie zu Tyrannei.

Wenn gesellschaftliche Veränderung durch kollektiven Protest unmöglich wird, dann ist die Demokratie am Ende. Der Fehlschlag von Occupy Wall Street, einem Aufstand, wie es ihn in einer Generation nur einmal gibt, bedeutete das Ende unserer Illusionen über die Demokratie. Der Glaube einer Generation in die Legitimität der repräsentativen Demokratie war erschüttert, als die Zeltlager des Volkes, eine Manifestation partizipativer Demokratie, geräumt und unsere Forderungen ignoriert wurden. Erschüttert war damit auch die Legitimität des gegenwärtigen Aktivismus. Das allein der Polizei anzulasten wäre zu einfach. Auch wir Aktivisten müssen unseren Anteil an der Niederlage anerkennen: Die Theorien, die unseren Protestmethoden zugrunde lagen, waren falsch. *Adbusters'* erstes taktisches Briefing war exzellent und inspirierend formuliert, aber die Hypothese, dass eine Volksversammlung den Einfluss des Geldes auf die Demokratie beenden könnte so wie sie die Autokraten in Tunesien und Ägypten zu Fall brachte, erwies sich als ein Irrtum. Auch das Festhalten an der Ideologie des präfigurativen Anarchismus, die Vorstellung, dass das Volk die Welt, in der es leben will, selber bauen muss, statt an die bestehende Realität Forderungen zu stellen, trübte vielen Gründern von Occupy in New York den Blick. Die Weigerung und die Unfähigkeit, über »die eine Forderung« Konsens zu erreichen und komplexe Entscheidungsverfahren zu entwickeln, bedeutete, dass die Bewegung niemals zu legitimer Souveränität, politischen Verhandlungen und einem Wechsel der politischen Macht gelangen würde – ein naiver Fehler. Zwischen zwei konkurrierenden Theorien der Revolution gefangen – entweder zur Schau gestellte öffentliche Proteste zur Beeinflussung der weltweiten öffentlichen Meinung oder Schaffung autonomer Räume als Manifestation von Volkssouveränität – übersahen wir, dass beide Varianten falsch waren.

Adbusters' taktisches Briefing war eine Spekulation, ein Hasardspiel, das Erfolg hatte, weil wir alles auf eine Karte setzten. Die Zeit dafür war reif, und unser Wunsch ging in Erfüllung. Wir zauberten eine soziale Bewegung par excellence aus dem Hut. Und 28 Tage lang gelang uns ein perfekter Sturm. Ein Blitzschlag von einzigartiger Stärke. Die Existenz von Occupy stellte alles auf den Prüfstand, was man unserer Generation über Aktivismus beigebracht hatte. Occupy hinterfragte das Verhältnis zwischen den einfachen Menschen und ihrer gewählten Regierung. Wir waren von der Annahme ausgegangen, dass wir in einer zugänglichen repräsentativen Demokratie leben, die sich aus Selbstbeschränkung letzten Endes den Forderungen des Volkes beugt. Wir glaubten, dass das Volk vor polizeilicher Repression geschützt sei, wenn es kollektive, konsensbasierte Demokratie praktiziert. Wir dachten, keine Regierung könne sich dem einstimmigen Chor ihrer Bürger verschließen, die sich mit so viel demokratischer Leidenschaft äußerten. Denn das ist der Sinn von Demokratie. Jetzt nicht mehr. Als unsere Lager zerstört und unser Schwung gestoppt wurden, gaben viele der Polizei, der Korporatokratie – der Verfilzung von Wirtschaft und Politik – oder den Occupyern die Schuld. Andere flüchteten sich in blanken Zynismus. In Wirklichkeit lag es an unseren Vorstellungen von Aktivismus und davon, wie politische Veränderung erreicht werden kann.

Dabei sind wir Aktivisten nicht passiv gewesen. Jahrzehntelang haben wir jedes Mittel ausprobiert, um den Kurs unserer Regierungen zu beeinflussen. Wir haben gewählt, Leitartikel und Manifeste geschrieben, Geld gespendet, Schilder hochgehalten, an Protestmärschen teilgenommen, Straßen blockiert, Links versendet, Petitionen unterschrieben, Workshops abgehalten, Schals gestrickt, Landwirtschaft erlernt, auf Fernsehen verzichtet, Apps programmiert, uns an direkten Aktionen beteiligt, Vandalismus betrieben, mit rechtlichen Mitteln gegen Pipelines gekämpft und ... Bankenviertel besetzt. Doch all das hat nichts gebracht. Eine neue Art von Aktivismus und Rebellion ist dringend erforderlich.

Occupy hat das Ende des Protests eingeläutet, eine Zeit, da der Aktivismus neu erfunden, auf seinen eigentlichen Sinn zurückgeführt werden muss, um wieder Wirkung zu erlangen. Das Ende des Protests ist ein natürlicher Teil des Kreislaufs gesellschaftlicher Veränderungen. Und ich ahne, es wird nicht lange dauern, und der gesellschaftliche Aktivismus kehrt in neuartiger Form zurück. Bis dahin werden wenig wirksame Proteste weiter stattfinden (jedes gesellschaftliche Erdbeben wie Occupy hat seine Nachbeben), aber diese isolierten Ereignisse werden sich nicht zu einer Revolution steigern, die den Gang der Geschichte verändert. Stattdessen werden sie in den vorhersehbaren Mustern verhaftet bleiben, die zu kontrollieren die Polizei bestens vorbereitet ist. Oder sie werden falschen Zielen wie der Sammlung noch größerer Menschenmassen auf den Straßen nachjagen, was für die revolutionäre Veränderung der Gesellschaft keine Bedeutung hat.

Das Ende des Protests kündigt die kommende Transformation des Aktivismus an, eine Zeit, da die benutzten Taktiken und die ihnen zugrunde liegenden Theorien, von denen wir uns bei unseren Aktionen leiten ließen, einen plötzlichen Paradigmenwechsel erleben – weg vom Materialismus und hin zu einem höheren Ziel, das eine wahrhaft wirksame Bewegung hervorbringt.

Wir leben in gefährlichen Zeiten, die eine weitreichende gesellschaftliche Transformation erfordern. Wissenschaftler, Techniker, Mystiker, Künstler und Lehrer sind sich einig: Diese gesellschaftspolitische Veränderung zu unseren Lebzeiten wird entscheidend dafür sein, dass die Menschheit überleben kann. Der konstruktive Fehlschlag von Occupy Wall Street lehrt die Menschen, dass sie neue Formen des Protests erfinden müssen, um aus der Stagnationsperiode zwischen den Revolutionen auszubrechen. Das Ende des Protests ist ein Appell, den Aktivismus zu revolutionieren.

Die Voraussetzungen für die Revolution sind vorhanden: Ungleichheit der Einkommen, Unzufriedenheit der Intellektuellen, welche die Schuldenlast aus ihrem Ausbildungsgang drückt, korrupte Eliten und mangelhaftes Regieren, eine herrschende Klasse, die ihre Selbstsicherheit eingebüßt hat, ein drohender Finanzkollaps und exzessive Gewaltanwendung gegen Rebellen, sobald Proteste laut werden.[25] Aber die Staatsmacht hat sich auf die Methoden eingestellt, die den Aktivismus seit mindestens einem halben Jahrhundert dominieren. Die alten Taktiken müssen aufgegeben werden. Die alten Vorstellungen, wie Veränderungen zu erreichen sind, führen in die Irre. Das ist ein Problem für jede und jeden, die sich zu ihren Lebzeiten eine bessere Welt wünschen. Die Lösung heißt Erneuerung. Und es gibt einen Grund für Optimismus: Wenn Aktivisten ihre Taktik erneuern, dann lässt eine revolutionäre Situation meist nicht lange auf sich warten.

Keine Märsche und Demonstrationen mehr

Das Standardrepertoire des Aktivismus befriedigt mich nicht mehr. Ich misstraue gemeinnützigen Organisationen mit großen Namen oder kapitalkräftigen Frontgruppen digitaler Aktivisten, die die kollektive Energie des Volkes auf Aktionen breiter Wohlfühl-Bündnisse wie den Klimamarsch des Volkes vom März 2014 verschwenden. Ich stelle die Motive von Aktivisten in Frage, die alte Taktiken anwenden. Allmählich glaube ich, dass diese Gruppen solche Verhaltensweisen wählen, um Aufmerksamkeit zu erhaschen, ohne eine Herausforderung des Status quo zu riskieren. Häufig hat es den Anschein, dass institutionalisierte Organisationen von Aktivisten sich mit einem Vorgehen zufriedengeben, das ihnen Öffentlichkeit bringt, damit sie ihre Listen von E-Mail-Adressen noch weiter ausbauen und Spenden in Millionenhöhe einsammeln können. Seit dem Misserfolg der weltweiten Demonstration gegen den Irakkrieg vom 15. Februar 2003 müsste doch klar sein, dass man mit der Methode zeitlich synchronisierter Märsche auf dem ganzen Erdball, wie sie auch dem Klimamarsch zugrunde lag, zwar flüchtige Medienaufmerksamkeit erwecken, aber bei Regierungen keinen Sinneswandel herbeiführen kann. Daher wäre ich auch der Letzte, der sich für ein weiteres Occupy einsetzt, es sei denn, man böte eine erfrischende Neuerung an. Meine Mission sehe ich darin, Aktivisten zu überzeugen, dass sie aufhören, Fehlschläge zu ignorieren, und immer wieder die gleichen Taktiken anzuwenden.

Es wird auch solche geben, die als Reaktion auf die Krise des Aktivismus behaupten, das ihm zugrunde liegende Paradigma sei nach wie vor gültig. Manche werden argumentieren, Occupy sei gescheitert, weil es nicht perfekt organisiert war. Dabei ignorieren sie, dass es wirkliche Perfektion nicht gibt und Occupy ihr näher war, als im letzten halben Jahrhundert je geschehen. Andere werden behaupten, Occupys *eine* Forderung sei nicht klar gewesen oder man habe zu spät zu handeln begonnen. (Solchen Leuten halte ich den Misserfolg der Demonstration gegen den Irakkrieg vom Februar 2003 entgegen, die für eine absolut klare Forderung durchgeführt wurde.) Viele werden sich für geringfügige Änderungen am Szenarium der Proteste und gegen ein völlig neues Vorgehen aussprechen. Das ist die übliche Reaktion, wenn ein dominierendes Paradigma zusammenbricht.

Der Wissenschaftsphilosoph Thomas Kuhn, der in seinem bedeutenden Werk *Die Struktur wissenschaftlicher Revolutionen* den Begriff des Paradigmenwechsels bekannt machte, schrieb dazu: »Wenn sie (die Wissenschaftler) auch beginnen mögen, den Glauben zu verlieren und an Alternativen zu denken, so verdammen sie doch nicht das Paradigma, das sie in die Krise hineingeführt hat ... Wenn eine wissenschaftliche Theorie einmal den Status eines Paradigmas erlangt hat, wird sie nur dann für ungültig erklärt, wenn ein anderer Kandidat bereitsteht, um ihren Platz einzunehmen.« Vor der neuen Generation von Aktivisten steht die Aufgabe, als Reaktion auf die Krise über die Kritik hinauszugehen und ein neues Paradigma zu entwickeln, das an die Stelle des alten tritt. Das bedeutet, so Kuhn, »... das Wuchern konkurrierender Präzisierungen, die Bereitschaft, alles zu versuchen, der Ausdruck einer offenen Unzufriedenheit, das Zufluchtsuchen bei den Philosophen und das Debattieren über Grundlagen«.[26]

Die Zukunft gesellschaftlicher Veränderung

Jede Generation von Revolutionären muss die Form des Protests neu entdecken, die jeweils dazu passt, wie die Staatsmacht in ihrer historischen Situation aufgestellt ist. Die meisten Generationen haben diese erste Prüfung nicht bestanden. Allzu oft handeln wir unbewusst nach der Taktik unserer Vorgänger, und unser Protest wird rasch unterdrückt. Oder wir stützen uns bei unseren Aktionen auf alte Revolutionstheorien, die nicht mehr gültig sind. Wir müssen Régis Debrays Rat befolgen:

»Neue Situationen verlangen neue Methoden, das heißt, man muss sich hüten, sei es aus Zufall oder aus traditionellen Gründen, Aktionsformen zu übernehmen, die innerhalb des neuen Kontextes nicht mehr gültig sind.«[27] An diesem grundlegenden Irrtum scheitern die meisten Volksaufstände. Wir müssen die Grundlagen des Aktivismus neu überdenken. Der Mensch ist komplexer als unsere Theorien gesellschaftlicher Veränderung. Eine *neue einheitliche Theorie der Revolution* – diese biete ich euch an – ist notwendig, um den Protest neu zu erfinden und die Menschheit aus der prekären historischen Situation herauszuführen, da die Demokratie zusammengebrochen ist und die Reichen herrschen. Das Ende des Protests kündigt seine Wiedergeburt in neuen Formen an – der Entstehung einer Weltpartei für Transformation und eines globalen revolutionären Aktivismus.

Wie sieht dieses neue Paradigma des Aktivismus aus? Es wird bestimmt durch den Übergang von materialistischen Theorien gesellschaftlicher Veränderung zu einem spirituellen Verständnis von Revolution. Es ist eine Wende von Voluntarismus und Strukturalismus hin zu Subjektivismus und Theurgie. Die Aktivisten der Zukunft werden die *mentale Umwelt* ins Auge fassen, um die kollektiven Offenbarungserlebnisse zu erzeugen, mit denen Siege in der realen Welt zu erringen sind. Die Taktiken des Protests werden danach ausgewählt werden, über welches Potential sie verfügen, um den massenhaften Sinneswandel – nach dem altgriechischen *metanoia*, Umdenken – auszulösen, der die nötigen Kräfte für eine gesellschaftliche Revolution mobilisiert. Die Macht der Offenbarung hat der Sufi-Meister Rumi einmal so erklärt: »Von einem Gedanken, der einem in den Sinn kommt, werden in einem einzigen Augenblick hundert Welten umgestoßen.«[28] Die ansteckende kollektive Erleuchtung ist die einzige Kraft, die ein politisches Wunder vollbringt. Die Frage, wie das oben genannte kollektive Umdenken herbeigeführt werden kann, versuche ich seit langem durch Experimente mit gesellschaftlichem Aktivismus zu beantworten.

»Lasst euch nicht einreden, dass Strafe Menschen von etwas abhalten kann, das sie für richtig befunden haben.«

H. Rap Brown, ehemaliger Vorsitzender des Koordinierungsausschusses der Studenten für Gewaltlosigkeit, 1967

ICH BIN EIN AKTIVIST

Aktivismus folgt seiner eigenen Logik. Bei den jährlichen Kampagnen, die ich beinahe mein ganzes Leben lang organisiere, wurde mir das nach und nach bewusst. Meine Experimente mit revolutionärem Aktivismus, kleine und große, mehr oder weniger wirksame, begannen, als ich 13 war. In diesem Jahr weigerte ich mich, in meiner Klasse den üblichen Treueeid stehend zu sprechen. Ich war der Meinung, dieser allmorgendliche Schwur passe nicht zum realen Zustand der amerikanischen Demokratie. Die in meinen Augen unwahren Worte »mit Freiheit und Gerechtigkeit für alle« ärgerten mich, daher blieb ich zum Zeichen des Protests stumm sitzen. Nach ein paar Tagen schlossen Klassenkameraden sich mir an. Das brachte den Lehrer auf. Die Schule stellte mir ein Ultimatum: Entweder erteilten mir meine Eltern schriftlich die Erlaubnis sitzen zu bleiben oder ich sollte vom Klassenausflug am Schuljahresende ausgeschlossen werden. Nun habe ich zum Glück Eltern, die meine gesellschaftliche Betätigung immer unterstützten. Sie hätten die Erlaubnis gern gegeben, aber das lehnte ich ab. Es war mir wichtig, dass *ich* nicht aufstand, weil *ich* meine Gründe hatte. Ich wollte nicht so tun, als hätte ich wegen der Überzeugung meiner Eltern protestiert. Da ich mich so entschied, durfte ich an dem Ausflug nicht teilnehmen. Das tat weh, hielt mich aber nicht von weiteren Aktionen ab. Ich hatte gelernt, dass man eine Verunsicherung der Autorität auslösen kann, wenn man einfach nur sitzen bleibt und gar nichts sagt.

Im nächsten Jahr als Neuling an der Highschool schrieb und veröffentlichte ich eine illegale Zeitung. Inspiriert von dem Kultfilm für junge Rebellen *Pump Up the Volume**, verbreitete ich die vier Seiten, ohne um Erlaubnis zu fragen. Im zentralen Artikel argumentierte ich, wenn die Schüler gemeinschaftlich auch nur das geringste Verbot wie das Kauen von Kaugummi missachteten, dann würden alle Verbote fallen. Diese Hypothese war mein erster Versuch, eine Theorie gesellschaftlicher Veränderung zu formulieren. Ein paar Stunden lang war das *die* Sensation. Als Schüler und Lehrer darüber debattierten, hörte ich nur schweigend zu. Ich hatte die Rechtslage zu nicht genehmigten Schülerzeitungen studiert und war der Meinung, ich hätte einen Tadel, aber keine Strafe zu erwarten. Als die Leitung herausbekam, dass ich der Verantwortliche war, wurde ich zum Direktor gerufen, befragt und prompt für fünf Tage vom Unterricht ausgeschlossen. Auch das tat weh, aber ich ließ mich nicht beirren. Mit jedem Jahr nahm meine Erfahrung zu, was funktionierte und was nicht. Ich bekam ein Gespür für Kampagnen, die sich ausbreiteten und bei mehr Menschen Widerhall fanden.

Als meine Familie von Columbia in Maryland nach Grand Blanc in Michigan umzog, nahmen meine alljährlichen Aktionen an Intensität zu. Den größten Teil meiner Zeit verwendete ich jetzt darauf, die Rechtsvorschriften nach Druckpunkten, nach Themen für potentielle Kampagnen, zu durchforsten, bei

* Dt.: Dreh die Lautstärke auf. – Anm. d. Übers.

denen man mit minimalem Aufwand maximale Wirkung erzielen konnte. Mein erfolgreichster Kampf war die Gründung eines atheistischen Schülerklubs.* Ich hatte herausgefunden, dass an den staatlichen Schulen der USA das Gesetz über gleichen Zugang gilt, ein Bundesgesetz, das die Diskriminierung von Schülerklubs untersagt. Dieses schreibt vor: Wenn eine Schule christlichen Schülern genehmigt, einen Freizeitklub zu gründen, dann muss sie einen solchen auch für Muslime oder Hindus gestatten. Und für Atheisten, argumentierte ich. Mit diesem Wissen ausgerüstet, hielt ich mich strikt an das für die Gründung einer Organisation geltende Verfahren.

Als der Direktor und sein Stellvertreter meine Absicht durchkreuzten, schrieb ich einen Brief über meine Situation an die *Americans United for Separation of Church and State*, die gemeinnützige NGO in der Hauptstadt Washington, die das Gesetz über gleichen Zugang im Jahre 1984 maßgeblich durchgesetzt hatte. Die Organisation bot mir Rechtsbeistand an und schickte der Highschool von Grand Blanc einen Brief mit der Drohung, vor Gericht zu ziehen, sollte mein Atheistenklub nicht zugelassen werden. Die Schule lenkte ohne Gegenwehr ein. Der Direktor rief mich in sein Büro, und ich konnte seine Augen sehen, als er die totale Niederlage eingestehen musste. Da die Schule sich verpflichtet hatte, Versammlungen der Atheisten anzuzeigen, wenn sie das für die Christen tat, wusste jeder, was geschehen war. Meine Aktionen begannen landesweit Aufmerksamkeit zu erregen. Ich schrieb darüber einen Gastbeitrag für die *New York*

---

* Damals fühlte ich mich als aufrichtiger und konsequenter Atheist. Den Klub gründete ich nicht aus purem Widerspruchsgeist. Ich war der Meinung, dass meine staatliche Schule unberechtigt Religion propagierte und dass Atheismus kritisches Denken förderte. Atheist bin ich heute nicht mehr, aber diese frühe Kampagne ist mir immer noch wichtig, weil sie mich gelehrt hat, wie man durch die Mobilisierung äußerer Kräfte die Lage innerhalb einer Institution beeinflussen kann.

Times und war in diesem Sommer Gast in Bill Mahers bundesweit übertragener Fernsehshow *Politically Incorrect.*[29]

Ich organisierte weiter Kampagnen. Im Jahr darauf nahm ich mir die an meiner Schule neu eingeführte Pflicht für Sportler vor, sich auf Drogen testen zu lassen. Wie bei früheren Gelegenheiten erprobt, verteilte ich 400 Exemplare eines Pamphlets, in dem ich die Sportler aufforderte, den Pflichttest zu verweigern, und suchte mir juristischen Beistand von außen. Ich trat in die Ringermannschaft ein und verließ sie aus Protest wieder, als ich die Zustimmungserklärung für den Drogentest unterschreiben sollte. Dann gewann ich die *American Civil Liberties Union* des Staates Michigan für eine Klage gegen meine Schule wegen Verletzung des in der Verfassung von Michigan verankerten Schutzes vor rechtswidrigen Durchsuchungen und Beschlagnahmungen.[30] Als es zum Gerichtsprozess kam, musste ich dem Rat der Anwälte folgen, die zu einem konservativen Vorgehen neigten. Ich war machtlos. Wir verloren. Daraus zog ich den Schluss, bei künftigen Aktionen die Gerichte zu meiden.

Die Anschläge auf das World Trade Centre und das Pentagon vom 11. September 2001 öffneten mir die Augen über die geopolitische Lage. Nun legte ich den Schwerpunkt auf Aktionen, die eine größere politische Wirkung anstrebten. Als Zehntklässler am Swarthmore College, einer kleinen geisteswissenschaftlichen Schule bei Philadelphia, gehörte ich zu den Gründern von *Why War?*, einer der ersten Antikriegsorganisationen, die nach dem 11.9. entstanden. Da ich mich immer mehr politischen Aktionen zuwandte, verließ ich die Schule für ein Semester und schloss mich sechs Wochen lang der *International Solidarity Movement*, einer gewaltlosen Organisation für direkte Aktion in Palästina an. In Swarthmore zurück, arbeitete ich als Freiwilliger in einer Küche, die eine Obdachlosenunterkunft in Philadelphia versorgte. Der Höhepunkt der Aktionen von *Why*

War? war eine landesweite elektronische Kampagne für zivilen Ungehorsam durch Verbreitung gehackter E-Mails der Firma Diebold Election Systems, einem führenden Hersteller elektronischer Abstimmungsgeräte.[31] Der Chefmanager von Diebold, Walden O'Dell, ein bekennender Spender für die Republikaner, schockierte die Demokratie-Aktivisten in einem Spendenaufruf vom Herbst 2003 mit dem Bekenntnis, er wolle »Ohio dabei helfen, seine Wählerstimmen im nächsten Jahr dem Präsidenten [George W. Bush] zu geben«.[32] Bald darauf verbreiteten unbekannte Hacker interne Aktenvermerke von Diebold Election Systems. Als diese in der Öffentlichkeit auftauchten, reagierte Diebold mit Anzeigen wegen Copyright-Verletzung, um deren Verbreitung zu verhindern. Als ich sah, welches Potential in der Kampagne steckte, regte ich *Why War?* an, die Vermerke auf die Webseite des Swarthmore College hochzuladen. Mir war klar, dass die Schule damit in eine schwierige Rechtslage gebracht wurde. *Why War?* packte die Dokumente in ein leicht zu reproduzierendes Format und rief die Studenten im ganzen Land auf, sie auf die Server ihrer Universitäten zu stellen. Zugleich gewann *Why War?* eine weitere Gruppe von Aktivisten an unserer Schule, die *Swarthmore Coalition for the Digital Commons,* die mit der Electronic Frontier Foundation zusammenarbeitete, gegen Diebold rechtliche Schritte einzuleiten. Nachdem ich meinen Aufruf zum Handeln an Slashdot, eine einflussreiche technologische Webseite, geschickt hatte, griff unsere Kampagne für elektronischen zivilen Ungehorsam rasch auf Dutzende Universitäten über, darunter zahlreiche renommierte Hochschulen.[33] Diebold drohte allen Universitäten mit rechtlichen Schritten.

Als gar US-Kongressmitglied Dennis Kucinich, der sich um die Nominierung als Präsidentschaftskandidat der Demokratischen Partei bewarb, Links zu den gehackten E-Mails an einen

Server der US-Regierung schickte, schwenkte unsere Kampagne auf Erfolgskurs ein. In einem Offenen Brief vom 21. November 2003 schrieb Kucinich: »Diebolds Vorgehen ist typisch für zunehmende Fälle von Verstößen, durch die große und mächtige Akteure Anbieter im Internet durch Einschüchterung nötigen, Informationen zu löschen, die ihnen nicht genehm sind. Mächtigen Akteuren darf nicht gestattet werden, das Copyright zu benutzen, um eine unliebsame Presse einzuschränken und den Zugang zu legitimen Verbraucherinformationen zu versperren.«[34] Seine unverblümte Unterstützung unseres zivilen Ungehorsams im Netz kündigte sofortigen Erfolg an: Diebold kapitulierte und zog die Drohungen gegen Swarthmore und zahlreiche Universitäten zurück, deren Studenten sich unserer Kampagne des zivilen Ungehorsams angeschlossen hatten. Ein Jahr später gewann die Electronic Frontier Foundation ihre Klage gegen Diebold. Der California district court erklärte das Unternehmen der Verletzung des Digital Millennium Copyright Act für schuldig.[35] Bei dieser Aktion erlebte ich zum ersten Mal, dass sich ein Protest wie ein Lauffeuer ausbreitete und sich der Kontrolle seiner Initiatoren entzog.

Mein Leben lang versuche ich nun schon zu begreifen, weshalb manche politische Ideen die Menschen ins Herz treffen und zu großen gesellschaftlichen Umwälzungen führen. Wie ist es den Christen gelungen, die einst in den Arenen des alten Roms unter dem Jubel der Menge Löwen zum Fraß vorgeworfen wurden, 300 Jahre Verfolgung zu überstehen, zur Religion von Kaisern zu werden und das Heidentum wirksam auszurotten (oder zumindest zu absorbieren)? Wie konnte es geschehen, dass ein französischer König an einem Tag auf dem Thron saß und am nächsten von Revolutionären, die egalitäre Demokratie verfochten, mit der Guillotine enthauptet wurde? Wenn es den Menschen in der Vergangenheit gelungen war, allmächtige

Herrscher zu stürzen, warum waren dann unsere revolutionären Anstrengungen nicht jeden Tag von Erfolg gekrönt?

Meine Versuche mit provokatorischen Aktionen haben mich gelehrt, dass es in der Geschichte ein Gesetz der Revolution gibt, eine Logik der Ereignisse, der revolutionäre Bewegungen folgen. Deren Ablauf ist chaotisch, aber immer noch erkennbar. Das Gesetz des Aktivismus unterscheidet sich von den Gesetzen, welche die normale Funktionsweise der Gesellschaft steuern. Die Anhänger der kliodynamischen Geschichtswissenschaft, die glauben, dass die Geschichte nach erkennbaren Mustern verläuft, haben nicht unrecht, sie überschätzen nur die materielle, berechen- und messbare Seite der Zyklen der Geschichte.

Über den gesellschaftlichen Wandel kursieren viele Theorien. Ich bin nach poststrukturalistischen Ideen des Aktivismus erzogen worden, für die Gilles Deleuze, Félix Guattari und Michel Foucault stehen, eine Schule französischer Philosophen, die von den wilden Streiks des Jahres 1968 in Paris und andernorts stark beeinflusst waren. Die verschiedenen Stile des Aktivismus ähneln den Unterschieden zwischen den einzelnen Kampfkünsten, zum Beispiel zwischen Jiu-Jitsu und Aikido oder Taekwondo und Karate. Ich habe mich mit all den unterschiedlichen Revolutionstheorien beschäftigt – von Guy Debords Situationismus über Alfredo Bonannos Aufständischen Anarchismus und John Zerzans Anarcho-Primitivismus bis hin zu Kalle Lasns Anti-Werbung und Saul Alinskys Gemeinwesenarbeit … Die Liste ließe sich fortsetzen. Ich habe Dutzende verschiedener Modelle untersucht, wie man von der alten zu einer neuen Welt kommen kann. Doch bald wurde mir klar, dass keine einzige Theorie umfassend erklärt, warum manche Kampagnen scheitern und andere Erfolg haben. Die Theorie versucht eine Gegenwart zu durchschauen, die unablässig in der Vergangenheit verschwindet. Die Vergangenheit kann lehrreich sein, aber nicht in letzter

Instanz. Was in der Französischen Revolution funktionierte, ist heute nicht mehr brauchbar. Die einzige Möglichkeit, genau zu wissen, was eine Revolution zum Erfolg führt, besteht darin, die Ereignisse zu provozieren und dann zu schauen, ob das Feuer flackert, erstickt oder zu einem Brand auflodert.

> »Gäbe es keine Widersprüche und keinen Kampf,
> dann gäbe es keine Welt, keinen Fortschritt,
> kein Leben – überhaupt nichts.«

Mao Zedong, Gespräch auf der Konferenz von Chengdu, 1958

DER SINN DES PROTESTS

Der Aktivist von heute ist der Höhepunkt der Experimente der Menschen seit Tausenden von Jahren mit Techniken der kollektiven Befreiung. Die Rolle des Aktivisten besteht darin, mehr Freiheit für die Menschheit zu erringen.

Aktivismus existiert seit der Entstehung einer ungleichen Gesellschaft. Noch heute ist der Aktivist ein moderner Archetyp. Das Wort »Aktivismus« ist im Englischen abgeleitet von dem Adjektiv *active* (im Französischen von *active*), welches das Oxford English Dictionary definiert als »ein Leben oder ein Lebensstil, der durch frommes Handeln nach außen statt durch Kontemplation gekennzeichnet ist«.[36] Die Betonung des Handelns nach außen charakterisiert den politischen Aktivismus noch heute. Den Begriff des Aktivismus führte Rudolf Eucken ein, ein deutscher Philosoph, der 1908 den Literatur-Nobelpreis erhielt. Eucken war der Erste, der seine ethische Lebensphilosophie als *Aktivismus** bezeichnete. Ein früher Kommentator zu Eucken erläuterte: »Aktivismus weist eine Wesensverwandt-

---

* Eine frühere Bedeutung von Aktivismus, die heute überholt und selten anzutreffen ist, leitet sich von Aktinismus ab, einen Zustand, bei dem Licht oder andere elektromagnetische Strahlung chemische Reaktionen auslösen.

schaft zum Pragmatismus auf, besonders, was seine negative Seite betrifft ... Beide stimmen darin überein, dass Handeln der Schlüssel zur Wahrheit ist.«[37] Im Jahre 1920 veröffentlichte Henry Lane Eno *Activism*, ein philosophisches Traktat über den Begriff, das einen Einblick in die häufig unausgesprochenen ideologischen Annahmen gewährt, die vom philosophischen auf den politischen Aktivismus übergegangen sind. Eno schreibt, der Aktivismus sei »seinem Wesen nach realistisch«, er »setzt die ›objektive‹ Richtigkeit und das ›reale‹ Sein von Dingen und Verhältnissen sowie die fundamentalen Beziehungskomplexe von Raum, Zeit, Zahl und Veränderung als gegeben voraus«.[38] Dieser Akzent auf Aktion und Veränderung griff auch auf das Feld der Politik über.*

In seiner Nobelpreis-Rede sah Eucken die »soziale Bewegung« voraus und beschrieb den Schnittpunkt von menschlicher Subjektivität und materieller Welt, der den *Aktivismus* charakterisiert:

»Auch die soziale Bewegung zeigt den Menschen nicht als ganz und gar von einer gegebenen Ordnung umfangen, sondern als ein Wesen, welches das Ganze des vorgefundenen Standes überschaut, einer Beurteilung unterzieht, sich zutraut, es aus eigener Kraft wesentlich zu verändern. Dabei ist uns das Materielle mehr geworden, aber es ist das nicht so sehr mit seinen sinnlichen Eigenschaften denn als Mittel der Steigerung des Lebens, der vollen Beherrschung der Dinge. Was erstrebt wird, ist nicht ein bloßes Mehr des sinnlichen Genusses, sondern ein Stand, wo der Mensch, wo jeder Mensch zur vollen Entwicklung seiner Kräfte gelangt.«[39]

---

* *Das Oxford English Dictionary hält fest, dass sich die Grundbedeutung von Aktivismus in den Jahren 1914–1918 auf ein Individuum bezog, das Schweden und Belgien drängte, auf Seiten Deutschlands in den Krieg einzutreten. Eucken war im Ersten Weltkrieg ein wortgewaltiger Unterstützer Deutschlands.*

Der Aktivist bewertet die materielle Welt danach, inwieweit sie ihm hilft, durch seine Aktion Veränderung zu erreichen. Daher stellt sich für den Aktivisten die unmittelbare Herausforderung, wie genau er aktiv sein kann und welche Aktionen er unternehmen soll. Der Aktivist sucht nach Taktiken und Verhaltensweisen, die sich eignen, revolutionäre Veränderung herbeizuführen.

Wozu Aktivismus?

Du wurdest in eine Welt geboren, in der Ungerechtigkeit und Ungleichheit herrschen. Die Lösung ist der Aktivismus. Wenn positive gesellschaftliche Veränderungen notwendig sind, aber blockiert werden, wenn das Leiden wächst, dann steigt auch der soziale Druck, der nach einem Ausweg sucht.

Aktivismus ist für eine gesunde Gesellschaft von entscheidender Bedeutung, denn Revolutionen treiben den gesellschaftlichen Fortschritt voran. »Die Revolutionen sind die Lokomotiven der Geschichte«, sagte Karl Marx.[40] Nahezu alles Gute in dieser Welt ist das Ergebnis von Protesten und harten Kämpfen. Ohne Ungehorsam, der sich zu echter Rebellion steigert, gäbe es keine Demokratie. Alle Rechte, die du heute genießt, sind das Ergebnis von Aktivismus in der Vergangenheit. Wie der amerikanische Abolitionist Wendell Phillips bereits 1848 sagte: »Revolution ist die einzige Sache, die einzige Macht, die je Freiheit für alle Menschen gebracht hat.«[41] Mit anderen Worten, niemals wurde Freiheit freiwillig gewährt. Protest ist der Preis, den wir für Demokratie zahlen.

Fortschritt entsteht durch Protest. Seit der frühen Neuzeit und mit wachsender Geschwindigkeit seit der Französischen Revolution im 18. Jahrhundert haben Proteste neue Phasen der Menschheitsgeschichte eingeleitet. Revolutionen, die Victor Hugo »Larven der Zivilisation« nannte,[42] sind unverzichtbar für eine gesunde Erneuerung der gesellschaftlichen Ordnung. Protest setzt die Energie frei, die erforderlich ist, um aus alten sozialen Handlungsmustern auszubrechen. Revolutionen zementieren die neuen Muster im Alltagsleben. Protest ist eine Triebkraft gesellschaftlicher Veränderung wie Kriege und umwälzende technische Erfindungen. Revolutionen sind Anzeichen dafür, dass Geschichte gemacht wird. Nach einer Revolution zu streben ist eine der wenigen Möglichkeiten für scheinbar machtlose Menschen, die Zukunft zu gestalten.

Proteste sind für die politische, soziale und kulturelle Gesundheit unerlässlich. Der Soziologe Hank Johnston, der soziale Bewegungen untersucht hat, nennt sie »wesentlich, damit die politischen Eliten aufmerksam bleiben«.[43] Rebellion zu unterdrücken ist am Ende gefährlicher für den Unterdrücker als für das Volk, und eine Revolution ist nahe, sobald die Staatsmacht die Möglichkeit wirksamen Protests beseitigt. Das Hinauszögern einer notwendigen Revolution gilt als Hauptquelle für Gewalt bei Transformationsvorgängen. Von John F. Kennedy stammt der berühmt gewordene Ausspruch: »Wer eine friedliche Revolution unmöglich macht, wird eine gewaltsame Revolution unvermeidlich machen.«[44]

Die Anerkennung der positiven und produktiven Rolle des Protests ist eine Grundlage der amerikanischen Demokratie seit ihrer Entstehung. Thomas Jefferson, der Hauptautor der Unabhängigkeitserklärung und dritte Präsident der USA, bekannte sich freimütig zum Wert von Rebellion. »Ich bin der Meinung, hin und wieder eine kleine Rebellion ist eine gute Sache und in der politischen Welt so nötig wie Stürme in der physischen«, schrieb er in einem Brief an James Madison in den Jahren vor der Französischen Revolution. Jefferson empfahl Madison, der bei der Ausarbeitung der Verfassung und der Bill of Rights der USA eine bedeutende Rolle spielte, nur moderaten Strafen für

Erhebungen und Aufstände zuzustimmen. »Aufrichtige Regierende der Republik [sollten] bei der Bestrafung von Rebellionen so viel Milde walten lassen, dass sie nicht zu sehr davon abschrecken.«[45] In einem Brief an einen anderen Empfänger hieß es: »Gott bewahre, dass wir zwanzig Jahre lang ohne eine Rebellion wären. Welches Land kann seine Freiheiten bewahren, wenn seine Herrscher nicht von Zeit zu Zeit gewarnt werden, dass die Bewohner sich ihren Widerstandsgeist bewahren?«[46] Diese laxe Sicht auf die Bestrafung von Protest war unter den Gründervätern der USA in der Tat weit verbreitet. Freiheit ist auf Widerstand angewiesen, sogar wenn der Widerstand den Status quo umzustürzen droht oder gerade dann.

Nicht nur in den Vereinigten Staaten ist die Geschichte der Demokratie eine Geschichte von Revolutionen. »Die repräsentative Demokratie wurde nicht in einem langen, friedlichen Reformprozess geschaffen, sondern eher mit revolutionären Mitteln«, erläutert der Historiker Brian Roper in seiner *History of Democracy*. Er fährt fort: »Eine Reihe revolutionärer Umwälzungen … vom ersten Niederländischen Aufstand im Jahre 1565 bis zum Ende des Amerikanischen Bürgerkrieges 1865 transformierte die bis dahin bestehenden Staaten und brachte ihnen die repräsentative Demokratie.«[47] Nach den Worten des Richters am Obersten Gericht der USA Robert Houghwout Jackson, die er während des Kalten Krieges schrieb, ist eine Revolution von Zeit zu Zeit »eine alte amerikanische Überzeugung«. Jackson schreibt: »Wir können die Tatsache nicht ignorieren, dass unsere eigene Regierung in einer Revolution entstand, und diese ist legitim, wenn ein gewaltsamer Umsturz nur irgendwann gerechtfertigt werden kann … Die Männer, die den Kampf für den Sturz der rechtmäßigen britischen Herrschaft durch Gewalt anführten, fanden moralische Unterstützung, weil sie sich auf ein Naturrecht beriefen, nach dem ihre Revolution gerechtfertigt war. Tapfer verkündeten sie ihren Glauben in dem Dokument, das unserer Freiheit zugrunde liegt.«[48] Der 19. Präsident der Vereinigten Staaten, Ulysses S. Grant, schrieb unverblümt: »Das Recht auf Revolution ist ein ureigenes Recht. Wenn Menschen von ihrer Regierung unterdrückt werden, dann besitzen sie das naturgegebene Recht, sich von der Unterdrückung zu befreien, wenn sie stark genug sind, entweder, indem sie sich ihr verweigern oder indem sie sie stürzen und durch eine annehmbarere Regierung ersetzen.«[49]

Bei der Entwicklung komplexer Gesellschaften kommt es zu sozialer Ungleichheit, die zu Ungleichgewicht, Ungerechtigkeit und Konflikten führt. Bleiben solche sozialen Spannungen ungelöst, dann steigern sie sich zu einem gefährlichen Flächenbrand, der schließlich die Transformation der gesellschaftlichen Ordnung ankündigt. Der Ausbruch von Protesten und die Bewegungen, die entstehen, wenn der Widerstand ansteckend wirkt, sind für das Volk ein Mittel, um diese Spannungen zu lösen und durchgreifende Veränderungen einzuleiten. Das Fehlen wirksamer Formen des Protests steigert nur die Gewaltbereitschaft in der Gesellschaft. Keine Unterdrückungsmethode kann den neuen Geist daran hindern, eine verfallende gesellschaftliche Ordnung zu durchbrechen. Die Herrschenden von heute wären klug beraten, John Jays Rat aus dem Jahre 1786 zu folgen und Aufruhr mit Reformen zu beantworten. Er empfahl, »die ›Krankheit‹ zu behandeln, die ihm zugrunde liegt, statt seine ›Symptome‹ zu unterdrücken«.[50]

Enorme Energien müssen mobilisiert werden, will man das Paradigma einer verfallenden Gesellschaft wechseln. Außer der Massenmobilisierung für einen Krieg ist der kollektive Wille des Volkes zur Revolution eine der wenigen Quellen, die solche Energien hervorbringt. Dieser kollektive Wille manifestiert sich oft durch Menschenmassen auf den Straßen. Der große Universalgelehrte Rabindranath Tagore stellte einmal weitblickend fest: »Massenpsychologie ist eine blinde Gewalt. Wie Dampf und andere physikalische Kräfte kann sie benutzt werden, um enorme Energien freizusetzen.«[51] Wenn Menschenmassen Dampfkraft sind, dann ist eine soziale Bewegung mit Internetanschluss Kernenergie. Die Frage ist, wie dieses explosive Potential für positive Zwecke genutzt werden kann.

Die Mobilisierung der Gesellschaft für Veränderung kann von oben kommen – in Form eines vom Staat organisierten Krieges – oder von unten durch einen Aufstand der Basis. Beachte die Ähnlichkeiten von Schlacht und Protest, von Krieg und sozialer Bewegung. Beide schließen die Propagierung dramatisch neuer Verhaltensweisen für die Zerschlagung der bestehenden Institutionen ein. Revolutionen, die vom Volk ausgehen, und Kriege, die von Regierungen begonnen werden, stellen einen ähnlichen Prozess ideologischer Stimulation und sozialer Umprogrammierung dar, der darauf abzielt, die Gesellschaft durch ungewöhnliches kollektives Handeln gesunden zu lassen. Roberta Ash, eine Theoretikerin der Organisation sozialer Bewegungen, stellt richtig fest, dass Krieg eine Art Bewegung ist: »Eine nationale Kriegsanstrengung kann als Bewegungsphänomen aufgefasst werden, ... da eine Elite einen großen Teil der Bevölkerung mobilisiert, ideologisch stimuliert und aus den gewohnten Bahnen wirft.«[52]

Der Theoretiker Lyford P. Edwards konzentriert sich auf die Schlüsselrolle, welche die Revolution dabei spielt, »die Institutionen einer Gesellschaft zu zerschlagen, die der Erfüllung eines oder mehrerer der vier elementaren Wünsche des Menschen im Wege stehen«.[53] Laut Edwards sehnen sich die Menschen nach neuen Erfahrungen, Sicherheit, Anerkennung und Resonanz (Berührung und Liebe). Proteste sind Ausdruck dafür, dass der Mensch diese elementaren Wünsche verfolgt und sich dabei aus den Fesseln der Konvention zu befreien sucht. Vielleicht handeln rebellische Menschen aus dem Wunsch heraus, neue Erfahrungen in der Gesellschaft zu machen, zu erleben, wie sie sich auf neue Art organisieren und miteinander umgehen können. Oder wie es möglicherweise im Fall von Mohamed Bouazizi war, der den Arabischen Frühling auslöste: Die Menschen dürsteten nach wirtschaftlicher Sicherheit und Anerkennung durch die Regierung. Jeder Revolution liegt ein Wunsch zugrunde, der entweder abgewiesen, ignoriert oder hinausgeschoben wird. Der einflussreiche kommunistische Theoretiker Friedrich Engels hat das bereits vor einem Jahrhundert als richtig erkannt, als er schrieb: »Alle Welt weiß heutzutage, dass jeder revolutionären Erschütterung ein gesellschaftliches Bedürfnis zugrundeliegen muss, dessen Befriedigung durch überlebte Einrichtungen verhindert wird.«[54] Wer Protest unterdrückt, um bestehende Institutionen zu verteidigen, greift in einen natürlichen (und schönen) Prozess ein, der für die langfristige Lebensfähigkeit der Gesellschaft absolut erforderlich ist.

Was ist eine Revolution?
Revolution ist eine grandiose Umwälzung, ein magischer Augenblick, da der Status quo in eine solche Schieflage gebracht worden ist, dass Raum für eine neue Art des Daseins entsteht. Viele Revolutionen währen nur eine Minute lang und spielen sich im Kopf ab – als eine Offenbarung, die das alte Denken in Scherben fallen lässt. Andere halten wochenlang an, die Erleuchtung springt von einem zum anderen, und eine soziale Bewegung entsteht. Nur sehr wenige Revolutionen münden in eine neue gesellschaftliche Ordnung von langer Dauer.

Revolutionen sind ein von Menschen gemachtes dynamisches und komplexes Phänomen. Revolutionen tendieren zu Spontaneität, weshalb sie bekanntermaßen schwer vorherzusagen sind. Dennoch folgen sie erkennbaren Mustern und laufen innerhalb physischer, psychischer und biologischer Grenzen ab. Dazu noch einmal Friedrich Engels: »Eine Revolution ist ein reines Naturphänomen, das mehr nach physikalischen Gesetzen geleitet wird, als nach den Regeln, die in ordinären Zeiten die Entwicklung der Gesellschaft bestimmen.«[55] Manche dieser Muster sind ewig, andere vergänglich. Revolutionen haben viele Wesenszüge gemeinsam, manifestieren sich aber im Laufe der Geschichte stets in unterschiedlicher Ausprägung. Eine Untersuchung der Revolution wird schon kompliziert durch die Herausforderung, den Gegenstand zu formulieren: Was ist eine Revolution?

Frühere Studien zur Revolution stellen dieses Phänomen anhand von Beispielen dar, bei deren Auswahl sie den größten Teil der Menschheitsgeschichte ausblenden. Der konservative Politikwissenschaftler Samuel Huntington zum Beispiel argumentiert so: »Revolution ist ein Aspekt der Modernisierung. Sie ist nicht etwas, das in jedem Typ von Gesellschaft und in jeder Geschichtsperiode passieren kann. Sie ist keine universelle Kategorie, sondern eher ein historisch begrenztes Phänomen.«[56] Mit dem Schwerpunkt auf einem »historisch begrenzten« Revolutionsbegriff wird eine Überbetonung des Studiums großer Revolutionen gerechtfertigt, die allesamt Massencharakter tragen, modern und säkular sind. Revolutionen, die nicht in dieses Schema passen, werden ignoriert. »Tatsächlich ist ein Typ Revolution, die große, transformative Revolution, ein Phänomen der Moderne, oder, genauer gesagt, des Zeitalters des Europäismus«, schrieb der tschechisch-britische Soziologe Jaroslav Krejči 1983.[57] Diese europäistische Sicht ist rückwärtsgewandt, bevorzugt einen (den marxistisch-kommunistischen) Revolutionstyp und ist letztlich nicht hilfreich für unser ewiges Streben nach dem nächsten weltweiten Aufstand. Anstatt das Forschungsfeld auf die letzten 250 Jahre einzuengen, nimmt eine solide, einheitliche, allgemeine Revolutionstheorie die gesamte Geschichte der Menschheit ins Visier: die Antike, die Prämoderne, die Moderne und die Ultramoderne.

Eine Definition der Revolution, für die ich plädiere, wurde erstmals im Jahre 1927 von Lyford P. Edwards vorgelegt, der schrieb: »Revolution ist eine Veränderung –, nicht unbedingt mit Zwang und Gewalt herbeigeführt –, bei der ein Rechtssystem beendet und ein anderes ins Leben gerufen wird.«[58] Edwards' inklusive Definition passt auf einen weit größeren Teil der Menschheitsgeschichte und lenkt unsere Aufmerksamkeit auf das Hauptmerkmal der Revolution: den Wechsel der Souveränität und die Errichtung eines neuen Rechtsregimes.

Der revolutionäre Umsturz des Status quo und die Einführung eines neuen Rechtssystems sind per definitionem rechtswidrig, bis sie sich durchgesetzt haben. Revolutionärer Aktivismus ist jeder Versuch von Protestierenden, das Illegale legal oder das Legale illegal zu machen. Aktivisten können die Absicht verfolgen, ein einziges ungerechtes Gesetz zu Fall zu bringen oder ein ganzes System zu stürzen. Zuweilen nutzen sie ein Gesetz, um ein anderes außer Kraft zu setzen. Die Erkenntnis, dass wir als Aktivisten das Ziel haben, das Rechtsregime herauszufordern, erklärt, weshalb sich alle Protestierenden, auch wenn sie an einer unbewaffneten, gewaltlosen Revolution teilnehmen, Unterdrückung ausgesetzt sehen. Alle Gesellschaften widersetzen sich kämpfend einer revolutionären Veränderung. Die von dem pazifistischen Prediger Martin Luther King jr. gegen die Rassentrennung angewandte Methode des zivilen Ungehorsams wurde als Schwerverbrechen eingestuft. Selbst moderate Weiße, die keine Rassisten waren, verurteilten Kings neuartiges Vorgehen. Als King wegen seines Protests gegen die Rassentrennung eingekerkert wurde, verteidigte er in einem »Brief aus dem

Gefängnis in Birmingham« seine gewaltlose Methode mit starken Worten gegenüber Bischöfen und Rabbinern: »Sie zeigen sich sehr besorgt darüber, dass wir die Absicht haben, Gesetze zu brechen … Sie werden vielleicht fragen: ›Wie können Sie es rechtfertigen, einige Gesetze zu übertreten und anderen zu gehorchen?‹ Das liegt einfach daran, dass es zwei Arten von Gesetzen gibt, gerechte und ungerechte. Ich wäre der erste, der dazu aufruft, gerechten Gesetzen zu gehorchen. Man hat nicht nur die juristische, sondern auch eine moralische Verantwortung, gerechten Gesetzen zu gehorchen. Umgekehrt hat man die moralische Verantwortung, ungerechte Gesetze zu übertreten. Ich möchte mit St. Augustin sagen: ›Ein ungerechtes Gesetz ist kein Gesetz.‹«[59] Es gibt keine Möglichkeit, eine Gesellschaft grundlegend zu verändern, ohne ungerechte Gesetze zu übertreten und gegen bestehende Strukturen vorzugehen.

Der reife Aktivist erkennt durchaus an, dass jeder aufrichtige Versuch, die bestehende Ordnung zu stürzen, auch Unheil bringen kann. Daher darf ein solcher Schritt nie leichtfertig unternommen werden. Einen schmerzlosen Machtwechsel gibt es nicht, auch wenn er ohne Blutvergießen abläuft. An den Wegen zur Revolution lauert immer das Risiko der Zerstörung.

Was ist Protest?

Protest ist ein kollektives Ritual, eine *soziale Technik kollektiver Befreiung*, mit der die Beteiligten das bestehende Rechtssystem ändern wollen. Protest ist eine Form von gewaltfreier Kampfführung mit der Absicht, eine Revolution, die Beseitigung eines Rechtsregimes und die Errichtung eines anderen, zu beschleunigen. Das Ziel genuinen Protests ist eine großangelegte transformative Veränderung – die Geburt einer neuen gesellschaftlichen Ordnung. Proteste kommen ständig vor, Revolutionen sind selten. Jede Revolution schließt Protest ein, aber nur gelegentlich führt Protest zu einer Revolution. Wenige Proteste lösen eine Revolution aus, aber allen Revolutionen gehen Proteste voraus.

Die Skala der Proteste reicht von schlichten lokalen Krawallen bis zu global vernetzten Wellen sozialer Bewegungen, die sich durch die Verknüpfung von Online-Koordinierung mit Offline-Aktionen ausbreiten. Die meisten Proteste sind eine unbewusste kollektive Reaktion, ein kollektiver Wutausbruch und weniger eine rational durchdachte Strategie zur Veränderung der politischen Realität. Es kommt zu einer Ungerechtigkeit, und die Menschen reagieren instinktiv. Die dabei angewandte Taktik ist häufig grob und aufrührerisch. Unverzüglich und emotional lassen die Beteiligten ihrer Empörung freien Lauf. Derart zügelloses Verhalten ist kulturell determiniert und ändert sich im Lauf der Zeit. Methoden spontanen Protests, die einst verbreitet waren, verschwinden, andere tauchen auf oder werden neu erfunden. So benutzten Aufrührer im London des 18. Jahrhunderts die Methode, Häuser zu demolieren: Sie schlugen Fenster und Türen ein, zerrten Einrichtungsgegenstände auf die Straße und steckten sie in Brand, um Menschen anzulocken.[60] Das »Teeren und Federn« war eine populäre Protestform, die zur Amerikanischen Revolution von 1775 führte.

Völlig spontane Proteste sind lediglich ein Symptom für Ungerechtigkeit. Sie kühlen sich in der Regel rasch wieder ab, wenn die erste Wut verflogen ist. Der Unterschied zwischen einem revolutionären Protest und einer spontanen Volkserhebung besteht darin, dass es Letzterer an einer überzeugenden Theorie gesellschaftlicher Veränderung fehlt. Bei Krawallen oder chaotischen Unruhen kann die breite Öffentlichkeit nicht erkennen, wie solche Störaktionen reale und dauerhafte Veränderungen bewirken sollen. Proteste, deren Art und Weise bei den Menschen ohne Widerhall bleibt, werden keine Nachahmer finden.

Dagegen strömen in einer revolutionären Situation die Menschen der Bewegung zu, wenn sie glauben, dass ein neues Vorgehen zu einer Verbesserung ihres Lebens führen kann.

Bis zum 20. Jahrhundert ging man bei der Untersuchung des Protests von einem Paradigma kollektiven Verhaltens aus, das den Protest als negatives Symptom für sozialen Verfall, als von gesamtgesellschaftlichen Faktoren ausgelöstes abweichendes Verhalten begriff. »Nach dieser Auffassung sind soziale Bewegungen ein Produkt sozialer Desorganisation; andere sind Selbstmord, Verbrechen und weitere Symptome eines gesellschaftlichen Systems in Schwierigkeiten«, schreibt William Gamson in *The Strategy of Social Protest*, einer Fundamentalkritik des kollektiven Verhaltensparadigmas.[61] Diese bot ein entpolitisiertes Bild des Protests. Sie betrachtete eine Massenaktion als politikfernes Verhalten einer Menschenmenge. Gamson erklärt, was diese Annahme bedeutet: »Das kollektive Verhaltensparadigma beruht auf einer Unterscheidung der Politik sozialer Bewegungen von jener konventioneller Gruppen und Organisationen – politischer Parteien des Mainstreams, Lobbies und Interessengruppen. Die Akteure, die sich für diese beiden Verhaltenstypen engagieren, werden als unterschiedliche Arten von Menschen betrachtet.«[62]

In den 1960er Jahren wurde klar, dass nicht alle Proteste solche spontanen Volksunruhen waren. Mehrere miteinander wetteifernde Gruppen benutzten Vorgehensweisen sozialer Bewegungen gezielt als Strategie für politische Veränderung. Die neuen Taktiken wie ziviler Ungehorsam, Sit-ins und gewaltlose Demonstrationen beruhten auf einer durchdachten Theorie, wie man außerhalb der traditionellen Kanäle Einfluss auf die Politik nehmen konnte. Am wichtigsten aber ist, dass die neue Art des Protests offensichtlich politische Wirkung zeigte. Bald war nicht mehr zu bestreiten: »Den Protest zu wählen, vor allem dabei extremistische Maßnahmen und gewaltsame Taktiken anzuwenden – das sind strategische Entscheidungen herausfordernd auftretender Gruppen.«[63] Die Unterscheidung zwischen der Politik des Mainstreams und sozialer Bewegungen wurde unhaltbar.

Kurz gesagt, sind Proteste kollektive Rituale, organisiert von zivilgesellschaftlichen Akteuren mit dem Ziel, die gesellschaftliche Realität zu transformieren und das Rechtsregime zu verändern. Soziale Bewegungen und ihre kollektiven Störungsrituale sind Politik mit anderen Mitteln. Der Protest als solcher ist eine Form der Kriegsführung eines neuen Geistes gegen die alte Welt.

Diejenigen unter uns, die sich nicht in konventionellen Machtpositionen befinden und trotzdem in der Welt, wie sie ist, die Segel setzen möchten, um die Welt zu entdecken, wie sie sein könnte, stellen bald fest, dass dies eine Reise in ein unerforschtes, oft heimtückisches Gebiet ist. Es gibt keine sichere Fahrt, und viele schrille Stimmen raten von der Reise ab. Jene, die mit dem Status quo zufrieden sind, behaupten, es gäbe keine Hoffnung, das riesige Meer zu überqueren, das diese Welt mit all ihren Unzulänglichkeiten von dem Utopia trennt, welches die Andersdenkenden errichten wollen. Wer an der Reise festhält, um die soziale und politische Realität zu verändern, muss bald erkennen, wie viel wirkungslosen Aktivismus es gibt: An jeder Straßenecke werden wir bedrängt, auf der Stelle zu handeln, lokal und global. Es ist gar nicht möglich, jede Petition zu unterschreiben, an jedem Marsch teilzunehmen, für jede Sache zu spenden. Und wenn wir uns auf eine angebotene Aktion einlassen, dann sehen wir bald, wie sinnlos es ist, mit Petitionen, Demos oder steuerlich absetzbaren Spenden am Status quo etwas ändern zu wollen. Solange *kairos* – das altgriechische Wort für eine schicksalhafte Gelegenheit – ausbleibt, stürzen wir uns in Aktionen nach den abgenutzten Taktiken des Aktivismus, die wir von früheren Protesten übernehmen. Beim Protestieren auf die erwartete Art und Weise werden wir zum leichten Ziel für Festnahmen. Das aber ist eine Vergeudung unserer kostbarsten Ressource: der Kreativität des menschlichen Geistes.

Aus dem Szenarium des Protests ausbrechen
Jede Ära der Menschheitsgeschichte hatte ihre eigene Form, die Machtstrukturen anzufechten. Im Laufe der Geschichte haben die Menschen auf unterschiedliche und widersprüchliche Weise um mehr kollektive Freiheit gerungen. Jede Praxis des Protests hat ihren eigenen Stammbaum, ihre Theoretiker, ihre Grenzen und ihre Vorzeigeaktivisten. An diesem Punkt müssen wir einräumen, dass das Wort »Protest« inadäquat ist, weil es das Abgeben einer öffentlichen Erklärung definiert, womit die Behörden beeinflusst werden sollen. Und in der Tat enthüllt die Etymologie des Begriffes Protest seine Ableitung von dem juristischen Terminus »Protestation«, der am Ende des 14. Jahrhunderts den »Ruf nach Anerkennung des eigenen Rechts auf juristische Wiedergutmachung« bedeutete.[64] Ursprünglich hieß Protest nicht, die Obrigkeit herauszufordern, sondern etwas von ihr zu erbitten. Protest in diesem Sinne bedeutet, dass wir nachdrücklich unseren Einspruch (seltener unsere Zustimmung) erklären, in der Hoffnung, von denen, an die wir uns wenden, zumeist den Verantwortlichen, zur Kenntnis genommen zu werden. Protest wurde entwickelt, um das sogenannte Gericht der Öffentlichkeit zu beeinflussen. Doch Protest geht über dieses begrenzte Ziel hinaus.

Protest ist eine soziale Technik, eine Anzahl erlernter Verhaltensweisen, die weitergegeben werden, um die gesellschaftliche Realität zu beeinflussen, und die zugleich unser politisches Umfeld darstellen. Das Szenarium des Protests, dem wir folgen, offenbart unsere Theorie vom politischen Wandel, die Erzählung davon, wie dieser nach unserer Auffassung in der Gesellschaft abläuft. Glaubst du, dass eine Massenbewegung der Millionen auf den Straßen den Status quo verändert? Oder die verwegene Aktion schwarzgekleideter urbaner Anarchisten, die andere inspiriert? Vielleicht gelingt das ja mit legalen Mitteln, und die wahren Helden sind die Anzugträger, die gewählte Repräsentanten durch Lobbyarbeit beeinflussen? Aktivisten gehen von ihrem Verständnis vergangener revolutionärer Situationen aus, wenn sie über ihre Aktionen entscheiden. Der Theorien gibt es viele, aber keine scheint in einer Zeit wie unserer zu funktionieren, da die Paradigmen gesellschaftlicher Veränderung sich wandeln. Historisch gesehen, bringen die wenigsten Proteste langfristig Erfolg und noch seltener den sofortigen Sieg. Da die meisten Aktionen sich als unwirksam erweisen – was dem denkenden Aktivisten sagt, dass die dominierenden Theorien gesellschaftlicher Veränderung falsch sind –, ist die Wahl der Form des Protests für allzu viele zu einer Frage des Lifestyles geworden.

Aktivisten geben ihre Ideologie gesellschaftspolitischer Veränderung dadurch zu erkennen, dass sie auf eine Weise protestieren, die ihrem ideologischen Umfeld entspricht.

Proteste sind ein kulturell determiniertes soziales Ritual. Daher kann jede gemeinsame Geste, jeder Klang und jede Handlung – vom ekstatischen Tanz, dem Zusammenschlagen von Topfdeckeln bis zu gruppeneigenen Parolen oder Kleiderfarben – unvermittelt zu einem ansteckenden Mittel des Protests werden, das eine revolutionäre Bewegung auslöst. Jedes gemeinschaftliche Verhalten kann sich zu einer Protesttaktik entwickeln, wenn die Menschen glauben, dass diese zu Veränderung führt. Das erklärt die Vielfalt der Taktiken, die in der langen Geschichte der Rebellion entstanden sind. Wenn die Menschen ihre Phantasie in eine neue Taktik einbringen, dann gewinnt sie an Wirkung. Soll aus einer Protestaktion eine Bewegung entstehen, braucht es ein Übertragungsmittel wie ein soziales Netzwerk, das die markanten Taktiken, Gesten, Klänge und Farben der Bewegung verbreitet.

Die Ungleichheit in der Gesellschaft garantiert eine Vielzahl potentieller Empfänger von Protestaufrufen. Eine ziemlich exakte Zählung der globalen Bewegung wurde am 15. Februar 2003 erreicht, als Millionen Menschen in über 600 Städten der Welt gleichzeitig ihren Protest artikulierten. Ähnliche, oder wegen der Dauer der Aktion gar noch eindrucksvollere Ergebnisse erbrachte Occupy Wall Street, wo auf dem Höhepunkt fast eintausend Besetzungen gezählt wurden. Doch schüttle die Fesseln deiner Vorstellungskraft ab. Proteste müssen nicht laut, sichtbar oder groß sein. Auch Schweigen kann eingesetzt werden, um Regimes zu Fall zu bringen. Wenn wir die Bindung an ein spezifisches Protestritual lösen, seien es Pressekonferenzen, Besetzungen, Straßenfeste, Vandalismus oder Märsche auf die Hauptstadt, dann erlangen wir den Grad an Selbstreflexion, an einer kritischen Sicht auf uns selbst, die wir brauchen, um wirksam zu protestieren, nicht ideologisch oder symbolisch.

Wenn Aktivisten sich vom Szenarium des Protests zu lösen vermögen, dann erkennen sie den Wandel der Paradigmen. Da wir mit Computern aufgewachsen sind, haben wir uns an unerwartete Wechsel der Technologien gewöhnt. Sind an einem Tag Tablets angesagt, so können es am nächsten schon Smartbrillen, Smartuhren oder fahrerlose Autos sein. Die Modewellen, die über Silicon Valley hinwegrollen, haben eine Kultur gnadenloser Innovation hervorgebracht. Facebooks Motto lautete einmal »Move Fast and Break Things«.* Das passt auch auf die Anstrengungen von Akteuren für gesellschaftliche Veränderung

* Dt. etwa: »Sei schnell und erziele Durchbrüche« – Anm. d. Übers.

und auf geopolitische Aktivisten. Wir, die wir für die Rebellion von unten arbeiten, haben unsere eigenen großen Erneuerer, die sich mit Leuten wie Thomas Edison oder Mark Zuckerberg durchaus messen können. Die Revolutionäre des 19. Jahrhunderts verstanden, dass die Erneuerung der Taktik die Grundlage des Erfolgs ist. Karl Marx, Friedrich Engels, Michail Bakunin und andere waren tief beeindruckt von den Ereignissen des Jahres 1848, dieser kontinentalen Volkserhebung, die den König von Frankreich zu Fall brachte. Sie sahen sie aus dem Blickwinkel der Taktik, suchten in der Verbreitung der Barrikaden in diesem Aufstand nach Hinweisen auf die Zukunft der Revolution. Jeder zog seine eigenen Schlüsse. Engels demonstrierte taktische Flexibilität, ein angeborenes Gespür dafür, wann eine bestimmte Art des Kampfes um die Macht ihre Wirksamkeit einbüßt. Als ihm klar wurde, welches Gewicht die von dem französischen General Louis-Eugène Cavaignac eingeführten Neuerungen bei der Aufstandsbekämpfung besaßen, überraschte er seine Zeitgenossen damit, dass er offen dafür eintrat, das Volk solle sich auf Wahlen orientieren. Lenin und Trotzki studierten diese Ereignisse später ebenfalls, zogen daraus aber ganz andere Lehren und betrieben die Umgestaltung der Gesellschaft, als sei sie ein militärischer Feldzug.

Ein Durchbruch bei der Taktik ist notwendig, aber nicht ausreichend. Revolutionen benötigen eine geeignete historische Situation, die niemand vorhersagen oder kontrollieren kann. Doch wenn sie kommt, müssen die Aktivisten bereit sein.

»Wir vergessen den wichtigsten Grundsatz unserer
Herkunft, wenn wir vergessen, wie man protestiert,
widerspricht, sich aufregt, etwas niederreißt und neu
aufbaut bis hin zu revolutionärer Praxis, falls es
notwendig wird, Dinge in Ordnung zu bringen.«

Woodrow Wilson, 28. Präsident der Vereinigten Staaten, in einer Rede von 1899

EINE EINHEITLICHE
REVOLUTIONSTHEORIE

Was ist der Zusammenhang von Protest und soziopolitischer
Veränderung? Die Parabel von den drei Tauben erhellt das Wesen des Aktivismus.

Man stelle sich ein Experiment mit drei Tauben vor. Jede Taube sitzt in einer separaten Kiste. Darin befindet sich ein Hebel.
Die erste Taube erhält ein Kügelchen Futter, wenn sie einmal
auf den Hebel pickt. Die zweite Taube muss zweimal auf den
Hebel picken, um an Futter zu kommen. Die dritte Taube erhält
Futter, unabhängig davon, wie oft sie auf den Hebel pickt. Für
sie besteht kein Zusammenhang zwischen dem Futter und der
Zahl der Schnabelhiebe. Als die drei Tauben die Aufgabe begriffen haben, wird der Zusammenhang von Picken und Futter aufgehoben. Was geschieht, wenn die Tauben durch das Picken auf
den Hebel kein Futter mehr erhalten?

Die erste Taube bemerkt sofort, dass von dem Hebel kein
Futter mehr zu erwarten ist. Sie pickt zweimal, und als nichts
geschieht, hört sie damit auf. Die zweite Taube braucht länger.

Sie pickt sechs Mal auf den Hebel und lässt es erst dann sein. Die dritte Taube begreift überhaupt nicht, dass sie durch Picken nicht mehr an Futter kommt. Sie pickt weiter auf den Hebel.

Eine Interpretation der Parabel wäre, die Tauben als Aktivisten zu sehen, das Picken auf den Hebel als ihre Form des Protests und das Futter als Revolution. Aktivisten protestieren, um eine positive Veränderung in ihrem Leben, ihrer Gemeinschaft und ihrer Umwelt in Gang zu setzen. Kräfte, die mächtiger sind als Tauben und Aktivisten, steuern das Auslösen einer Revolution. Aus dieser Perspektive stellt der Experimentator den Teil der Wirklichkeit dar, der sich außerhalb der Kontrolle des Individuums befindet. In seltenen Fällen, wenn der historische Augenblick reif für Veränderung ist, reagiert dieser Teil der Wirklichkeit auf den Protest. Zu anderen Zeiten – wenn der Experimentator den Zusammenhang von Hebel und Futter aufhebt – verändert sich die wirksame Form des Protests. Das Picken auf den Hebel symbolisiert das Repertoire an Aktionen, über das die Aktivisten verfügen. Die Tauben haben nur eine Protesttaktik – auf den Hebel zu picken. Man hat ihnen beigebracht, auf eine Weise zu protestieren, bis dieses Verhalten vorhersehbar wird. Die Tauben können gurren, hüpfen oder schweigen, doch nur Picken wird als Protest anerkannt und bringt Futter. Anders als die Tauben haben Aktivisten mehr als eine Möglichkeit, den Hebel zu drücken. Sie benutzen ein Repertoire von Aktionen, aber von der Vielfalt der Taktiken sollte man sich nicht täuschen lassen.

Die dritte Taube, die immer wieder auf den Hebel pickt, stellt den idealen befriedeten Aktivisten dar. Töricht protestiert sie immer weiter in der vorhersehbaren Form ohne realen Einfluss darauf, wann ihr eine Veränderung gewährt wird und wann nicht. Nahezu alle Aktivisten sind vergleichbar mit dieser dritten Taube. Wir strömen auf die Straßen und drücken in der Hoffnung auf Veränderung immer wieder den (metaphorischen) Hebel. Wir sind glücklich, wenn ein Protest Erfolg hat, und enttäuscht, wenn er scheitert, ohne darüber nachzudenken, ob zwischen unseren Protestmethoden und Erfolg oder Misserfolg ein Zusammenhang besteht. Man sagt uns, ab und zu bringe Protest wie von Zauberhand Erfolg, und so versuchen wir es immer wieder. Die dritte Taube hat sich durch Beliebigkeit täuschen lassen. Zielloses Picken brachte Futter. Also fiel sie auf eine falsche Theorie gesellschaftlicher Veränderung herein, die ihr ein Muster vorgaukelte, wo keines war. Man machte sie glauben, ihr Verhalten bringe Futter, während die Veränderung in ihrer Umgebung in Wirklichkeit von einer strukturellen Kraft kontrolliert wurde, die außerhalb ihres Einflusses lag.

Die zweite Taube ist der nachdenkliche Aktivist, der über eine wirksame Revolutionstheorie verfügt. Er weiß, wann ein Protest nicht mehr funktioniert. Er kann erkennen, wann die Spielregeln sich ändern und eine neue Theorie erforderlich ist. Hier sei festgestellt, dass nicht alle Aktionen der zweiten Taube erfolgreich waren. Sie musste zweimal picken, um eine Veränderung herbeizuführen. Doch sie war in der Lage, ein Muster zu erkennen. Jene Aktivisten, die ein Scheitern, das zu einem Aktionszyklus dazugehört, von einem unterscheiden können, welches das Ende des Protests signalisiert, und die spüren, wann ein Paradigmenwechsel ansteht, haben das Niveau der zweiten Taube erreicht.

Und die erste Taube? Sie ist der seltene Typ, der über die Kiste hinausschaut. Sie kennt den geeigneten Moment für das Handeln und den richtigen Weg zur Revolution. Sie weiß, wann sie agieren und wann sie ihre Taktik wechseln muss. Daher ist jeder ihrer Proteste erfolgreich. Diese Taube ist der historische Revolutionär, der eine zutreffende Theorie der Veränderung entwickelt hat.

Die Achsen der Revolution

Eine Revolutionstheorie gestattet die Vorausschau, ob ein Protest Veränderung bewirken wird. Sie ist das einzige Szenarium des Aktivismus, und sie muss von jeder Generation neu geschrieben werden. Ein Aktivismus, der auf richtigen Prinzipien beruht, führt zu gesellschaftlicher Veränderung. Ohne eine Theorie davon, weshalb es zu Revolutionen kommt, ohne eine Vorstellung von den Verhaltensweisen, die den nächsten Aufstand herbeiführen, ist es unmöglich, zwischen einem vorherbestimmten Ereignis und einem wirkungslosen Happening zu unterscheiden. Dazu schrieb Lenin sehr klar: »Ohne revolutionäre Theorie kann es auch keine revolutionäre Bewegung geben.«[65] Ein repressiver Status quo funktioniert, indem gescheiterte Theorien von Veränderung verbreitet werden und so der Zusammenhang zwischen Protest und Wandel getrennt wird. Unsere Aktionen stoßen ins Leere, und wir verschwenden unsere Zeit. Repressive Demokratien fördern die Protestformen, die am wenigsten revolutionär sind und die geringste Wirkung haben. Für eine Pseudodemokratie ist dann der Idealzustand erreicht, wenn es häufig zu wirkungslosen Protesten kommt, welche die Illusion verbreiten, Widerspruch werde toleriert. Zugleich wird gegen jede Taktik vorgegangen, die am bestehenden Rechtssystem tatsächlich etwas ändern könnte.

Ich ordne die allgemeinen Revolutionstheorien auf einer vertikalen y-Achse an, die für die Rolle der Welt steht, und auf einer horizontalen x-Achse, welche die Rolle des Aktivisten darstellt. Die vertikale y-Achse steigt von materiell bis spirituell auf; die horizontale x-Achse reicht von subjektiv bis objektiv. Am materiellen Ende der Achse stehen jene die Revolution beeinflussenden Kräfte, die sich – so wird angenommen – in unserer natürlichen, physischen Wirklichkeit befinden. Mit spirituell ist der Glaube gemeint, dass Revolutionen von übernatürlichen Kräf-

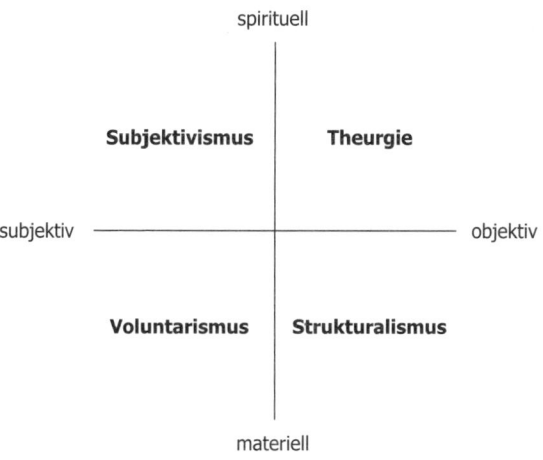

spirituell

Subjektivismus | Theurgie

subjektiv ——————————|—————————— objektiv

Voluntarismus | Strukturalismus

materiell

Einheitliche Revolutionstheorie
Eine einheitliche Revolutionstheorie ist die Vierheit aus Voluntarismus,
Strukturalismus, Subjektivismus und Theurgie.

ten – göttlichen Faktoren (Götter, Glaube, Schicksal) – außerhalb der natürlichen Welt ausgelöst werden. Die horizontale x-Achse ist die wesentliche. Hier wird die Rolle des Individuums in der Revolution als subjektiv (beim Aktivisten selbst) oder objektiv (außerhalb seines Einflusses) definiert. Auf der linken Seite der x-Achse stehen die allgemeinen Revolutionstheorien, die das Gewicht des Protestierenden betonen: sein/ihr Handeln oder Nichthandeln und die ihm zugrundeliegende Psychologie, Subjektivität oder innere Realität. Diese internen Theorien heben die Rolle der Menschen in der Revolution hervor. Auf der Gegenseite stehen die Theorien, die den objektiven, strukturellen und gesellschaftlichen Kräften außerhalb der Subjektivität des Menschen Bedeutung beimessen – den Energiepreisen, dem Brotpreis oder der Arbeitslosenrate. Diese externen Theorien geben den objektiven, nichtmenschlichen Faktoren den Vorrang. Den richtigen Schnittpunkt der beiden Spektren Welt und

Individuum zu finden ist die Grundlage jeder Revolutionstheorie. Der Soziologe Irving L. Horowitz erklärt es so: »Revolution ist der Punkt, an dem die Psychologie des Individuums mit der allgemeinen Geschichte in Kontakt tritt. Daher kann die Untersuchung objektiver Faktoren allein niemals Auskunft darüber geben, wann oder wie revolutionäre Transformationen stattfinden.«[66]

Eine *einheitliche Theorie* ist keine *ewige Theorie*. Die Zeiten ändern sich und mit ihnen die jeweils adäquate Theorie. Die Art und Weise, wie du gestern wirkungsvoll protestiert hast, muss nach einer Woche nicht mehr funktionieren. So kann auch eine richtige Theorie nicht permanent gültig sein. Die vier Quadranten treffen also in unterschiedlichem Grad auf alle Zeiten zu. Die Herausforderung besteht darin, sich nicht auf einen Quadranten zu beschränken. Stattdessen geht es darum, sich vom Materiellen zum Spirituellen und vom Inneren zum Äußeren zu bewegen, wobei man alle Theorien kennenlernt und einen Sinn dafür entwickelt, wann welche die geeignete ist.

Stelle dir zwei Schichten der Realität vor: eine, die dem menschlichen Verstand zugänglich, und eine, die ihm nicht zugänglich ist. Die Theorie kann nur die erste, die zugängliche Schicht erfassen. Die zweite Schicht ist mit dem Verstand in letzter Konsequenz nicht zu erkennen, doch Intuition, Zufall und Schicksal können zeitweilig Zugang gewähren. Die unzugängliche Schicht der Realität umfasst die unzähligen unbekannten Faktoren, die auf die Geschichte einwirken. Ich stelle mir die zwei Schichten als Holzleisten vor, die an verschiedenen Stellen Löcher haben. Die Leisten bewegen sich auf nicht vorhersehbare Weise hin und her. Manchmal geraten die Löcher dabei übereinander.

Wenn die Löcher sich treffen und in diesem Moment der gebührende Protest stattfindet, dann kommt es zu einem revolutionären Geschehen. Die alten Griechen hatten zwei unterschiedliche Begriffe für Zeit: *chronos*, der lineare Ablauf der Zeit von der Vergangenheit bis zur Zukunft, und *kairos*, der passende Augenblick zum Handeln. Wenn wir davon sprechen, dass die Zeit reif für eine Revolution ist, dann meinen wir *kairos*. Verheißungsvolle Momente für eine Revolution sind selten, und doch folgen sie bestimmten Zyklen und Mustern.

Wenn wir eine einheitliche Revolutionstheorie entwickeln, dann verfolgen wir damit das Ziel, die Wahrscheinlichkeit zu erhöhen, dass unser Protest sich mit der uns unzugänglichen zweiten Schicht wirksam verbindet. Das bedeutet, die Fähigkeit zu kultivieren, uns nicht mehr an eine bestimmte Theorie oder ein bestimmtes Protestrepertoire zu binden. Stattdessen müssen wir uns bei der Suche nach der Revolution von einem intuitiven Verständnis leiten lassen, das auf wiederholten Experimenten beruht, und dürfen dabei kein Risiko scheuen.

Voluntarismus

Der gegenwärtige Aktivismus ist größtenteils voluntaristischer Natur. Dem Voluntarismus liegt der Glaube zugrunde, dass Aktionen von Individuen die Welt verändern können. Einem bestimmten kollektiven gesellschaftlichen Verhalten, so die Grundidee, wohnt eine einzigartige politische Kraft inne. Der Voluntarismus geht von der Annahme aus, dass willkürliche Aktionen der dominierende Faktor einer Revolution sind. Es sei die größte Herausforderung für Aktivisten, möglichst viele Menschen zum richtigen Verhalten zu bewegen. Wenn Aktivisten ihren freien Willen hervorheben – so meinen sie –, dann sind sie in der Lage, durch ihren Entschluss zum Handeln andere strukturelle Faktoren zu überwinden, die eine Revolution vielleicht unmöglich erscheinen lassen. Der Philosoph Slavoj Žižek definiert Voluntarismus als »den Glauben, man könne

›Berge versetzen‹, auch wenn man ›objektive‹ Gesetze und Hindernisse ignoriert«.[67]

Voluntaristen sind absolut überzeugt von der Kraft der Aktion. Sie glauben, dass kollektives Handeln alle Hemmnisse überwinden kann. Oder, wie Alexander der Große verkündete: Nichts ist unmöglich für den, der es versucht. Bei dieser Annahme geht es nur noch darum, die konkrete Aktion zu bestimmen. Die Möglichkeiten sind grenzenlos. Um die Auswahl einzuengen, haben voluntaristische Aktivisten viele Sekundärtheorien entwickelt, mit denen sie erklären, warum sie einer bestimmten Protesttaktik den Vorzug geben.

Aktivisten drängen die Menschen zum Handeln, weil sie als Voluntaristen der Überzeugung sind, dass Veränderung der politischen Realität möglich ist durch *direkte Aktion*, durch unmittelbaren Druck mit Hilfe von Streiks, Blockaden oder Demonstrationen, die sofort Ergebnisse erzielen sollen. Darin liegt für sie der Unterschied zu indirekten Aktionen wie Verhandlungen, Lobbyismus oder konstitutionelle Einflussnahme. Voluntaristen sehen den Aktivismus häufig als eine *Leiter des Engagements,* auf der man von Untätigkeit und Passivität zur Aktivität aufsteigt. An der Spitze der Leiter steht die direkte Aktion. Beim Aufsteigen wird das Engagement ständig eskaliert. Die Aktion als solche, ob individuell oder kollektiv, ist das Ideal. Niemals akzeptieren voluntaristische Aktivisten, dass man zum Beispiel durch Nichtstun, also die Abwesenheit von Aktion, unter Umständen mehr für die beabsichtigte politische Veränderung erreicht als durch Handeln, es sei denn, das Schweigen oder die Arbeitsverweigerung werden als öffentlicher Protest inszeniert. Aktivität, das unbeirrbare Streben, die Welt zu verändern, ist Aktivisten wichtig. Sie meiden jegliche Passivität, innere Einkehr oder theoretische Spekulationen und wollen stattdessen stets praktisch, sachbezogen und empirisch vorgehen.

Bis zur Explosion des politischen Aktivismus in den 1960er Jahren war ein unbewusster Voluntarismus (im Sinne einer planlosen Wahl der Aktionen) die Norm. Menschenmengen handelten spontan renitent, was ansteckend wirkte. Denken wir zum Beispiel an den Nika-Aufstand von 532, der beinahe Konstantinopel gestürzt hätte. Diese spontan ausgebrochene Erhebung war vielleicht näher daran, eine Weltmacht zu Fall zu bringen, als jede andere in der Menschheitsgeschichte. Den Geschehnissen lag keine bewusst erdachte Theorie zugrunde. Sie passierten einfach. Daher haben sich viele Historiker die Frage gestellt, ob der Nika-Aufstand ein politischer Protest oder eine ganz gewöhnliche Randale war. Das kommt auch heute vor. Wenn wir unsicher sind, ob Unruhen revolutionären Charakter tragen, dann ist dies oft ein Zeichen dafür, dass die Menschen unbewusst gehandelt haben. Bewusster Voluntarismus tauchte erst später in der Geschichte auf, als die Masse sich als kohärente soziale Bewegung aufzufassen begann, deren koordiniertes Handeln politische Folgen hatte. Bewusst voluntaristische Aktivisten denken strategisch in Begriffen von Taktiken, Kampagnen und Bewegungen.

Das Erscheinen von William Gamsons Buch *The Strategy of Social Protest* im Jahre 1975 stellte für den bewussten Voluntarismus einen Meilenstein dar. Der Soziologe Gamson untersuchte den Protest mit empirischen Mitteln. Er baute eine Datenbank der Protestgruppen in den USA von 1800 bis 1945 auf. Dann traf er eine zufällige Auswahl und suchte nach Mustern für den Erfolg solcher Gruppen. Das Ergebnis war eine Ironie: Gamsons Schlussfolgerungen widersprachen dem, was er intuitiv erwartet hatte. Die meisten von ihm identifizierten Muster riefen einen Sturm der Entrüstung gegen den Voluntarismus hervor.

Gamsons erstes konterintuitives Ergebnis bestand darin, dass Protestgruppen ihre Chancen auf Erfolg nicht erhöhen, wenn sie Kampagnen organisieren, die denen vieler anderer Gruppen ähnlich sind. Im Gegenteil, laut Gamson »scheint die Anwesenheit vieler anderer Gruppen zur gleichen Zeit im selben Aktionsraum keine große Wirkung auf die Wahrscheinlichkeit des Erfolgs eines der Herausforderer zu haben«. Das ist eine gute Nachricht für Solo-Aktivisten und unkonventionelle Bewegungen, denn sie enthebt uns der Pflicht, bei populären Kampagnen mitzutun, deren Wirkung uns fraglich erscheint. Bündnisse zu knüpfen ist ein Klischee, das bei Aktivisten als zwingend für den Erfolg gilt. Solche breiten Bündnisse, häufig von Stiftungen finanziert, tendieren dazu, die Ziele des gegenwärtigen Aktivismus übermäßig zu dominieren. Zuweilen sind Aktivisten der Meinung, dass zusammenzuarbeiten und andere Gruppen »an Bord zu holen« für den Erfolg einer Kampagne entscheidend sei. Gamsons historische Analyse des Erfolgs von Protestgruppen widerlegt diese Annahme.[68] Die Gründung von Occupy Wall Street, die von *Adbusters* in Kanada und nicht von den vielen Gruppen in den USA ausging, die zusammenarbeiteten, um das Geld aus der Politik zu vertreiben und die Ungleichheit der Einkommen in den Diskurs des Mainstreams bringen wollten, bestätigt Gamsons Erkenntnisse.

Es war vor allem eine von Gamsons Schlussfolgerungen, die ihn als Voluntaristen erscheinen ließ und heftige Angriffe gegen die *Strategy of Social Protest* auslöste. Er fand in den Daten den Beweis dafür, dass die Wahrscheinlichkeit des Erfolgs steigt, wenn Protestierende zu bestimmten Aktionen greifen. Eine gute Nachricht für die Grundthese des Voluntarismus. Nach umfangreichen statistischen Untersuchungen lief dies jedoch leider auf eine klare Unterstützung von Gewalt hinaus. Gamson entdeckte, dass eine der Aktionen von beträchtlichem positivem Einfluss auf die Wahrscheinlichkeit des Erfolgs die Anwendung gewaltsamer Taktiken ist.* »Renitente Gruppen, die zu Gewalt, Streiks und anderen Zwangsmaßnahmen greifen, erzielen überdurchschnittlichen Erfolg«, berichtete Gamson.[69] Das war eine unannehmbare Schlussfolgerung im Jahre 1975, da Stadtguerillas wie die Rote Armee Fraktion Geiseln nahmen, Gebäude in die Luft sprengten und Politiker hinrichteten.[70] Es ginge zu weit zu behaupten, Gamson habe Gewalt befürwortet. Er befasste sich mit der Empirik des voluntaristischen Aktivismus und berichtete, was er in den Daten fand.

Zwar wurde der zentrale Glaubenssatz des Voluntarismus bestätigt, doch den Aktivisten fiel es schwer, Gewalt als die effizienteste Aktionsform zu vertreten. Man kann Gamson ablehnen. Oder man kann das konterintuitive Argument vorbringen, die aktuellen Formen gewaltloser direkter Aktion seien lediglich eine weniger todbringende Art von Gewalt und passten daher zu Gamsons Auffassung von der Effizienz der Gewaltanwendung. Wie dem auch sei, die Möglichkeit, dass die politische Wirklichkeit nur durch Gewalt statt mit dem Repertoire friedlicher Mittel zu verändern sei, stellt einen Schlag gegen das Ideal der Gewaltlosigkeit dar.

Die Revolutionstheorie von heute ist weiter vorangeschritten. Das Scheitern der Roten Armee Fraktion in Deutschland, der Roten Brigaden in Italien, des Weather Underground in den USA und anderer, die Gewalt anwandten, stellt eine historische

* Jack Goldstone, ein amerikanischer Soziologe und Politologe, der auf die Untersuchung revolutionärer Bewegungen spezialisiert ist, fasst in seinem Artikel »The Weakness of Organization« (Die Schwäche der Organisation) die voluntaristischen Elemente in Gamsons Arbeit so zusammen: »Gamson wies darauf hin, dass sechs taktische und organisatorische Faktoren bedeutenden Einfluss auf den Erfolg von Protestgruppen haben: Dies sind: (1) Bürokratisierung, (2) Zentralisierung, (3) Einsatz bestimmter Anreize, (4) Anwendung von Gewalt, (5) Entgennahme von Gewalt und (6) Fraktionismus. Die ersten vier Faktoren verbessern nach seiner Auffassung die Chancen auf Erfolg, die letzten beiden machen ihn weniger wahrscheinlich.«

Warnung dar. Die Theorie des *foquismo,* die von Fidel Castro, Che Guevara und Régis Debray verbreitete Idee, mobile Gruppen bewaffneter Guerillas, die durch ländliche Gegenden streifen und sporadische regierungsfeindliche Gewaltakte verüben, könnten eine breit unterstützte Revolution in Gang setzen, erlitt in Bolivien und anderenorts eine katastrophale Niederlage.[71] Zudem werden gewalttätige Organisationen immer wieder von Provokateuren oder Frontgruppen unterwandert und für Operationen unter falscher Flagge benutzt.[72] Doch unabhängig davon, ob die Daten die Wirksamkeit von Gewalt für Protestgruppen zwischen 1800 und 1945 bestätigen, das Repertoire der Aktivisten des 21. Jahrhunderts ist eindeutig gewaltfrei und häufig performativ, das heißt, auf Medienaufmerksamkeit gerichtet. »Die auffallendsten Aktionen der sozialen Bewegungen werden häufig als Vorführungen für ein bestimmtes Publikum gesehen«, schreibt der Soziologe Hank Johnston.[73] Bei voluntaristischen, auf Aktionen orientierten Protesten geht es heute meist, wenn auch nicht immer, darum, mit öffentlichen Events Zuschauer anzusprechen.

Strukturalismus

Strukturalistische Aktivisten glauben, dass der Mensch auf die Revolution keinen Einfluss hat. Strukturalisten behaupten, das menschliche Handeln sei für den Erfolg der Revolution völlig oder weitgehend irrelevant. Statt auf die Aktionen von Individuen zu setzen, sehen Strukturalisten Revolutionen als einen Prozess, der aus dem komplexen Zusammenwirken von einander beeinflussenden Systemen wie der Weltwirtschaft, den Verbraucherschulden oder den Folgen des Klimawandels erwächst. Der Protestierende sei, um es mit den Worten des russischen Romanciers Leo Tolstoi zu sagen, ein »unbewusstes Werkzeug zur Erreichung historischer Ziele«.[74] Aus der Sicht der Strukturalisten ist der gesamte gegenwärtige Aktivismus ein Tanz der Blinden, vollführt von Gruppen, deren Proteste für eine Revolution nicht relevant sind. Proteste gelten ihnen als Symptom, nicht als Ursache für gesellschaftliche Veränderung. Sehr einfach hat es der Anhänger der Sklavenbefreiung Wendell Phillips ausgedrückt:»Revolutionen werden nicht gemacht, sie kommen. Eine Revolution wächst so natürlich wie eine Eiche. Sie kommt aus der Vergangenheit. Ihre Ursachen liegen weit zurück.«[75] Wenn die Revolution ein Prozess außerhalb menschlichen Einflusses ist, dann verschwenden die großen institutionalisierten Aktivistenorganisationen Ressourcen. So hatte zum Beispiel Greenpeace International Einnahmen von 79 Millionen US-Dollar im Jahre 2011 und der World Wildlife Fund von 776 Millionen US-Dollar im Jahre 2012.[76]

Die Grenzen zwischen Voluntarismus und Strukturalismus sind fließend. Zwar können sich ihre Anhänger nicht darüber einigen, ob die Revolution aus der Sicht der Menschen ein subjektiver oder objektiver Prozess ist, doch beide gehen vom materiellen Charakter der Welt aus. Zusammengenommen stellen diese beiden Schulen des Aktivismus den größten Teil der Linken dar, genauer gesagt, der Linken, die vom Kommunismus und von Marx' historischem Materialismus herkommt. Ein Voluntarist mit differenzierter Betrachtungsweise mag zugeben, dass die Wirtschaftskrise bei der Revolution eine Rolle spielt, wird aber dennoch dabei bleiben, dass das eigene Handeln den wichtigsten Faktor für den Erfolg darstellt. So erklärte zum Beispiel Gamson:»Eine große Krise wie ein Krieg oder der Zusammenbruch der Wirtschaft kann jenen Herausforderern helfen, die sich bereits vor der Krise in Stellung gebracht haben.« Dennoch war er der Meinung, die Aktionen der Protestierenden spielten eine bedeutende Rolle für das Ergebnis des Geschehens.[77] Die Strukturalisten gehen weiter. Sie schließen den freien Willen aus und lassen das Handeln der Menschen außer Betracht.

Es könnte so wirken, als spielten Individuen im revolutionären Prozess eine entscheidende Rolle. Viele Ereignisse sind aus der Perspektive großer Persönlichkeiten beschrieben worden, deren Entscheidungen angeblich den Lauf der Geschichte bestimmt haben. Doch die Rolle der Individuen ist eine kognitive Illusion, ein Nebenprodukt des menschlichen Verstandes, der nicht in der Lage ist, die größeren Strukturen zu erfassen, die im Grunde diktieren, wie das Geschehen sich entfaltet. Leo Tolstoi gibt in *Krieg und Frieden* eine wunderbare Darstellung des Strukturalismus. Als er erklärt, wie er die französische Invasion in Russland von 1812, bei der sich Napoleon und Zar Alexander I. gegenüberstanden, zu begreifen versuchte, schreibt er: »Es gibt Gesetze, welche die Ereignisse lenken, Gesetze, die wir teils nicht kennen, teils nur ahnen. Die Aufhellung dieser Gesetze ist nur dann möglich, wenn wir von jedem Versuch absehen, die Ursachen in den Willensäußerungen eines einzelnen Menschen zu finden, genauso wie die Aufhellung der Gesetze der Planetenbewegung erst möglich wurde, als die Menschen auf das Axiom der Unbeweglichkeit der Erde verzichteten.«[78]

Als eines der Gesetze, welche die Revolution steuern, haben Forscher am New England Complex Systems Institute ermittelt, dass die Nahrungsmittelpreise stärker für soziale Unruhen verantwortlich sind als jeder andere Einzelfaktor. Gestützt auf ihre Analyse des Nahrungsmittelpreisindex, eines monatlichen Durchschnittswerts, der von der UN-Organisation für Ernährung und Landwirtschaft (FAO) ermittelt wird, haben diese Forscher festgestellt, dass Unruhen in der Regel ausbrechen, »wenn der FAO-Preisindex den Wert von 210 übersteigt«.[79] Zum Vergleich: Während des Arabischen Frühlings und den Occupy-Aktionen stand der Nahrungsmittelpreisindex bei 229,9. Der

Preisanstieg wurde durch ein dramatisches Anwachsen des Zuckerpreises verursacht, der unmittelbar vor den weltweiten Protesten einen 20 Jahre alten Rekord gebrochen hatte. Mehrere Experten argumentieren, dieser Preissprung sei auf eine Reihe von Dürrekatastrophen in Australien, dem drittgrößten Zuckerproduzenten der Welt, und auf die Auswirkungen des Zyklons Yasi zurückzuführen.* Als die globalen Bewegungen sich 2012 aufzulösen begannen, war der Index auf 213,3 gesunken, und 2013 lag er mit 209,8 knapp unter dem kritischen Wert. Seitdem sind die Nahrungsmittelpreise überall gesunken. Im Juni 2015 stand der Index bei 165,1, dem niedrigsten Niveau seit 2009. Eine revolutionäre Situation scheint weiter entfernt denn je.

In ihrem Buch *States and Social Revolutions*, das 1979 erschienen ist, veranschaulicht Theda Skocpol, Professorin für Regierungslehre und Soziologie an der Harvard-Universität, die strukturalistische Position. Bei der Untersuchung einer Revolution mit den Menschen zu beginnen, die an ihr beteiligt waren, ist ein verhängnisvoller Irrweg, erklärt sie. »Es reicht einfach nicht aus, die Logik des Verlaufs und die Ergebnisse einer sozialen Revolution entschlüsseln zu wollen, indem man die Sicht einer Klasse, Elite oder Organisation einnimmt oder deren Aktionen verfolgt, wie wichtig sie als Teilnehmer auch gewesen sein mögen.«[80] Mit großer Geste verwirft sie die Auffassungen der Voluntaristen und verlagert den Schwerpunkt von den Teilnehmern auf die Strukturen.

Skocpols Position erhält empirisches Gewicht, wenn man sie zusammen mit Jack Goldstones zum Nachdenken anregender Kritik »The Weakness of Organization: A New Look at Gamson's

---

* Voluntaristen fügen hinzu, dass auch die Warenspekulation an den Finanzmärkten beim Ansteigen der Nahrungsmittelpreise eine bedeutende Rolle gespielt hat. Das führt zu einer heiklen Frage: Haben etwa die Spekulanten mehr dafür getan, eine revolutionäre Situation herbeizuführen, als die Aktivisten?

The Strategy of Social Protest« (1980) betrachtet. Goldstones Argumentation wirkt umso überzeugender, als er sich auf eine erneute Analyse derselben Daten stützt, mit denen William Gamson seine Unterstützung des Voluntarismus begründete. Als Strukturalist setzt sich Goldstone mit Gamsons These auseinander, »Organisation und Taktik gesellschaftlicher Protestgruppen« hätten einen Einfluss auf deren Erfolgschancen. Nach einer Neubewertung der Daten kommt Goldstone zu dem gegenteiligen Schluss, dass »kein einziger Komplex organisatorischer oder taktischer Merkmale einer Gruppe beim Erzielen rascher Erfolge erkennbare Vorteile gegenüber anderen verschafft«.[81] Mit anderen Worten, alle Aktionen von Dissidenten haben die gleiche Aussicht auf Erfolg, denn die Kräfte, die Revolutionen vorantreiben, liegen außerhalb des Einflusses der Menschen. Aus rein strategischer Sicht sollten Aktivisten ihre Aktionen danach beurteilen, ob sie geeignet sind, Veränderungen herbeizuführen. Der Strukturalismus sagt ihnen, dass ihr bevorzugter Organisationsstil (der Horizontalismus) und ihre verfeinerte Taktik (die Besetzungen) für den Erfolg ohne Bedeutung sind.

Führen wir das Gedankenexperiment weiter. Um zu beweisen, dass die Aktionen von Protestgruppen keinen Einfluss auf den Erfolg haben, benutzte Goldstone ein Zufallsmodell, das zum Verlauf der Geschichte passt. Der überzeugte Strukturalist preist die Chance statt der Entscheidung, und genauso geht Goldstone vor. Er argumentiert, am besten geeignet für die Bestimmung des Erfolgs einer Protestgruppe sei ein stochastisches Modell, bei dem die Wahrscheinlichkeit des Erfolgs weitgehend dadurch bestimmt wird, ob es sich um ein Krisenjahr handelt. »Stochastisch« bedeutet »zufällig«, und »stochastische Prozesse beziehen sich auf die Dynamik der Entfaltung der Ereignisse im Zeitverlauf«, erläutert Nassim Nicholas Taleb, ein libanesisch-amerikanischer Statistiker und Risikotheoretiker. »Dieser

Zweig der Wahrscheinlichkeit befasst sich mit der Untersuchung der Evolution aufeinanderfolgender zufälliger Ereignisse. Man könnte es die Mathematik der Geschichte nennen.«[82] Um zu illustrieren, dass eine Revolution Ergebnis einer Folge zufälliger Ereignisse ist, berechnet Goldstone die Wahrscheinlichkeit eines Gruppenerfolgs als Ergebnis der Multiplikation der Wahrscheinlichkeit eines Krisenjahres mit der durchschnittlichen Wahrscheinlichkeit des Erfolgs. »Da kein Zusammenhang zwischen dem Zeitpunkt des Ausbruchs und der Dauer einer Krise besteht, ist die Wahrscheinlichkeit des Erfolgs in einem bestimmten Jahr aus der Sicht der Protestgruppe einfach die Wahrscheinlichkeit, dass das Jahr ein Krisenjahr ist, multipliziert mit der durchschnittlichen Wahrscheinlichkeit eines Erfolgs in einer Krise.«[83] Wenn Gamsons Daten korrekt sind, dann bestand von 1800 bis 1945 eine Wahrscheinlichkeit von 45 Prozent, dass in einem bestimmten Jahr eine Krise ausbricht. Im Durchschnitt waren 9,5 Prozent der von Gamson untersuchten Gruppen erfolgreich. Daraus zog Goldstone den Schluss, dass die Wahrscheinlichkeit für eine Protestgruppe, Erfolg zu haben, bei 4 Prozent lag. Dies ergibt eine Wahrscheinlichkeit von 33 Prozent, dass eine Protestgruppe binnen 10 Jahren erfolgreich ist, von 56 Prozent, dass ihr das in 20 Jahren, und von 71 Prozent, dass es ihr in 30 Jahren gelingt.* Die Aktivisten sind auf den Zufall hereingefallen.[84] Oder, wie es Tolstoi erklärt: »Die Handlungen der Menschen unterliegen allgemeingültigen, unveränderlichen Gesetzen, die in einer Statistik zum Ausdruck kommen.«[85]

Voluntaristen reagieren erbost, wenn man andeutet, die Aktion könnte bedeutungslos für den Erfolg sein. Doch der Struk-

---

* Goldstone stellte folgende Formel für die Berechnung der Wahrscheinlichkeit des Erfolgs in einer bestimmten Anzahl von Jahren auf, in der p die Wahrscheinlichkeit [für engl. probability] einer erfolgreichen Revolution bedeutet (die er auf 0,04 schätzte): p (Erfolg in n oder weniger Jahren) = $1 - (1 - p)^n$.

turalismus ist die logische Konsequenz des Determinismus, angewandt auf das Feld der Politik. »Die Revolution ist unmöglich ohne eine gesamtnationale (Ausgebeutete wie Ausbeuter erfassende) Krise«, sagte Lenin dazu.[86] Der Glaube daran, dass weltgeschichtliche Ereignisse außerhalb ihrer Kontrolle über den Erfolg bestimmen, wirkt auf strukturalistisch denkende Revolutionäre befreiend. So war zum Beispiel Friedrich Engels davon überzeugt, dass das Scheitern der Revolution von 1848 in Europa in den Entwicklungstrends der Weltwirtschaft und nicht im Handeln der Individuen begründet lag. »Die Welthandelskrise von 1847 war die eigentliche Ursache für die Revolutionen im Februar und März. Das Aufkommen der Industrie, das Mitte 1848 allmählich einsetzte und 1849/1850 zur vollen Blüte gelangte, wirkte als belebender Faktor auf die wiedererstehende europäische Reaktion«, schrieb er.[87] Das Gleiche könnte über die sinkenden Nahrungsmittelpreise nach dem Ausbruch von Occupy gesagt werden.

Auch andere haben den engen Zusammenhang zwischen ökonomischen Rückschlägen (der J-Kurve) und dem spontanen Ausbruch einer Revolution gesehen. »Zu Revolutionen kommt es am häufigsten dann, wenn auf eine Zeit objektiver wirtschaftlicher und sozialer Entwicklung ein kurzzeitiger, jäher Rückgang folgt«, schreibt der Soziologe James C. Davies kurz und bündig.[88] Nach dem konstruktiven Fehlschlag der Revolution von 1848 in Europa nahm sich Engels die Zeit für intellektuelle und taktische Erneuerung, denn er hatte erkannt, dass für eine Revolution eine Wirtschaftskrise erforderlich ist. Über seine Gedanken berichtete er: »Die vulgäre Demokratie erwartete von einem Tag zum anderen einen neuen Ausbruch; wir hingegen erklärten schon im Herbst 1850, dass die erste Phase der revolutionären Etappe geendet hatte und nichts zu erwarten war, bis eine neue Weltwirtschaftskrise ausbrach.«[89] Engels war-

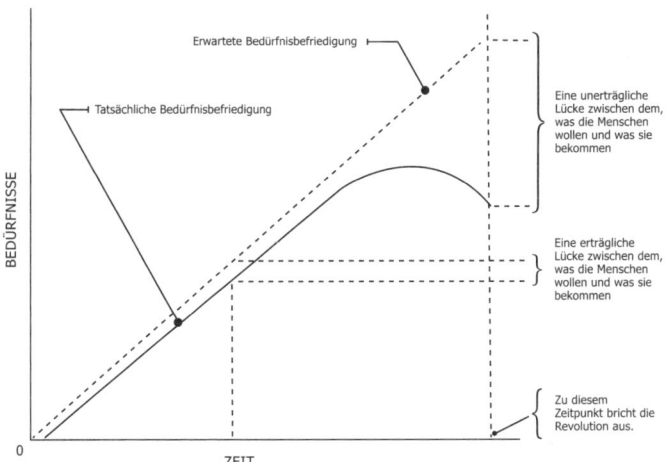

Der Strukturalismus ist hier dargestellt durch das von James C. Davies vorgelegte Modell einer J-Kurve, wonach Revolutionen in der Zeit eines unvermittelten Rückgangs der Wirtschaft entstehen, zum Beispiel bei einem jähen Anstieg der Nahrungsmittelpreise.

tete ab und sammelte Kräfte, während andere sich in fruchtlosen Aktionen verausgabten.*

Mainstream-Strukturalisten sind in der Regel Materialisten, die den Einfluss übernatürlicher Mächte konsequent ablehnen. Revolutionen mögen sich außerhalb der Kontrolle der Menschen abspielen, aber nicht unter der Kontrolle einer göttlichen Macht. Strukturalisten messen der säkularen Wirtschaft große Bedeutung bei. Das geht auf Karl Marx zurück, der die materialistische Kritik der Religion als Schritt zu einer politischen

---

* Als es 1857 endlich zu einer Finanzkrise und einer wirtschaftlichen Depression kam, schrieb Engels aufgeregt an Marx: »1848 sagten wir: jetzt kommt unsere Zeit ... Diesmal aber kommt sie vollständig, jetzt geht es um den Kopf. Meine Militärstudien werden dadurch sofort praktischer ...« (Brief an Karl Marx, 15. 11. 1857, Karl Marx, Friedrich Engels, Werke, Bd. 29, Berlin 1963, S. 212. – Anm. d. Übers.) Eine Revolution blieb jedoch aus.

Revolution pries. »Die Kritik des Himmels verwandelt sich damit in die Kritik der Erde, die Kritik der Religion in die Kritik des Rechts, die Kritik der Theologie in die Kritik der Politik«, schreibt Marx in der Einleitung des Aufsatzes *Zur Kritik der Hegelschen Rechtsphilosophie*. Er fährt fort: »Die Forderung, die Illusionen über seinen Zustand aufzugeben, ist die Forderung, einen Zustand aufzugeben, der der Illusionen bedarf. … Die Kritik der Religion enttäuscht den Menschen, damit er denke, handle, seine Wirklichkeit gestalte wie ein enttäuschter, zu Verstand gekommener Mensch, damit er sich um sich selbst und damit um seine wirkliche Sonne bewege.«[90] Marx bestritt die Existenz eines Reichs des Übernatürlichen, weil er eine weltliche Macht errichten wollte.

Die Strukturalisten hielten Experimente für nützlich, um eine ausgewogene Sicht auf das Handeln der Menschen zu gewinnen. Der Aktivismus von heute hingegen überbetont häufig die Rolle der Protestierenden und glaubt, durch direkte Aktion allein könne der Ausbruch einer Revolution beschleunigt werden. So ist eine verrückte Idee entstanden: Eine Revolution könnte von außerirdischen Wesen ausgelöst werden. Politische Aufstände wären vielleicht Symptome einer biologischen Ansteckung, die das Verhalten von Kollektiven beeinflusst. Dann sähe man Zeiten einer Revolution wie eine Grippeepidemie. Wenn das zuträfe, dann wären Aktivisten gut beraten, einen Sinn dafür zu entwickeln, wann gehandelt und wann abgewartet werden sollte.

Wenn man Theda Skocpols Ablehnung der Rolle des Individuums und Jack Goldstones Darlegungen eines strikten Strukturalismus liest, dann kann man alle Hoffnung fahren lassen. Aktivisten könnten sich fragen, wo der Sinn des Protests liegt, wenn er auf den Erfolg keinen Einfluss hat. Doch es gibt eine andere Sicht auf den Strukturalismus, die eher belebend als lähmend wirkt.

Nehmen wir an, das Handeln der Menschen, die Form des Protests oder der Stil der Organisation haben keinen wesentlichen Einfluss darauf, ob eine Bewegung erfolgreich ist. Erinnern wir uns: Entscheidend ist, ob vor Ausbruch einer Krise von weltgeschichtlicher Bedeutung eine kämpferische Gruppe existiert und während der Krise ihren Protest fortsetzt. Sind diese beiden Bedingungen erfüllt, dann besteht eine Wahrscheinlichkeit von 4 Prozent, dass die Gruppe Erfolg hat. Um die Sache zu vereinfachen, sagen wir, die welthistorische Krise besteht in einem Anstieg des Index der Nahrungsmittelpreise über 210. Nehmen wir weiter an, das Ergebnis der Revolution ist nicht vom Willen der Menschen abhängig, weshalb totale Untätigkeit bei diesem Anstieg des Index der Nahrungsmittelpreise die gleiche Chance für das Erringen des Sieges der Revolution hat wie aktives Handeln. Was tust du nun, um die Welt zu verändern? Wie willst du vorgehen? Ein paar Leute mögen sich entschließen, nichts zu tun, Däumchen zu drehen und abzuwarten, bis die Revolution kommt. Allerdings hat der deutsche Philosoph Friedrich Nietzsche beobachtet: »… lieber will noch der Mensch *das Nichts* wollen, als *nicht* wollen.«[91] Ich nehme also an, die Mehrheit würde sich trotzdem entscheiden zu handeln.

Und wenn es nicht möglich ist, eine Taktik aufgrund ihrer Wirkung zu wählen, weil in einer rein strukturalistischen Welt alle Formen des Protests die gleiche Wirkung haben, dann wäre es doch am besten, sich für die Taktik zu entscheiden, welche den größten sekundären Nutzen bringt. Wenn der Protest die Revolution nicht beschleunigen kann, dann steht es den Aktivisten frei, auf eine Weise zu protestieren, die Glück, eine lebendige Gemeinschaft oder schöne Kunst hervorbringt. Der Protest muss keine öffentliche Deklaration mehr sein, um Autoritäten zu stürzen; stattdessen kann er die Möglichkeit bieten, sich selbst zu verwirklichen.

Was tust du, wenn das Organisieren einer weltweiten Demonstration, das Malen eines Wandbildes oder die Versorgung hungernder Menschen mit Lebensmitteln während einer globalen Krise den gleichen Effekt für soziale Veränderung haben? Du wählst die Handlungsweise, die dich am meisten anspricht, die dir die größte Chance gibt, du selbst zu werden. In gewissem Sinne haben wir das bei Occupy Wall Street alle getan. Das Kreative an unseren Aktionen von den konsensbasierten Versammlungen und der Livestream-Berichterstattung bis zu dem bemerkenswerten Kollektivgeist – all das war das Wesen unseres Protests. Solange wir aus uns selbst heraus handelten, trug jede unserer Aktionen revolutionierenden Charakter.

In einer Situation, da es für die Wahrscheinlichkeit von Erfolg gleichgültig ist, ob man handelt oder nicht, haben Aktivisten die Freiheit, jede Aktion von gewisser Wirkung zu organisieren. Vielleicht ist jedes kollektive Handeln zu Zeiten einer welthistorischen Krise geeignet, die Ernsthaftigkeit eines Protests zu demonstrieren. Möglicherweise ist dies ein Hinweis darauf, wie neue Taktiken spontan entstehen. Und es hilft uns, anscheinend anormale Verhaltensweisen wie den Geistertanz von 1890 zu begreifen, ein im Kreis getanztes Ritual der Ureinwohner von Amerika, mit dem sie ihre Souveränität zurückzugewinnen trachteten. Die Teilnehmer sahen ihn ausdrücklich als ein Ritual mit politischen Folgen. Der Tanz hatte solche Wirkung, dass er die gewaltsame Unterdrückung durch die US-Regierung geradezu herausforderte. Ein rational denkender Voluntarist hätte große Schwierigkeiten zu erklären, wieso eine Regierung die Veranstaltung eines Kreistanzes fernab von den Städten als Bedrohung empfinden kann. Ein strukturalistisch eingestellter Aktivist hingegen versteht, dass ein Protest nicht direkt auf Behörden zielen muss, um wirksam zu sein. Er muss nur zur rechten Zeit als Protest erkannt werden.

Voluntaristen und Strukturalisten decken das materialistische Spektrum der Revolutionstheorien ab. Beide gehen davon aus, dass die Revolution ein Phänomen ist, welches auf der Wechselwirkung von natürlichen und physischen Kräften beruht. Voluntaristen und Strukturalisten sind häufig stark beeindruckt von politischen Revolutionen, die sich in der Zeit nach der Aufklärung abgespielt haben. Da sie materialistische Revolutionstheorien vertreten, konzentrieren sie sich darauf, diese Massenaufstände aus dem 19. und 20. Jahrhundert zu kopieren – allesamt städtische, säkulare Protestbewegungen, die Könige, Kaiser und Zaren gestürzt haben. Im Materialismus steckt Wahrheit. Natürlich spielt eine Wirtschaftskrise eine wichtige Rolle für das Auslösen gesellschaftlicher Veränderung. Doch der Materialismus ist unvollkommen. Er ist nicht in der Lage, bestimmte Arten solcher Veränderung zu erklären (wie zum Beispiel den Sieg des Christentums, der mit dem Übertritt Konstantins in der Schlacht bei der Milvischen Brücke im Jahre 312 seinen Ausgang nahm), die nicht in das Modell einer urbanen Massenbewegung passen und eher von spirituellen als von materiellen Kräften erreicht wurden.

Subjektivismus

Die Außenwelt ist ein Spiegel deiner inneren Welt, sagt der Aktivist, der die Dinge subjektivistisch sieht. Wenn dir die Wirklichkeit um dich herum düster erscheint, dann liegt das daran, dass es in deinem Inneren düster aussieht. »Die Welt, die wir sehen, spiegelt lediglich unseren eigenen inneren Bezugsrahmen wider, die vorherrschenden Ideen, Wünsche und Gefühle in unserem Geist.«[92] Die wahre Revolution spielt sich in unserem Kopf ab, denn unsere Gedanken nehmen Einfluss darauf, wie wir die Welt sehen. »Das Wesen deiner Erfahrungen kannst du verändern, indem du auf die Art deiner Gedanken Einfluss nimmst«, sagt die amerikanische spirituelle Lebenslehrerin Marianne Williamson.[93] Wahrer Aktivismus ist die innere Befreiung.

Subjektivismus ist der Schnittpunkt von Spiritualität und dem Primat der inneren Welt. Die Anhänger dieser Revolutionstheorie sind der Meinung, dass aktive Kontemplation und Meditation (die auf den Außenstehenden wie Passivität wirken können) physischem Handeln überlegen seien, weil die Realität von unseren Gedanken bestimmt wird. Streng subjektivistisch eingestellte Aktivisten argumentieren daher, die wirksamste Art, die Welt zu verändern, sei es, unsere Sicht zu verändern oder wie es in einem mystischen Text erklärt wird: »Es hat keinen Sinn, über die Welt zu jammern. Es hat keinen Sinn zu versuchen, die Welt zu verändern. Sie ist nicht imstande, sich zu verändern, weil sie bloß eine Wirkung ist. Hingegen hat es in der Tat einen Sinn, deine Gedanken über die Welt zu ändern. Damit veränderst du die Ursache. Die Wirkung wird sich von selbst verändern.«[94]

In ähnlicher Weise suggeriert auch der große Sufi-Meister Rumi, dass ein erleuchteter Mensch durch das Inferno der Hölle wandeln und dabei nur Rosengärten sehen kann.[95] Damit meint er, dass die Welt eine Projektion unserer Gedanken ist. Die innere bestimmt die äußere Realität. Wenn dir also die Außenwelt wie eine Apokalypse erscheint, dann ist Meditation die Lösung. Die subjektivistische Position erfordert die Umkehr der Werte: von der Sorge über die Kriege dieser Welt zu den Kämpfen der Seele. »Die Kriege der Menschheit sind wie Kinderspiele – bedeutungslos, erbarmungslos und verachtenswert. Ihre Kämpfe werden mit hölzernen Schwertern ausgefochten, all ihre Bemühungen sind vergebens«, schreibt Rumi.[96] Die Revolution ist ein Geisteszustand.

Auch säkulare Politikwissenschaftler betrachten den Subjektivismus zumindest als eine Hypothese. Dabei handelt es sich

häufig um einen schwachen oder voluntaristischen Subjektivismus, der eine Veränderung der inneren Welt als notwendige
(aber nicht hinreichende) Bedingung für eine Revolution sieht.
Anders als strikte Subjektivisten, die überzeugt sind, dass eine
Revolution zustande kommt, wenn man die Welt anders sieht,
gilt den voluntaristischen Subjektivisten die Veränderung des
Inneren als erster Schritt zum Handeln nach außen. So schreibt
James C. Davies zum Beispiel, dass »politische Stabilität und In-
stabilität letzten Endes vom Denken und der Stimmung in einer
Gesellschaft abhängen«.[97] Ändert sich die Stimmung, wird eine
Revolution möglich. Der Subjektivismus betont die Priorität des
Bildes, welches das Individuum von der Realität hat.

Eine echte Revolution geht mit Formen des Protests einher,
die aus der Sicht des Status quo ungewöhnlich und abnorm
wirken. Diese neuen Verhaltensweisen werden als Protest ko-
diert, weil sie öffentlich zur Schau stellen, dass die Menschen
eine der äußeren Wirklichkeit widersprechende innere Realität erleben. Demonstrationen beweisen: Ein großer Teil der Bevölkerung hat eine andere Sicht auf die Gesellschaft. Geradezu
spontan wird die alte Welt gezwungen, sich gegen dieses Neue,
die neue Weltsicht, zur Wehr zu setzen. Der US-amerikanische
Philosoph Ralph Waldo Emerson erklärt das so: »Jede Revolution war zunächst ein Gedanke im Kopf eines Mannes.«[98] Sozi-
alrevolutionäre Momente entstehen aus dem Gefühl einer kollektiven Ruhe, die sich angesichts einer neu erkannten Wahrheit
ausbreitet. Die Menschen verlieren ihre Furcht, und das Un-
mögliche wird möglich. Wenn Aktivisten auf emotionale Ansteckung eingestellt sind, dann strahlen sie ein Gefühl grenzen-
loser Möglichkeiten, ewiger Liebe und Furchtlosigkeit aus. »Wie
ein Mensch denkt, so nimmt er wahr. Suche deshalb nicht, die
Welt zu ändern, sondern entscheide dich, dein Denken über die
Welt zu ändern.«[99]

Der subjektivistisch orientierte Aktivist betrachtet soziale Netzwerke als Kanäle für emotionale Ansteckung. Worte, Bilder und Memen sind die Vektoren, durch die sich ansteckende Gefühle im Netz verbreiten. Die Hauptarbeit besteht darin, solche Emotionen zu erzeugen und weiterzugeben, welche die Menschen zu innerer Wandlung und kollektiver Erleuchtung führen.

Theurgie

Die Klassifikation der allgemeinen Revolutionstheorien weist eine Lücke auf. Die Theurgie, der vierte Quadrant, die Position, dass Revolution ein objektiv übernatürliches Phänomen ist, wird nahezu von allen Revolutionstheorien verworfen. Die theurgische Schule ist esoterisch. Ungeachtet des Aufstiegs eines neuen Heidentums während und nach der Antiglobalisierungsbewegung, angeführt von dem theurgischen Aktivisten Starhawk, bestreiten die meisten Aktivisten weiterhin, dass es Theurgie überhaupt gibt. Es ist ein schwieriges Thema, und unsere Primärquellen sind mystische Texte von Hermes Trismegistus, Rumi und anderen, die eher für spirituelle als politische Anliegen standen. Allerdings erklärt Starhawk: »Die Instrumente der Magie, das Verständnis von Energie und Kraft, die Verwendung von Symbolen, das Gruppenbewusstsein und die Wege, es zu verändern und zu formen – all das ist auch Werkzeug für politische und soziale Veränderung.«[100]

Aus säkularer Sicht kam Lyford P. Edwards einer negativen Definition der Theurgie sehr nahe, als er 1927 schrieb:

»Der Apparat zur Messung sozialer Bewegungen befindet sich auf einem sehr primitiven Entwicklungsstand … Gegenwärtig kann man lediglich annehmen, dass ein revolutionärer Prozess existiert, der messbar ist, falls – sollte es überhaupt dazu kommen – die Sozialwissenschaft ausreichend exakte Werkzeuge dafür besitzt. Auch das ist nur eine Hypothese. Aber sie muss aufgestellt werden, es sei denn, man stellt sich Revolution als ein Phänomen außerhalb der natürlichen Ordnung vor. Wenn Revolution aber nichts Übernatürliches sein sollte, dann muss anerkannt werden, dass sie erklärbar, messbar und vorhersehbar ist – zumindest in der Theorie.«[101]

Ich stelle Edwards auf den Kopf. Ich fasse durchaus die Möglichkeit ins Auge, dass die Revolution ein übernatürliches Phänomen und daher unerklärbar, nicht messbar und unvorhersehbar sein sowie potentiell außerhalb der natürlichen Ordnung stehen kann. Wenn wir offenlassen, dass Revolutionen ein übernatürlicher (oder göttlicher) Prozess sein können, dann erhalten wir die Möglichkeit, in der Theurgie Elemente von Wahrheit zu finden und Vorgehensweisen bei gesellschaftlichen Veränderungen zur Kenntnis zu nehmen, die in früheren Geschichtsperioden vorherrschend waren.

Theurgie ist »eine Verschmelzung des Spirituellen mit dem Irdischen«.[102] Der Begriff Theurgie kommt von dem altgriechischen Wort für Zauberei und bedeutet wörtlich »gutes Werk«. Die Theurgen glauben, man könne göttliche Kräfte dazu bewegen, in den Lauf der Welt einzugreifen. Zwar ist das heute die seltenste Form des Aktivismus, aber es gab Zeiten, da die Theurgie – in Gestalt tausendjähriger Bewegungen – verbreitet war.

Subjektivismus ist ein Schritt zur Theurgie. Zwischen beiden Haltungen besteht nur ein feiner Unterschied. Subjektivistisch eingestellte Aktivisten akzeptieren, dass nichtmaterielle Kräfte in begrenztem Umfang in der Revolution eine Rolle spielen können. Sie beschränken diese Rolle auf unsere Subjektivität. Strikte Subjektivisten nehmen an, dass ein Zusammenhang zwischen der Veränderung unserer inneren Welt und des Eindrucks besteht, wie die Außenwelt auf uns wirkt. Solche Aktivisten betonen die persönliche Spiritualität, die Kraft des positiven Denkens, von Meditation und innerer Transformation. Für einen

Subjektivisten beeinflusst die Veränderung unserer inneren Welt aber nicht die Außenwelt anderer. Aus dieser Sicht ist die Revolution ein innerer, individualisierter Prozess. Am Ende ist jeder und jede selbst für seine oder ihre Befreiung verantwortlich, denn die Realität wird von der einen Person bestimmt, die sie wahrnimmt. Anders als die Subjektivisten sind die Theurgen der Meinung, dass die Revolution ein äußerer Prozess und nicht auf unser Denken beschränkt ist. Die Subjektivisten sehen die Revolution als ein rein inneres Phänomen an, das sich so verändert, wie wir die Welt wahrnehmen. Die Theurgen hingegen betonen die Macht Gottes oder anderer göttlicher Kräfte, unmittelbar in die äußere Realität einzugreifen. Während die Subjektivisten die Welt verändern, indem sie diese auf andere Weise betrachten, glauben die Theurgen, dass göttliche Kräfte die objektive Außenwelt für alle verändern, nicht nur für den einen Menschen, der seine Sicht auf sie geändert hat. Für einen Theurgen besteht der Zusammenhang zwischen innerer und äußerer Realität nicht nur in unserem Kopf. Gut, wenn du einmal für eine Revolution gebetet hast. Die Theurgie geht davon aus, dass Gebet, Ritual und Glauben (Verhaltensweisen, mit denen man göttlichen Beistand erbittet) die wirksamsten Formen des revolutionären Aktivismus sind.

Theurgen und Strukturalisten stimmen darin überein, dass Revolution ein objektiver Prozess ist; sie unterscheiden sich jedoch in der Frage, in welcher Form immaterielle und unsichtbare Kräfte existieren. Für Strukturalisten wird das Schicksal der Menschen durch materielle Kräfte bestimmt – die Wirtschaft, die Arbeitslosenrate, den Glücksindex und so weiter. Für Theurgen hingegen steht die Geschichte unter dem Einfluss göttlicher, nichtmenschlicher und nichtmaterieller Kräfte. In den Worten der Soziologin Yonina Talmon »liegen Initiative und wirkliche Kraft für Veränderung bei göttlichen Mächten«.[103] Der Theurge glaubt daran, dass solche göttlichen Mächte existieren. Viele Aktivisten im Westen sind nicht gewillt, diesen Sprung zum Glauben zu vollziehen und lehnen daher die Theurgie rundweg ab. Der Materialismus hat die Protesttheorie säkularisiert und uns den Strukturalismus gebracht. Aber wenn nun die Kräfte, die politische Revolutionen kontrollieren, nicht von dieser Welt, sondern übernatürlich oder spirituell sind? Wenn du glaubst, es sei möglich, dass Gott oder ein Geist in die Geschichte eingreift, dann könntest du ein Theurge sein.

Die Säkularisierung der Revolutionstheorie hat das Wissen der Menschen über Theurgie ausgelöscht. Das frühe 21. Jahrhundert bleibt feindselig gegenüber der Vorstellung, weltliche Macht könnte von übernatürlichen Kräften besiegt werden. Theurgisch orientierte Aktivisten, die diese esoterische Kunst praktizieren, halten das jedoch geheim, was es schwer macht, aktuelle Beispiele zu finden. Einer der wenigen Fälle stammt aus dem Jahre 1993. Dort haben Anhänger der transzendentalen Meditation behauptet, sie hätten die gesellschaftliche Realität durch spirituellen Aktivismus verändert. Im Ergebnis ihrer kollektiven Meditation sei die Kriminalitätsrate in der US-Hauptstadt Washington binnen acht Wochen um 23 Prozent gesunken.

Das vielleicht beste Beispiel für Theurgie stammt aus antiken Quellen. Der Historiker Cassius Dio berichtet von einem Wunder aus dem Jahre 174, als der Krieg zwischen dem Stoiker-Kaiser Marc Aurel und den Donaustämmen bereits ins achte Jahr ging.[104] Dio schreibt, dass die Zwölfte Legion der Römer, bekannt als die Fulminata oder vom Blitzschlag Getroffene, während einer Schlacht vom Stamm der Quadi umzingelt wurde. Als alles verloren schien, habe ein schwerer Regenguss, den ein Theurge namens Julianus herbeigezaubert hatte, wundersame Rettung gebracht. Bei Dio heißt es weiter: »Julianus, ein Chaldäer und Philosoph, Vater des *theorgos* (Theurge) genannten Julianus, welcher über Theurgie, Rituale und Orakelverse sowie viele weitere Bücher über Wissenschaften dieser Art schrieb ... Es heißt, als die Römer schweren Durst litten, habe Julianus dunkle Wolken zusammengetrieben, die sich in einem Gewitterguss mit Blitz und Donner entluden. Julianus soll das durch eine Weisheit besonderer Art erreicht haben.«[105] Wissenschaftler, Rationalisten und Materialisten (das heißt, die meisten heutigen Aktivisten) werden sich weigern zu glauben, dass die esoterische Magie des Julianus den Regen gebracht habe. Sie werden sagen, es war Zufall oder Glück. Doch jede einheitliche Revolutionstheorie, welche die Möglichkeit wundersamen göttlichen Eingreifens nicht einschließt, ist unvollständig und wird der großen Aufgabe der Herbeiführung einer globalen Revolution nicht gerecht werden. Säkulare Ultramoderne lehnen die Theurgie aus ideologischen Vorbehalten heraus ab und geben dem materialistischen Säkularismus den Vorzug. Während des größten Teils der Menschheitsgeschichte haben sich die Menschen darauf verlassen, dass die Götter Gerechtigkeit in die Welt bringen. Das wird offenbar auch in Zukunft so sein. Wenn man sich aus dem eigenen historischen Augenblick löst, dann werden neue Formen revolutionären Protests verfügbar.

Der Apostel Paulus, ursprünglich Saulus von Tarsus, ist ein Beispiel für einen theurgischen Aktivisten. Saulus war ein brillanter jüdischer Pharisäer, der sich an der Verfolgung der frühen Christen beteiligte. Um 33 hatte Saulus auf der Straße nach Damaskus eine Erscheinung. Er sah Jesus, was ihn für einige Tage blendete. Ein Christ heilte ihn, der erklärte, Jesus habe ihm in einem Traum befohlen, Saulus zu suchen. Bald darauf erlebte Saulus ein spirituelles Erwachen, trat zum Christentum über und wurde zu Paulus. Als römischer Bürger geschützt, ein Privileg, das man durch Geburt erwarb und das kein anderer der führenden Christen besaß, wurde Paulus zum größten Theologen dieser sozialen Bewegung, gründete zahlreiche Kirchen und verbreitete als Erster die neue Religion unter Nichtjuden. In seinen Briefen an die frühe Christenheit erklärt Paulus die Grundsätze seines Aktivismus: »Denn obwohl wir in dieser Welt leben, führen wir keinen weltlichen Krieg, denn unsere Waffen sind nicht weltlicher Art, sondern besitzen göttliche Kraft, die Befestigungen zerstört.«* Der Glaube des Paulus an göttliche Kraft geht über Subjektivismus hinaus. In der Realität bedeutet diese göttliche Kraft für ihn die Macht, ein Reich zu Fall zu bringen. Einwände unterdrückte Paulus, indem er zwischen weltlicher und göttlicher (übernatürlicher) Macht unterschied. »Darum bin ich guten Muts in Schwachheiten, in Misshandlungen, in Nöten, in Verfolgungen, in Ängsten, um Christi willen; denn wenn ich schwach bin, so bin ich stark«, schrieb er (ebenda 12:10). Als Anhänger einer geheimen und verfolgten Religion war er schwach. Aber als einer, der eine von göttlicher Macht gestützte gesellschaftliche Bewegung aufbaute, war er stark. Paulus' Religion hat die Zeiten überdauert.

Als anschaulichstes Beispiel einer vorchristlichen theurgischen Theorie ist uns der Dialog des Hermes Trismegistus, bekannt als *Asclepius*, überliefert. Das Bemerkenswerte daran ist, dass er uns darüber aufklärt, wie Menschen sich Götter schaffen und wie diese von ihnen geschaffenen Götter die Welt beeinflussen. »Unsere Vorfahren haben in der Theorie der Göttlichkeit einst schwer geirrt. Sie waren ungläubig und unaufmerksam, was die Anbetung Gottes und die Ehrfurcht vor ihm betraf. ... Doch dann haben sie die Kunst entdeckt, sich Götter zu schaffen«, sagt Hermes. Kern von Hermes' Theurgie ist der Glaube, dass die Götter auf die Verehrung der Menschen reagieren.

---

* *Neues Testament, Der zweite Brief des Paulus an die Korinther, 10:3. Wörtlich aus dem Englischen übersetzt – Anm. d. Übers.*

»Der Himmel und himmlische Wesen sind entzückt über Verehrung, Kult, Lobpreisung und Dienst der Menschen.« Hermes unterschied himmlische und von Menschen gemachte Götter. Letztere hätten die Macht, in der Welt einzugreifen. Hermes erklärt: »Die himmlischen Götter leben in den Himmelshöhen, jeder führt die ihm anvertraute Ordnung und wacht über sie. Aber hier unten helfen unsere Götter den Menschen wie liebende Verwandte; sie kümmern sich um einzelne Anliegen, prophezeien Dinge durch Weissagungen und Zeichen, planen voraus und helfen mit anderen Mitteln – jeder auf seine Weise.«[106] So wird die Theurgie zu einem Vorgang, bei dem die Verehrung von Göttern eingesetzt wird, um deren Hilfe bei der Veränderung der politischen Wirklichkeit zu erlangen.

Der entscheidende Punkt, der die Theurgen von allen anderen Aktivisten unterscheidet, ist ihr Glaube, dass übernatürliche Kräfte »Menschen zu Hilfe kommen«. Theurgische Aktivitäten verfolgen das Ziel, diese Kräfte zum Eingreifen in die Politik zu bewegen. Da wir es mit übernatürlichen Kräften zu tun haben, kann dieses Eingreifen unzählige Formen annehmen: Wetterkapriolen, die eine Wahl stören, ein Traum, der die Entscheidung eines Herrschers verändert, ein Glücksfall, der einer sozialen Bewegung zu weltweiter Bekanntheit verhilft. Ein Theurge kann durch Gebet, Ritual oder Meditation protestieren, doch das Ziel ist immer das Gleiche: Er will die äußere Wirklichkeit mit Hilfe übernatürlicher Kräfte verändern.

Theurgen und Voluntaristen teilen den Glauben an die Wirkung von Protestritualen auf gesellschaftliche Veränderungen. Für die Voluntaristen sind diese Rituale das Repertoire an Protesttaktiken, die nach ihrer Meinung wirken, weil sie den kollektiven Willen der Menschen zum Ausdruck bringen oder die materielle Realität durch direkte Aktion beeinflussen. Die Theurgen hingegen spielen die Bedeutung des menschlichen

Willens herunter und legen das Schwergewicht stattdessen auf Verhaltensweisen, durch die sie göttliche Macht zu mobilisieren glauben.

Die Voluntaristen sehen die Revolution als Ergebnis des Einwirkens der Menschen auf die materielle Welt. Die Theurgen glauben, gesellschaftliche Veränderung komme von Kräften, die sich außerhalb menschlicher Kontrolle befinden.

Starhawk, der auf dem Höhepunkt der Antiglobalisierungsbewegung in den frühen 2000er Jahren schrieb, rechtfertigt eindringlich, weshalb es notwendig sei, Rituale, Magie und Spiritualität in den gesellschaftlichen Aktivismus einzubringen. »Ein Teil der Menschheit braucht Symbole, Mythen und Mysterien, dürstet nach der Verbindung zu etwas Größerem und Tieferem als unser oberflächliches Leben ... Wir ignorieren [dieses Bedürfnis] zu unserem eigenen Schaden, denn wenn eine Befreiungsbewegung den spirituellen Teil unseres Ichs nicht anspricht, dann beanspruchen Unterdrückungsbewegungen dieses Terrain für sich.«[107]

Der Aufstieg eines Aktivisten

Die vier Revolutionstheorien stellen Phasen in der Entwicklung des Aktivisten dar. Der Aufstieg von einer Phase zur nächsten vermittelt ihm ein tieferes Verständnis für den komplexen Charakter der Revolution. Das Endergebnis ist eine einheitliche Theorie.

Die meisten Protestierenden beginnen bei einem unbewussten Voluntarismus. Sie agieren, als hätte jede mit Leidenschaft vorgetragene Störaktion Veränderungen zur Folge. Das ist die erste Phase des Aktivismus. Hier ähnelt der Rebell noch einem Kind, das bockig wird, um auf die Erwachsenen Druck auszuüben. Wenn diese öffentlichen Wutausbrüche keinen Erfolg haben, dann lastet der unbewusste Voluntarist sein Scheitern der Taktik an, ohne seinen Glauben an die physische Aktion in Frage zu stellen. Entwickelt sich der Aktivist vom unbewussten zum bewussten Voluntaristen, wird er selbstsicherer und greift zielgerichtet zu Taktiken, die auf einer Theorie der Veränderung basieren. Zum ersten Mal ist er in der Lage, einen Grund zu nennen, weshalb sein Verhalten, zum Beispiel mit Transparenten zu demonstrieren, zu sozialer und politischer Transformation beiträgt. Sollte diese Taktik fehlschlagen, dann erprobt der Protestierende neue Techniken. Wenn auch wiederholtes Scheitern den Rebellen nicht dazu bewegt, den Voluntarismus zu hinterfragen, dann ist es möglich, dass er endlos in dieser Phase verharrt.

Die nächste Entwicklungsstufe ist erreicht, sobald die Taktik des Voluntaristen erfolgreich eine revolutionäre Situation herbeizuführen scheint. Das ist der erste Beweis dafür, dass seine Taktik und die ihr zugrunde liegende Theorie der Veränderung richtig sind. In diesem Moment des Erfolgs geschieht etwas Tiefgreifendes. Zwar scheint der Ausbruch der Revolution den Voluntarismus zu bestätigen, aber der historische Augenblick geht vorüber, und der Aufstand verpufft, obwohl die vorher wirksame Taktik weiter angewandt wird. Zum ersten Mal dämmert dem selbstsicheren Aktivisten, dass bei einer Revolution Kräfte außerhalb der Kontrolle des Menschen im Spiel sind.

Der Strukturalismus wird aus der Erkenntnis geboren, dass der Protest zum richtigen Zeitpunkt kommen muss, um eine Revolution auszulösen. Die zweite Entwicklungsphase des Aktivisten setzt ein, wenn der Rebell zu einer Theorie der Veränderung gelangt, welche die materiellen, ökonomischen oder sozialen Faktoren berücksichtigt, die für den günstigsten Zeitpunkt des Protests wichtig sind. Jetzt kommt zur Taktik des Rebellen ein Gefühl für das richtige Timing hinzu.

Strukturalismus führt zu Subjektivismus, wenn das Intervall zwischen welthistorischen Krisen sich über Jahre oder Jahrzehnte hinzieht. In der dritten Phase lässt sich der Rebell nicht entmutigen oder zu vergeblichen Aktionen hinreißen, sondern zieht sich in sich selbst zurück. Überzeugt, dass Protest keine Wirkung bringt, wenn die Zeit für Veränderung nicht reif ist, macht er sich auf den Weg zu seiner inneren Befreiung. Durch Verschiebung seiner Sicht auf die Welt wirft der Rebell das Negative ab, das bisher seine Praxis beherrschte. Meditieren reinigt den Geist auf dem Weg zu einer Offenbarung. Der Aktivist erlebt die Fähigkeit seines Denkens, die Realität zu verändern.

In der Endphase seines Aufstiegs überschreitet der Aktivist die Grenzen des Subjektivismus und erweitert seine spirituelle Praxis nach außen. Dieser Übergang mag durch die Sehnsucht nach einem politischen Wunder ausgelöst werden, das äußerlich, nicht nur innerlich erlebt wird. Der Aktivist begreift, dass göttliche Kraft alles möglich macht. Ein spiritueller Text erklärt dazu: »Es gibt keine Rangordnung der Schwierigkeit bei Wundern. Eines ist nicht ›schwieriger‹ oder ›größer‹ als ein anderes. Sie sind alle gleich.«[108] Die Theurgie gibt dem Rebellen die Freiheit, Kampagnen nicht geradlinig durchzuführen, Naturgesetze zu ignorieren und Revolutionen anzustreben, bei denen er auf ein wundersames Eingreifen von oben setzt.

Der Aufstieg des Aktivisten wird durch den Kreis des Zen, den *ensō*, symbolisiert, der mit einem einzigen leichten Pinselstrich kalligraphiert wird. Den *ensō* zu schreiben ist eine meditative künstlerische Übung. Der Kreis steht für Einheit, und wie er ausgeführt ist, sagt etwas über den körperlichen, mentalen und spirituellen Zustand des Künstlers im Augenblick des Schreibens aus. Dazu ein heutiger Meister des *ensō*: »Der Kreis gibt Charakter und Geist des Menschen wieder.«[109] Die Moral und die spirituelle Entwicklung des Rebellen spiegeln sich in seiner Annäherung an die Revolution wider. *Ensō* und Revolution sind stets einmalig und können nicht auf die gleiche Weise wiederholt werden. Ein typischer *ensō* hat eine Unterbrechung der Kreislinie, was uns daran erinnert, dass jede Schöpfung unvollkommen ist. Das trifft auch auf Revolutionen und Bewegungen zu. Ähnlich verhält es sich mit der Reise des Aktivisten durch die vier Revolutionstheorien. Sie ist ein Kreis wie der *ensō*. Wenn er einmal die Theurgie begriffen hat, dann kehrt er mit einem aufgefrischten Taktikrepertoire zum Voluntarimus zurück und der Vorgang beginnt von Neuem.

Der Aktivist, der alle vier Revolutionstheorien beherrscht, hat das höchste Niveau erreicht. Hier soll daran erinnert werden, dass eine einheitliche Theorie keine ewig gültige ist. Der Aktivist muss sie permanent anpassen, wobei die vier Quadranten Voluntarismus, Strukturalismus, Subjektivismus und Theurgie stets, wenn auch in unterschiedlichem Maße, berücksichtigt werden sollen. Im Grunde geht es darum, die geeignete Mischung der vier Theorien zu finden, die zu einer Revolution führt. An manchen Punkten der Geschichte mag eine ausgewogene Kombination der vier Teile der richtige Weg sein. Zu anderer Zeit könnte die Lösung darin bestehen, die Theurgie höher zu bewerten als die anderen drei. In der gegenwärtigen Situation, da die staatlichen Behörden über sehr starke weltliche Macht verfügen und der Voluntarismus sich erschöpft zu haben scheint, glaube ich, dass eine stärkere Betonung von Subjektivismus und Theurgie die besten Ergebnisse bringt.

Subjektivismus
(subjektiv spirituell)

- Verändere deine innere Realität, um deine äußere zu verändern.
- Revolutionen sind ein Stimmungswechsel und Proteste der sichtbare Ausdruck dieser inneren Transformation.
- Soziale Netzwerke sind Vektoren emotionaler Ansteckung.
- Die nächste revolutionäre Bewegung wird von einer Offenbarung ausgelöst werden, die sich über die ganze Welt ausbreitet.

Theurgie
(objektiv spirituell)

- Die Revolution erfordert göttliches Eingreifen. Jetzt kann nur Gott uns retten.
- Der esoterische Zweig des Aktivismus.
- Magie, Ritual und Gebet beeinflussen die äußere Realität.
- Wunder, zum Beispiel Wetterkapriolen in einem günstigen Moment, ein Traum, der die Entscheidung eines mächtigen Herrschers verändert, ein Glücksfall, der einer sozialen Bewegung zu Bekanntheit verhilft sind Beispiele dafür, wie übernatürliche Kräfte in die Welt eingreifen.

Voluntarismus
(subjektiv materiell)

- Das Handeln der Menschen bringt Revolutionen hervor.
- Der dominante exoterische Zweig des Aktivismus.
- Beginnt häufig mit Sätzen wie: »Wenn doch jeder ... zur gleichen Zeit ... tun würde.«
- Benutze Taktiken, die zur einfachen Nachahmung und Modifikation durch andere Protestierende gedacht sind.

Strukturalismus
(objektiv materiell)

- Kräfte und Strukturen außerhalb der Kontrolle des Menschen verursachen Revolutionen.
- Benutzt den Nahrungsmittelpreisindex, um Aufstände vorherzusagen.
- Protestiere vor und während einer welthistorischen Krise bei einer Erfolgschance von 4 Prozent.
- Welche konkrete Taktik benutzt wird, ist ohne Bedeutung. Protestiere auf eine Weise, die dein wahres Ich ausdrückt und den größten sekundären Nutzen bringt.

ZWEITER TEIL: GESTERN

**»Es steht in unserer Macht,
die Welt neu zu erschaffen.«**
Thomas Paine, amerikanischer Revolutionär, 1776

»Es spielt keine Rolle für das Endergebnis,
wenn die eine oder andere Bewegung vorübergehend
vom Weg abkommt. Entscheidend ist die Kampf-
entschlossenheit, die von Tag zu Tag heranreift; das
Bewusstsein von der Notwendigkeit der revolutionären
Änderung, die Gewissheit ihrer Möglichkeit.«

Che Guevara, 1963

DIE NAHE VERGANGENHEIT
DER REBELLION

Wach auf und bereite dich vor! Du bist ein Kämpfer in der Revolution, einem Krieg, der im Gange ist, seit die Menschen vor 121
Generationen Demokratie gefordert haben. Die frühesten Auf-
zeichnungen von unserer Rebellion sind 3646 Jahre alt. Darin
ist festgehalten, dass Protestierende im Mittleren Reich von Alt-
ägypten einen Pharao gestürzt haben. In einer antiken Schrift-
rolle, bekannt als der Papyrus Ipuwer, der zwischen 1980 und
1620 v. u. Z. geschrieben wurde, berichtet ein anonymer Augen-
zeuge von einer unserer ersten erfolgreichen Revolutionen:»Oh,
die Reichen klagen und die Armen freuen sich, an jedem Ort
sagt man: ›Lasst uns die Starken unter uns vertreiben!‹ Denn
seht, es sind Dinge getan worden, die es noch nie gab … die Ab-
setzung des Königs durch die Hungerleider. Denn seht, es hat
eine Rebellion gegeben.«[110]
   Als unsere Revolution startete, existierte eine Vielzahl von Zivilisationen, jede mit ihrer eigenen Mischung aus Ideen, Spra-

chen, Symbolen, Religionen und Kampfmethoden. In vielen Gesellschaften herrschte das Matriarchat. Einige waren egalitär. Die größten Städte der antiken Welt (Luxor, Athen, Alexandria, Rom …) nahmen sich im Vergleich zur kleinsten der Megalopolen von heute winzig aus. Wenn die Menschen ihre Situation unerträglich fanden, dann konnten sie das Problem durch lokales Handeln lösen. Ein anschauliches Beispiel, wie Macht funktionierte, bevor sich Völker konsolidierten, kommt von einem Nomadenstamm aus Afrika. Die Macht des Häuptlings war so gering, dass ihn seine Untergebenen verließen, wenn er zu hart durchgriff. Das hat sich geändert. Mit der Verfestigung der Macht zu Königreichen, später zu Nationalstaaten und heute gar zu dem von Großkonzernen beherrschten globalen Kapitalismus mit seinen immateriellen Finanzströmen werden die Menschen einander mit jeder Generation kulturell ähnlicher. Der Unterdrücker befindet sich nicht am Ort und ist auch nicht zu lokalisieren. Der Tyrann hat nicht mehr Menschengestalt, sondern wird zunehmend zum Kapitalfluss. Die wachsende kulturelle Gleichförmigkeit der Menschen erleichtert die Übertragung unseres Aufruhrs. Zwar könnte es scheinen, als werde die Macht trotz der Proteste immer stärker, aber es sind Anzeichen zu erkennen, die auf eine tiefgreifende Wende hindeuten. Durchschnittsmenschen verfügen über die nötigen Voraussetzungen für eine künftige Transformation der Gesellschaft – Arbeit, Kreativität und eine humane Gesinnung.

Das Schlachtfeld unserer Revolution ist eine Welt von sieben Milliarden Menschen, die durch Flugverkehr, Glasfaser-Unterseekabel und Satelliten auf Erdumlaufbahnen miteinander vernetzt sind. Die Furcht vor globaler Überwachung und dem Eindringen in die Privatsphäre nimmt zu. Dennoch finden technologisch versierte Aktivisten Wege, um von jedem Punkt der Erde aus frei miteinander zu kommunizieren.

Protest ist Politik mit anderen Mitteln – um Carl von Clausewitz' berühmte Definition des Krieges ein wenig abzuwandeln. Protest ist insofern eine Form der Kriegsführung, als Aktivisten darangehen, strategische politische Ziele mit unkonventionellen Mitteln zu erreichen. Soziale Bewegungen sind gewaltfreie Armeen, deren Proteste politische Folgen haben. Wie im Krieg halten sich Aktivisten nicht immer an Recht und Gesetz. Revolutionärer Aktivismus will ein neues Rechtsregime errichten. Gandhi war kein geringerer Krieger als Napoleon. Beide haben zu ihren Lebzeiten grundlegende geopolitische Veränderungen erreicht, weil sie bislang unbekannte Kampftechniken anwandten. Gandhi demonstrierte, dass Gewaltlosigkeit hocheffizient sein kann, wenn sie gegen eine ausländische Kolonialmacht eingesetzt wird. Er zeigte, wie seine *Satyagrahis*, eine Armee ausgebildeter gewaltloser Kämpfer, die sich einer Großmacht von dramatischer militärischer Überlegenheit in den Weg stellte, die Sympathie der Welt gewann. Doch ungeachtet der Erfolge der Kampagne von Martin Luther King junior für ein Aufbrechen von Amerikas rassisch getrenntem Süden haben die nachfolgenden Kämpfe uns gelehrt, dass die Gewaltlosigkeit der 1960er Jahre allein nicht ausreicht und die Demokratien der Großkonzerne ein infames Geschick entwickelt haben, öffentlichen Protest zu entschärfen, ohne in demokratischer Weise auf gestellte Forderungen einzugehen.

Die Menschen sind in ein taktisches Wettrüsten mit der Staatsmacht verstrickt, bei dem jeder Fortschritt des Protests mit einer Gegenmaßnahme der Unterdrückung beantwortet wird. Die Aktivisten überwinden diese Gefahr, indem sie alles unternehmen, damit ihre taktischen Neuerungen exponentiell wachsen und die Verteidigung des Gegners überrannt wird, bevor er zum Gegenschlag mobilisieren kann.

Diesen Krieg des Volkes zu gewinnen erfordert mehr als nur

eine einheitliche Revolutionstheorie. Auch die Taktiken müssen begriffen werden, welche die Geschichte des Protests geprägt haben.

Eine Volkspartei

Soziale Bewegungen im 21. Jahrhundert werden zunehmend komplexer, lösen sich davon, nur zu protestieren, sondern bündeln den Zorn des Volkes zu einer geschlossenen Kraft, die in der Lage ist, Wahlen zu gewinnen, Gesetze auszuarbeiten und Regierungen zu führen. Das Aufkommen von Syriza in Griechenland, der Fünf-Sterne-Bewegung in Italien und von Podemos in Spanien zeugt von einem Trend zu internetfähigen Volksparteien, der mit atemberaubendem Tempo zunimmt.

Die erste war Syriza, eine politische Partei, die 2004 aus einem Bündnis linksradikaler Kräfte in Griechenland entstand. Im Jahre 2009 wurde Griechenland von der Eurokrise betroffen, und bis 2015 hatte Syriza alle anderen politischen Parteien in den Schatten gestellt. Der Vorsitzende wurde zum Regierungschef Griechenlands gewählt, und Syriza erhielt 2,2 Millionen (36 Prozent) der abgegebenen Stimmen. Für diesen Aufstieg benötigte Syriza elf Jahre. Es folgte die Fünf-Sterne-Bewegung in Italien. Die startete der berühmte ehemalige Comedian Beppe Grillo 2008 mit einem Blog, in dem er anprangerte, dass im Parlament Kriminelle sitzen. Fünf Jahre später war die Bewegung die zweitstärkste Partei Italiens und erhielt 8,8 Millionen (25,6 Prozent) Wählerstimmen. Das waren beeindruckende Ergebnisse, bis am 16. Januar 2014 eine neue politische Partei – Podemos (Wir können es) – in Spanien auf den Plan trat. Binnen 20 Tagen registrierte Podemos 100 000 Mitglieder, wodurch die noch im Aufbau befindliche Bewegung zur drittgrößten politischen Partei des Landes wurde. Im Mai 2015 war die offizielle Mitgliederzahl bereits auf 370 000 angewachsen. Syriza hatte elf Jahre gebraucht, um stärkste Partei Griechenlands, die Fünf-Sterne-Bewegung fünf Jahre, um zweitgrößte Partei Italiens, und Podemos drei Wochen, um die Nummer drei Spaniens zu werden. Natürlich sind frühere Leistungen keine Garantie für künftige Erfolge. Niemand kann mit Sicherheit sagen, ob diese Parteien in zehn Jahren noch existieren werden. Syriza zeigt bereits erste Anzeichen von Spaltung und Wandel. Dennoch fragen sich Aktivisten angesichts des stürmischen Wachstums solcher hybriden Organisationen zwischen Bewegung und Partei zu Recht, wie lange es dauern wird, bis eine neue Volkspartei Kanada, Brasilien, die USA oder Großbritannien überrollt.

Ich erinnere mich an das erste Gespräch mit Gianroberto Casaleggio, dem Mitbegründer der internetfähigen populistischen Fünf-Sterne-Bewegung mit der sanften Stimme. Meine Frau Chiara und ich trafen Gianroberto im Mailänder Büro von Casaleggio Associati, der Internet-Beratungsfirma, die Beppe Grillo geholfen hat, die Bewegung Fünf Sterne zu starten. Casaleggio Associati ist für Fünf Sterne das, was *Adbusters* für Occupy Wall Street war. Doch es gibt einen entscheidenden Unterschied: Beppe und Gianroberto kontrollieren streng die Richtung der Bewegung, während *Adbusters* sie bald sich selbst überließ. Die Fünf-Sterne-Bewegung hatte von Anfang an klar definierte Ziele. Jeder Stern steht für eine konkrete Forderung: Wasser als öffentliches Gut, ein nachhaltiges Verkehrssystem, nachhaltige Entwicklung, unentgeltlicher Internetzugang für alle, Schutz der Umwelt. Die Occupy-Bewegung indessen startete mit der Forderung, das Geld aus der Politik zu verdrängen, übte aber bald an so vielen Dingen grundsätzliche Kritik, dass sie am Ende ohne konkrete Forderungen dazustehen schien. In den Augen der Medien war Occupy nie imstande, die Mission der Bewegung klar zu artikulieren. Der konsensbasierte Prozess der Entscheidungsfindung, auf den sich Occupy stützte, erwies sich als nicht in der Lage, komplexe politische Beschlüsse zu fassen. Während Occupy in weniger als einem Jahr zerfiel, bewältigt die Fünf-Sterne-Bewegung nach wie vor ihre Höhen und Tiefen.

An einem bedeutsamen Punkt unseres Gesprächs fragte mich Gianroberto, auf wie viele treue Aktivisten im ganzen Land Occupy zählen könne. Ich erklärte ihm, dass unsere Bewegung zu jener Zeit, im Oktober 2013, bereits seit 18 Monaten gescheitert war und nur noch wenige vertrauenswürdige Stimmen übriggeblieben seien. Und da jeder behaupten konnte, ein Occupyer zu sein, was zahlreiche finstere Kräfte auch taten, um die Bewegung zu diskreditieren, könne man nicht mit Bestimmtheit wissen, wie viele wirkliche Occupyer noch übrig seien. Darauf nannte Gianroberto Chiara und mir die genaue aktuelle Mitgliederzahl der Fünf-Sterne-Bewegung und schätzte, wie viele es am Jahresende sein würden. Jedes Mitglied sei von der Bewegung überprüft worden. Damit war klar, was er uns sagen wollte: Soziale Bewegungen brauchen eine Struktur, die ihnen Glaubwürdigkeit und Dauerhaftigkeit verleiht.

Die Bewegung Fünf Sterne ist für die Geschichte des Protests insofern wichtig, als sie Horizontalismus und Vertikalismus miteinander verschmolzen hat. Herausgekommen ist ein Hybrid aus populistischer direkter Demokratie und geschlossener Mitgliedschaft. Vielleicht weil die Mitglieder ihre Identität in der realen Welt nachweisen müssen, zieht die Bewegung gebildete, professionell erfahrene und engagierte Menschen an, die sich an ihren Online-Wahlen und öffentlichen Aktionen beteiligen. Aktivisten, die ein gewählter Vertreter der Bewegung werden wollen, wirken bei Kundgebungen mit, arbeiten mit der Online-Anhängerschaft und bewerben sich dann mit einem Video bei YouTube für eine bestimmte Position. Es folgt eine parteiinterne Wahl auf einer eigens dafür eingerichteten Software-Plattform, und die Bewegung schreitet selbstbewusst weiter voran.

Occupy Wall Street umfasste alle Menschen, die auf unseren Aufruf reagierten. Diese unkritische Offenheit führte schließlich aber auch zum Scheitern der Bewegung. Bei den Generalversammlungen war zwischen Echt und Falsch nicht zu unterscheiden, wodurch sie sich selbst blockierten. Teilnehmer, die erst seit einem Tag anwesend waren, hatten das gleiche Mitspracherecht wie engagierte Aktivisten, die die ersten Lager gegründet hatten. In unserer absolut horizontal aufgebauten Bewegung besaß niemand die Autorität zu bestimmen, wer gehen sollte, weil er störte. Occupy hatte innere und äußere Gegner. Die eine Hälfte wollte die Bewegung zerschlagen, die andere sie kontrollieren. Occupy machte keine Anstalten, die Teilnehmer zu überprüfen. Jeder konnte (zu Recht oder Unrecht) als Sprecher der Bewegung auftreten. Die Bewegung bekam es einerseits mit Provokateuren von der Polizei zu tun, die unsere Versammlungen durch Streit zu sprengen suchten, und andererseits mit 99%Spring, einer von der progressiven Linken finanzierten Initiative, der es gelang, Occupy nachzuahmen und den revolutionären Schwung der Bewegung in die Kampagne zur Wiederwahl von Präsident Obama umzuleiten.

Die Fünf-Sterne-Bewegung wehrt sich, wenn man ihr das Etikett einer politischen Partei aufkleben will. Ich nenne sie ein Hybrid aus Bewegung und Partei oder eine soziale Bewegung, deren Markenzeichen es ist, die Mitglieder im Protest mit sozialen Riten zu schulen, die in der Regel politischen Parteien zugeschrieben werden: Unterschriftensammlungen, Kundgebungen, Parlamentsdebatten, Bewerbung für Ämter und Wahlen. Im Vergleich zu traditionellen politischen Parteien weist sie folgende Unterschiede auf: Disintermediation (es gibt keinen lokalen Parteichef, alle sind gleichberechtigte Mitglieder der Bewegung), direkte Demokratie (die Bewegung entscheidet über alle Angelegenheiten, die die Partei betreffen), ein Aufbau von unten nach oben (jeder Kandidat muss von der Basis der Bewegung kommen), kein Geld (die Bewegung lehnt die staatlichen Wahlfonds ab und ist berühmt dafür, keinen Schatzmeister zu haben) und das Internet (wichtige Beschlüsse werden ausschließlich online gefasst). Diese einzigartige Formel hat sich als hocheffizient erwiesen. Bei der Parlamentswahl in Italien von 2013 hat die Bewegung aus Online-Spenden der Bevölkerung 774 208 Euro eingenommen und nur 348 506 Euro für den Wahlkampf der Partei ausgegeben. Der Überschuss wurde an eine Schule überwiesen, die von einem Erdbeben betroffen war. Die Bewegung erhielt 8 748 499 Wählerstimmen. Das bedeutet, sie hat nur 0,04 Euro pro Stimme ausgegeben.[111] Zum Vergleich: Die Ausgaben Präsident Obamas bei der Wahl von 2012 betrugen 10,37 US-Dollar pro Wählerstimme.[112]

Ein paar Monate nach dem Treffen mit Gianroberto Casaleggio wurde ich eingeladen, auf der Kundgebung der Fünf-Sterne-Bewegung zum 3. V-Tag* in Genua zu sprechen. 40 000 Aktivisten versammelten sich auf dem Piazza della Vittoria, und trotz klirrendem Frost war die Begeisterung der Bewegung mit den Händen zu greifen.[113] Die Kundgebung bildete den Startschuss für die Kampagne der Bewegung zur bevorstehenden Europawahl. Die hatte Erfolg. Wochen später erhielt ich eine E-Mail von einem der Kundgebungsteilnehmer, der inzwischen gewählter Abgeordneter der Fünf-Sterne-Bewegung im Europäischen Parlament war.

2015 richtete die Bewegung Rousseau ein, eine neue Software-Plattform, über die Beschlüsse innerhalb der Bewegung gefasst werden. Damit wird das Ziel verfolgt, den Entscheidungsprozess noch näher an eine wirklich partizipatorische internetfähige

---

* Der dritte große Protesttag der Fünf-Sterne-Bewegung. »V« steht für einen populären italienischen Kraftausdruck – siehe https://de.wikipedia.org/wiki/Beppe_Grillo – Anm. d. Übers.

Demokratie heranzuführen. Die neue Welle von Volksparteien ist von dem Glauben getragen, dass die Beteiligung aller Bürger am Gesetzgebungsprozess eine Revolution auslösen wird. Die Frage ist jetzt, wie es gelingen kann, durch die Transformation von Protestbewegungen zu Bewegungsparteien eine solche Beteiligung zu erreichen.

Es ist noch zu früh, um zu sagen, welche dieser neuen Parteien von langer Dauer sein wird. Absolut klar ist jedoch, dass hybride Bewegungsparteien das Schicksal des Protests verändern. Und bei solchen Parteien auf nationaler Ebene wird es nicht bleiben. Die wirkliche Verschmelzung von sozialen Bewegungen und politischen Parteien wird eine globale Kraft hervorbringen, die in der Lage ist, in zahlreichen Ländern Wahlen zu gewinnen und eine gemeinsame geopolitische Agenda umzusetzen. Stellt euch zum Beispiel vor, wie anders die Geschichte verlaufen wäre, hätte eine Partei wie Syriza in Griechenland und in Deutschland gewonnen, und die Partei aus Athen hätte mit ihrer Partnerin in Berlin Verhandlungen über die Lösung des Schuldenproblems geführt.

STRATEGISCHE ERKENNTNIS

Eine neue Art hybrider, wahlfähiger sozialer Bewegungen kann in der Lage sein, die traditionellen politischen Parteien rasch in den Schatten zu stellen. Die Veränderung unserer Sicht auf die sozialen Bewegungen ist für die Menschen der praktikabelste Weg, um die Demokratie wiederherzustellen. Aber er birgt große Schwierigkeiten. Auf einen kometenhaften Aufstieg folgt oft ein ebenso rascher Absturz, wenn eine Bewegung an die nationalen Grenzen stößt. Die nächste Generation hybrider Bewegungsparteien muss über diese Grenzen hinauswachsen, um in vielen Ländern Wahlen gewinnen

und ein einheitliches politisches Programm umsetzen
zu können. Wenn man in einer solchen planetaren Bewegung komplexe Entschlüsse fassen will, wird es erforderlich sein, neue Techniken kollektiven Denkens zu entwickeln, die heute noch nicht existieren.

Schulden

Seit der Vertreibung von Occupy Wall Street aus dem Zuccotti-
Park war ein Jahr vergangen. Die Bewegung war damit gescheitert, in New York ein neues Lager aufzuschlagen, und befand
sich weltweit eindeutig im Niedergang. Nun richteten einige ihrer Gründer all ihre Energie und Kompetenz darauf, Rolling Jubilee, eine gewagte neue Taktik des Aktivismus auf finanziellem
Gebiet, zu starten.* Die Grundidee bestand darin, einen Markt
zu erschließen, von dessen Existenz nur wenige wissen: einen
Ort, an dem Inkassounternehmen Schuldtitel aller Art von Darlehen für Studiengebühren, unbezahlten Arztrechnungen über
Kreditkartenrechnungen bis zu Autokrediten mit einem riesigen Abschlag aufkaufen, weil sie hoffen, bei voller Rückzahlung
Gewinn zu machen. Die Taktik von Rolling Jubilee war einfach
und elegant: Man wollte auf solchen Märkten Schulden aufkaufen, um sie anschließend zu erlassen.

Ein Grund für den Erfolg von Rolling Jubilee liegt darin, dass
die Kampagne so wie Occupy Wall Street keinen bekannten Ur-
heber hatte. Nur sehr wenige wussten, von wem die Idee stamm-
te. Als Taktik von Aktivisten wirkte der Aufkauf und Erlass von

---

* *Dt.: Alle Jubeljahre. Jubilee beschreibt im biblischen Sinne ein Jahr, in dem ein
universeller Sündenablass ausgesprochen wird und Schuldner von ihren Schulden
freigesprochen werden. Im Deutschen leitet sich das Wort Jubeljahr sowie der Ausdruck »alle Jubeljahre einmal« von diesem Prozess des Schulden- und Sündenerlasses
ab. Siehe: https://www.clickworker.de/2012/12/13/alle-jubeljahre-schuldenerlass-im-
crowdfunding-zeitalter-2/ – Anm. d. Übers.*

Schulden wie ein innovatives Vorgehen, das Sinn hatte. Es kam zu einem Zeitpunkt, da die Bewegung dringend nach einem neuen Gegenstand suchte. Erst Jahre später offenbarte ich meine Rolle bei der Entstehung von Rolling Jubilee.

Der kreative Funke, der schließlich bis zu Rolling Jubilee führte, sprang 2007 über. Das war bei einem Lehrgang für Kleingewerbe-Startups, den mein von den Lokalbehörden gefördertes Small Business Development Center, ein Entwicklungszentrum für Kleingewerbe, in Binghamton im Staate New York anbot. Ich arbeitete damals an einer theoretischen Lösung für das Problem, den Aktivismus finanziell nachhaltig zu machen. Dabei untersuchte ich die Möglichkeit, kooperative Firmen von revolutionär neuem Charakter durch Mikrokredite von Aktivisten zu finanzieren, die ich rund um die Welt sammeln wollte. Nachdem ich darüber einen Artikel für Nr. 75 von *Adbusters,* der Ausgabe vom Januar/Februar 2008, geschrieben hatte und dieser als meine erste Publikation dort auch erschienen war, dachte ich als Nächstes darüber nach, ob Schulden ein Potential für den Aktivismus haben könnten. Dazu inspirierte mich der spanische Aktivist Enric Duran, der bei Banken Kredite in Höhe von 500 000 Euro nahm, das Geld sozialen Bewegungen spendete und dann eine Aktivistenzeitung in 200 000 Exemplaren herausgab, in der er das Finanzsystem anprangerte. Duran, Kampfname Robin Banks, weigerte sich öffentlich, die Kredite zurückzuzahlen, und wandte sich mit folgendem Appell an die Aktivisten: »Banken müssen Kredite ausgeben, weil sie vor allem dadurch Gewinn machen. Dieses Rad wird sich immer weiter drehen, bevor nicht das ganze System zum Stillstand kommt. Statt das Rad am Laufen zu halten, indem wir immer weiter Kredite nehmen, haben wir als Individuen die Gelegenheit und die Verantwortung, das Funktionieren des Systems zu erschweren.«[114] Seitdem lebt Enric im Untergrund, um Haftbefehlen zu entgehen. Nach wie vor erfindet er innovative Formen des finanziellen Aktivismus, wobei er auch Kryptowährungen nutzt.[115]

Als ich viele Monate nach Durans mutiger Aktion das Schuldensystem in den USA studierte, stieß ich auf eine Webseite, die das Schuldeneintreiben als Weg zum Gewinnmachen anpries. Ich erfuhr, dass es einen Markt gibt, wo unbeglichene Schulden zu Schleuderpreisen – ein paar Pennies für einen Dollar – an Inkassounternehmen (ein weitgehend unreguliertes Geschäftsfeld) verkauft werden, die davon profitieren, dass sie den vollen Wert der Schuld kassieren. Da fiel es mir wie Schuppen von den Augen: Ich sah das Kampagnenpotential.

Im Februar 2009 schrieb ich einen Artikel für den Blog von *Adbusters* mit dem Vorschlag, die Taktik des Schuldenerlasses anzuwenden.[116] Darin erläuterte ich, dass unbezahlte Schulden (Kreditkartenschulden, Darlehen für Studiengebühren, Arztrechnungen, Schulden aus Auto- und Schmuckkäufen) in der Regel als Geschäftsverluste abgebucht und für einen Bruchteil des Betrages an Inkassounternehmen verkauft werden. Die versuchen entweder durch das Eintreiben der vollen Schuldsumme Profit zu machen oder sie verkaufen die Schulden an andere Eintreiber weiter. Wenn eine Schuld bereits mehrfach weiterverkauft wurde, sinkt der Preis beträchtlich, denn die Wahrscheinlichkeit, den vollen Betrag zu erhalten, wird immer geringer. Um zu beweisen, dass Aktivisten mit Leichtigkeit Schuldtitel in großem Umfang erwerben können, startete ich einen Versuch. Ich eröffnete ein Konto auf einem Markt, wo mit Schuldtiteln gehandelt wurde, und sah, dass ein Betrag von 2528 Dollar, den jemand in Klawock in Alaska einer Kreditkartenfirma schuldete, für magere 110 Dollar zu haben war. Auf der Webseite wurden auch Schulden für medizinische Behandlung und Autokauf angeboten. Ich rief den Markt an und sprach per Telefon mit einem Schuldenverkäufer. Als ich kaufen wollte, stieß ich jedoch auf eine Hürde: Der Markt handelte nur mit jemandem, der Anwalt oder Mitglied eines professionellen Schuldenkaufverbandes war. Die Mitgliedschaft in einem der genannten Verbände kostete mehrere hundert Dollar, und einen Anwalt kannte ich nicht. Die Sache hatte Potential, das verbreitete ich überall, aber zwei Jahre lang passierte nichts. Doch ich gab nicht auf und fuhr fort, die Taktik unter Aktivisten und Verbündeten zu propagieren.

Dann – einen Monat vor dem Start von Occupy – hatte ich endlich Glück. Ich schrieb an David Graeber, den Anarchisten und Anthropologen, dessen Buch *Schulden: die ersten 5000 Jahre* gerade Furore machte. Wir waren in Kontakt gekommen, weil ich ihn um einen Beitrag für *Adbusters* gebeten hatte, und er auch beim Organisieren von Occupy in New York half. Am 25. August 2011 teilte ich ihm mit: »Die Grundidee: Wir wollen eine Organisation gründen, die als ›Schuldeneintreiber‹ auftritt, Schulden aufkauft und diese dann erlässt … Im Netz gibt es Märkte, wo Schuldtitel aller Art (darunter Arztrechnungen) für Pennies pro Dollar erworben werden können.« David antwortete rasch, lobte die Idee als »recht bemerkenswert« und versprach, sie zu verbreiten. Er hielt sein Versprechen. Etwa um die Zeit der Massenfestnahmen auf der Brooklyn Bridge erhielt ich eine E-Mail von Thomas Gokey, einem Künstler und Schuldenaktivisten, in der es hieß: »Ich habe von der Idee gehört, dass du eine Agentur für Schuldenaufkauf gründen willst, die Banken faule Kredite für Pennies pro Dollar abkauft und dann erlässt. Das klingt nach einer tollen Idee, und ich will helfen, so gut ich kann.« Als Thomas und ich dann miteinander telefonierten, erklärte ich ihm, die größte Hürde sei, einen Anwalt zu finden, der uns helfen könnte, Schuldtitel auf dem Markt zu erwerben. Thomas versprach, sich der Sache anzunehmen. Nach ein paar Tagen teilte er mir mit, er habe eine Annonce ins Internet gesetzt, dass er Anwälte suche, die sich als Aktivisten beim Schuldenerlass einbringen wollten. Ein paar positive Rückfragen seien bereits eingegangen. Seine elegante Lösung beeindruckte mich. Da Occupy all meine Aufmerksamkeit erforderte, entschied ich, die Angelegenheit Schuldenerlass Thomas zu übergeben. (Als der mich später fragte, wie ich in seinem Artikel in der *New York Times* über Rolling Jubilee gewürdigt werden wollte, antwortete ich: »Ich möchte erwähnt haben, dass ich erstmals in einem Blogeintrag für *Adbusters* über die Idee geschrieben habe; klar muss aber sein, dass du sie zum Leben erweckt hast.«) Ich hatte die Aktion Schuldenerlass zunächst Blackspot Debt Collection Agency getauft, später aber den Namen Occupy Debt vorgeschlagen. Thomas nannte das Ganze zunächst Debt Fairy (Schuldenfee). Ein Jahr später schloss sich Thomas mit David Graeber, Astra Taylor und anderen zu Strike Debt (Weg mit den Schulden) zusammen, einer Splittergruppe von Occupy Wall Street, die meine innovative Taktik schließlich Rolling Jubilee taufte.

Um den Ankauf von Schuldtiteln zu finanzieren, organisierte Rolling Jubilee zum ersten Jahrestag der Vertreibung von Occupy aus dem Zuccotti-Park einen Spendenmarathon unter Prominenten. Die Aktion hatte zum Ziel, 50 000 Dollar zu sammeln, die gebraucht wurden, um offene Schulden für medizinische Behandlung in Höhe von einer Million Dollar zu erwerben und zu erlassen. Am 15. November 2012 vergaß die Occupy-Bewegung drei Stunden lang ihre Vertreibung und genoss noch einmal das Gefühl der magischen Chance, an dem Spendenmarathon der Prominenten via Livestream beteiligt zu sein. Chiara und ich verfolgten den Verlauf aus Berkeley mit angehaltenem Atem. An diesem Tag sammelte Rolling Jubilee über 435 000 Dollar ein. Seit dem Start der Aktion vor zwei Jahren waren damit 701 317 Dollar zusammengekommen, wofür erstaunliche 14 734 569 Dollar Schulden für medizinische Behandlung erlassen werden konnten. Der Erfolg dieses Spendenmarathons machte mich überglücklich.

An der Geschichte von Rolling Jubilee ist bedeutsam, was sie Aktivisten über das Zusammenspiel der vier Revolutionstheorien lehrt. Die Taktik des Schuldenerlasses ist ihrem Wesen nach subjektivistisch. Sie hat das Ziel, die Sicht der Menschen auf Schulden zu verändern. Ich wollte ein Erwachen auslösen, das uns Schulden, die uns psychisch niederdrücken, plötzlich leicht und bedeutungslos empfinden lässt. Der Erlass der Schulden war eine Möglichkeit, diesen Umschwung im Denken zu befördern. Erreicht wurde die neue Sicht, indem wir demonstrierten, dass Schulden im Grunde nur einen Bruchteil des Nominalbetrags wert sind, dass wohlwollende Kräfte sie erwerben und aufheben können.

Die Aktion bestätigt auch den Strukturalismus. Rolling Jubilee wäre ohne Occupy Wall Street nicht denkbar gewesen. Zwei Jahre lang, von Februar 2009 bis Oktober 2011, als Thomas dazukam, hatte ich dafür geworben, ohne etwas zu erreichen. Die Idee war gut, aber außerhalb meiner Kontrolle wollte sie nicht wachsen. Und wenn Occupy nicht aus dem Zuccotti-Park vertrieben worden und dem Niedergang geweiht gewesen wäre, dann hätte Rolling Jubilee wohl kaum so gewaltigen Zuspruch erhalten, wie es 2012 geschah. Sicher hätten nicht so viele begabte Aktivisten freiwillig ihre Zeit geopfert, um Strike Debt beim Organisieren des Spendenmarathons zu helfen. Wir Occupyer dockten bei Rolling Jubilee an, weil wir etwas Positives und Konkretes tun wollten.

Auf einer anderen Ebene ist Rolling Jubilee auch als theurgisch anzusehen. Der Spendenmarathon schuf einen Raum, in dem ein Wunder geschehen konnte. Und es geschah tatsächlich:

An einem einzigen Abend wurde eine halbe Million Dollar gesammelt.

Aus voluntaristischer Sicht war die Taktik des Schuldenerlasses allerdings zu kompliziert, um überall reproduziert zu werden. Für einen Erfolg der Aktion brauchte man enorm viel Zeit, Spezialkenntnisse und Energie. Sie fand Aufmerksamkeit in den Medien, wurde aber am Ende wieder aufgegeben. Ich vermute, Rolling Jubilee wirkte zu brav, als es sich auf den Erlass von Schulden für medizinische Behandlung beschränkte – eine Art Schulden, die jeder verdammen kann –, es aber vermied, Kreditkartenschulden zu erlassen. Dazu haben sicher die Anwälte geraten. Ich frage mich, was passiert wäre, hätte man anstelle von Arztrechnungen die von Kreditkartenfirmen auf null gestellt. Für mich gibt es keinen Zweifel, dass das Kampagnenpotential immer noch besteht. Ich setze darauf, dass die Taktik des Schuldenerlasses durch neue Ideen modifiziert werden wird und alle unsere Erwartungen übertrifft. Es wird die Zeit kommen, da der Schuldenerlass zum Standardrepertoire der sozialen Bewegungen gehört.

STRATEGISCHE ERKENNTNIS

Taktische Neuerungen können von der Theorie bis zur Ausführung Jahre brauchen. Es genügt nicht, eine gute Idee zu haben. Nötig ist der richtige historische Moment. Häufig muss eine frische Taktik auch weggegeben werden, damit sie zum Leben erwacht. Das Projekt Schuldenerlass hat sein volles Potential noch nicht erreicht. Nach wie vor träume ich von der nächsten Wendung, die von einer überraschenden Seite kommt. Sie wird Schuldenaufkauf und -erlass zu einem Instrument weiterentwickeln, mit dem Schulden in Milliardenhöhe gelöscht werden.

Occupy

Die Geschichte von Occupy Wall Street kann auf vielfältige Weise erzählt werden. Einige Autoren haben die Aktivisten, ihren Charakter und ihre Eigenarten in den Mittelpunkt gestellt und in intimen Porträts aus persönlicher Sicht berichtet. Andere haben Tweets, die Zusammensetzung der Teilnehmer und Webseiten analysiert. Dritte haben anonyme Beteiligte zu Dutzenden interviewt und genügend Einzelheiten gesammelt, um ihre Leser in die Zeit der bedeutsamen Ereignisse mitzunehmen, die für den Gang der Kampagne entscheidend waren. Es gibt Geschichten von Journalisten, die für eine breite Leserschaft geschrieben wurden, und solche von Wissenschaftlern für Studenten, die sich für soziale Veränderung interessieren ... Dies ist meine Geschichte. Ich schreibe sie für die Revolutionäre dort draußen in der Hoffnung, ihnen ein wenig Wissen darüber zu vermitteln, wie Menschen diesen Sturm entfesselt haben, damit er wieder losbricht, und zwar richtig.

Die erste Lehre von Occupy: Die nächste große soziale Bewegung bleibt bis zum letzten Moment vor dem Ausbruch stets unsichtbar. In den ersten Monaten, von dem Punkt an, da Kalle Lasn und ich im Juni 2011 das Mem von Occupy Wall Street zusammenbrauten, bis wenige Tage vor der Gründung des Lagers im Zuccotti-Park am 17. September wurde unsere Bewegung von den Medien komplett ignoriert. Diejenigen der Unternehmerseite wie auch die Progressiven nahmen uns entweder nicht wahr oder fanden Gründe, uns links liegen zu lassen. Noch wenige Tage bevor das Lager in New York aufgeschlagen wurde, sagte mir der Reporter einer linken Rundfunkstation in Kalifornien, der Sender habe nicht die Absicht, über Occupy Wall Street zu berichten, die geplante Aktion sei ihm »zu amorph und unstrukturiert«. Dies sollte sich als eine exakte Beschreibung des Occupy-Aufstandes erweisen: ein geistiger Aufstand, der es weit brachte, weil er alle gewohnten Annahmen über den Haufen warf, wie die nächste globale Bewegung aussehen sollte.

Occupy Wall Street war die erste praktische Demonstration einer neuen Art von internetfähigem Volkskrieg, der mit anderen militärischen Phänomenen wie der Kampftaktik der griechischen Hopliten, Maos Theorien vom langanhaltenden Partisanenkrieg, Gandhis gewaltlosem Widerstand oder der Blockadetaktik der Antiglobalisierungsbewegung, die 1999 Seattle lahmlegte, in eine Reihe gestellt werden kann. Occupy zeigte, wie wirkungsvoll die Verwendung ansteckender sozialer Memen sein kann, um eine neue Taktik direkt an das Volk zu bringen.

Occupy mag ein konstruktiver Fehlschlag gewesen sein, doch der Einsatz von Memen, die taktische Innovation, die hinter dem überraschenden Wachstum der Bewegung stand, war ein Erfolg. Das Protest-Mem, das Millionen empfingen, war Kalles und meinem Kopf entsprungen. Mit unserem Mem zerrten wir die Ungleichheit der Einkommen ins Scheinwerferlicht und veränderten damit die Sicht zahlloser Menschen, auch solcher, die sich nicht unseren Lagern anschlossen. Der Name der Bewegung symbolisierte ihre Taktik (Versammlungen in Bankenvierteln), ihren Verbreitungsweg und Kommunikationskanal (ursprünglich nannte sich die Bewegung #OCCUPYWALL-STREET, um Interessenten auf die Verbindung via Twitter-Hashtag aufmerksam zu machen). Als Occupy Wall Street sich in Lower Manhattan festgesetzt hatte, fasste die Aktion auch in London, Los Angeles, Vancouver und tausend weiteren Städten Fuß, denn die taktische Formel wurde überall zur selben Zeit bekannt. Blockupy in Deutschland – der Name ist ein Neologismus aus Blockade und Occupy – führte das Experiment weiter, indem es seine Taktik in das Mem einbrachte. In den nächsten Jahren und Jahrzehnten werden wir noch wirkungsvollere Memen erleben, im Vergleich zu denen sich Hashtags wie Wasserpistolen ausnehmen werden.

Wenn sich eine neuartige Idee von unten nach oben und in der ganzen Welt ausbreiten soll, dann muss sie durchschnittliche Menschen in ihren Bann ziehen. Memen nisten sich in Köpfen ein, wenn sie ein Gefühl der Befreiung verbreiten. Eine globale Bewegung wächst dann, wenn ein Mem sich über die Demographie hinwegsetzt und nicht nur auf einen Sektor der Gesellschaft wie die Jugend oder ethnische Minderheiten beschränkt bleibt. So wie Ärzte Mutationen von Grippeviren fürchten, die aus der Ansteckung von einer Art Lebewesen zur anderen herrühren, so haben auch Politiker zu Recht eine soziale Bewegung zu fürchten, die bisher einander ferne Segmente der Gesellschaft zusammenführt.

Occupy war ein Erfolg in dem Sinne, dass es in der Tat ein *Event* im philosophischen Sinne des Wortes darstellte – einen Bruch, dessen Ursprung über eine fassbare materielle oder historische Ursache hinausgeht. Ja, der Sommer 2011 war reif aus einer Reihe von soziologischen Gründen: die Einkommensunterschiede auf Rekordhöhe, eine weltweit sprunghaft anwachsende Jugendarbeitslosigkeit, steigende Nahrungsmittelpreise, eine Abkühlung des Konsumrauschs. Aber aus einer anderen Sicht ist die Zeit immer reif und war immer reif dafür, dass das Volk aufsteht und mehr Freiheit fordert. Rechnerische, wissenschaftliche, soziologische, historische und materialistische Erklärungen dafür, weshalb 1848 überall in Europa Revolutionen ausbrachen oder es im Mai 1968 zu der Revolte von Paris kam, sind interessant, aber sie sind nicht die einzige Wahrheit und nicht die Antwort auf alle Fragen.

Die Revolution beginnt, wenn die Menschen keine Angst mehr haben. Die Verschmelzung des Aufstandes auf dem Tahrir-Platz mit den demokratischen Lagern der *indignados*, auf die sich die Bewegung in Spanien stützte, zu der *einen* machtvollen Idee – »Let's Occupy Wall Street« – war ein Wunder, denn sie vertrieb die Angst. Plötzlich war da die Gewissheit, dass diese Protestbewegung anders sein würde – nicht nur symbolisch. Die Menschen waren sich sicher: Andere hatten Mubarak gestürzt; nun würden sie die Wall Street stürzen. Für einen Moment glaubten wir fest an unsere Volksmacht.

Es war dieses Gefühl der uns innewohnenden Stärke, das uns allen die Energie verlieh, aus alten Protestgewohnheiten auszubrechen. Bei *Adbusters* haben wir unser Plakat mit der Ballerina auf dem Bullen nicht an Fokusgruppen getestet und unsere taktischen Briefings auch nicht durch A/B-Tests erprobt. Wir schalteten keine Annoncen, um für unsere Aktion zu werben, und gewannen auch keine Prominenten zur Unterstützung unseres Protests. Wir schmiedeten kein Bündnis. Klicktivismus lehnten wir ab. Wir suchten keine Unterstützung bei Gewerkschaften oder großen, institutionalisierten Aktivistengruppen. Damit blieben all die üblichen Verdächtigen, die sonst schnell dabei waren, einen Protest zu vereinnahmen oder umzulenken, zunächst weg. Ein Zuccotti-Gründer erläuterte mir, dass bei den ersten Planungsgesprächen nur ganz treue Mitkämpfer auftauchten. Andere, die viele Aktionen zum Entgleisen bringen – Sektierer, *agents provocateurs*, von den Konzernen Eingeschleuste und Aktivisten, die an den eingefahrenen Praktiken festhalten –, fehlten, weil sie meinten, die Aktion werde sowieso ein Flop. Protestaktionen, die schließlich in einer sozialen Bewegung münden, durchbrechen immer den bisher gewohnten Rahmen.

Als die Konzernleute und Sektierer dann auftauchten, die Aktion schon zwei Wochen lang lief und Hunderte friedlicher Protestierer auf der Brooklyn Bridge verhaftet wurden, verfügten sie nicht über das Sozialkapital, um unseren Schwung noch zu bremsen.

Adbusters ließ der Bewegung ihren Lauf und vertraute darauf, dass jene, die das Potential des Mems erkannt hatten, auch die Aktion ausführen sollten. Weder Kalle noch ich sind je im Zuccotti-Park gewesen. Ich blieb in Kalifornien und half mit, den jeweils ersten Tag von Occupy San Francisco und Occupy Berkeley zu organisieren. Sobald die Lager standen, zog ich mich zurück. Wir überließen das Konkrete den Aktivisten vor Ort und vermieden es, dass *Adbusters* und Occupy Wall Street zu Synonymen wurden. Den Gang der Dinge sollte der unbändige Wille der Menschen bestimmen, der seit Jahrtausenden die Freiheitskämpfe prägt. Mit unserem Mem hatten wir ihre Kreativität geweckt, die immaterielle Kraft, welche die Gesellschaft belebt.

Occupy entfachte Leidenschaft in den Menschen, weil die Aktion ihnen einen Grund und eine hervorragende Gelegenheit lieferte, Widerstand zu leisten. Sie verkörperte sowohl eine instinktive Reaktion – *Besetzen!* – als auch den kollektiven Willen zu dem positiven Leben, das wir uns vorstellten, der kollektiven Anklage von Demokratien überall in der Welt, die sich einer Klasse verkommener Finanziers unterworfen hatten. Occupy verbreitete sich so rasch, weil das Engagement in dieser Bewegung einem ein Gefühl der Furchtlosigkeit gab und die Menschen glaubten, die Bewegung sei das Risiko wert, festgenommen zu werden.

Doch in dem Augenblick, da wir uns zu sehr daran klammerten, konkrete Räume zu besetzen, begannen die Occupyer die heraufziehende größere Vision aus dem Auge zu verlieren: die künftige führerlose Weltrevolution.

Occupy war für den Aktivismus ein Neustart, weil es die Kraft der Führerlosigkeit praktisch demonstrierte. Solche Momente sind selten. In den Jahren 2011/12 sind wir nicht weit genug gegangen, und es ist uns letztlich nicht gelungen, die nötigen

Strukturen aufzubauen, um uns mit dem führerlosen Vorgehen der komplexen Herausforderung zu stellen, Wahlen zu gewinnen und Städte zu regieren. Doch wir entdeckten für uns selbst, dass Demokratie des Volkes, internetfähiger, partizipatorischer Populismus einen Ausweg aus dem politischen Dilemma des 20. Jahrhunderts bietet. Die egozentrische, individualistische Politik wurde beiseitegeschoben und musste einer neuen, konsensbasierten Führerlosigkeit Platz machen, deren erstes Aufscheinen die Welt in der Antiglobalisierungsbewegung hatte beobachten können. Das Modell: viele charismatische Menschen, aber kein Führer.

Die revolutionäre politische Theorie zur Linken wie zur Rechten steckt seit Jahrzehnten in einer Sackgasse. Mit dem fast erreichten Sieg und späteren totalen Zusammenbruch des Faschismus in Italien, Deutschland, Japan und Spanien zog die Rechte eine Lehre, welche die Linke mit dem Sturz des Staatssozialismus eines Lenin, Stalin, Ceaușescu und anderer wiederholen sollte. Das 20. Jahrhundert war geprägt von der rätselhaften Obsession für einen Führer, welche die Menschen befiel. Über das ganze politische Spektrum hinweg setzten sie all ihre Erwartungen in eine einzige machtvolle, lebende Vaterfigur. Sie statteten ihn mit Allmacht aus und beteten um seine Gnade. Das Ergebnis? Holocausts, Hungersnöte und Todeslager auf beiden Seiten. Und der endgültige Beweis, den die Menschheit brauchte, dass absolute Macht absolut korrumpiert (sogar die Guten).

Als sie sahen, dass wir, das Volk, unseren Glauben niemals wieder in den Willen eines einzelnen Menschen setzen dürfen, verloren viele Aktivisten auch alles Vertrauen in das revolutionäre Projekt als solches. Nach dem Scheitern der Revolte vom Mai 1968, die von Paris aus die Welt ergriffen hatte, dekonstruierten die postmodernistischen Philosophen den Wunsch nach großen humanistischen Befreiungserzählungen als eine kognitive Illusion, und wir ließen uns davon fortreißen. Die revolutionäre Theorie stagnierte bis zum Vorbeben der Antiglobalisierungsbewegung 1999 und den Volkserhebungen von 2011.

Da autoritärer Kommunismus und Faschismus nicht funktionieren – starke Führer wenden sich immer wieder gegen das Volk, das zu vertreten sie versprochen haben – können wir nicht zu den Lösungen von gestern zurückkehren. Was also tun?

Ich glaube nicht, dass die Welt ohne die Volksversammlungen von 2011 die Lösung gesehen hätte.

Horizontalismus

Eine führerlose Revolution, die von den Zuccottis in den ersten magischen Wochen so wunderbar praktiziert wurde, macht die Memen zu Führern und versammelt die Menschen um eine freiwillig geteilte Vision. Die Gefahr des Despotismus verflüchtigt sich, und wenn Horizontalismus gut praktiziert wird, dann gelangen die besten Ideen mühelos nach oben. Zugleich bringt die natürliche Autonomie des Horizontalismus, der durch kleine, selbständige Gruppen von Gleichgesinnten getragen wird, den ständigen Drang nach Erneuerung hervor. Diese Selbstüberwindung ist die Triebkraft unseres Vorankommens. Sie verleiht uns die Fähigkeit, steile Kurven zu nehmen wie ein Vogelschwarm, so zu agieren, dass der Feind verwirrt wird, wenn die Dinge rasch und doch auf gewundenen Wegen der Vision des Volkes zustreben. Wir haben erlebt, wie unberechenbar Occupy wurde, als die Bewegung mit dem wachsenden Einfluss von Gruppen in Oakland und längs der Westküste immer wieder dramatisch die Richtung wechselte. In Momenten, da die Horizontalen unserer Bewegung am stärksten wirken, kann sich eine Art politisches Schwindelgefühl einstellen, der Eindruck, als Einzelner, Gründer oder Verantwortlicher den Gang der Ereignisse nicht mehr unter Kontrolle zu haben. Dann könnten wir versucht sein, uns auf die bekannten Sicherheiten der alten Welt mit ihren Vertikalen und Sprachrohren zurückzuziehen. Aber es führt kein anderer Weg vorwärts als die politische Auseinandersetzung unter Gleichen, denn die Alternative mag zwar beruhigend sein, funktioniert aber nicht mehr.

Vertikale Strukturen – der Chefmanager der Firma, der über einer Pyramide von Untergebenen thront, sind für das Tempo, mit dem sich unsere Welt verändert, nicht flexibel genug. Sie ersticken Neuerungen, denn das Ego der Person an der Spitze wiegt schwerer als der vernetzte Wille des Kollektivs zum Gelingen der Sache, gleich, wer den guten Einfall hatte. Zu David Graebers grundsätzlichsten Kritikpunkten am Kapitalismus gehört, er sei schon deswegen ein Flop, weil er nicht die großen Sprünge erreicht, die er verspricht. Graeber nennt dies das Paradoxon vom fliegenden Auto. Wie kommt es, dass fortgeschrittene Länder seit Mitte des 20. Jahrhunderts jahrzehntelang fliegende Autos schon in der nahen Zukunft ankündigen? Doch es gibt sie nicht. Man könnte viele Zukunftsversprechen aufzählen, die nicht gehalten wurden: ein Mittel gegen Krebs, die Besiedlung des Mars oder Traktorstrahlen. Graeber fragt: »Wo sind … all die anderen technischen Wunder, von denen jedes Kind, das im mittleren bis späten 20. Jahrhundert aufwuchs, geglaubt hat, dass sie heute existieren?«[117] Graebers entscheidendes Argument läuft darauf hinaus, dass der Kapitalismus diese hochfliegenden Versprechen nicht erfüllen kann – nicht weil sie für Menschen unerreichbar wären, sondern weil er dafür sein hierarchisches Wesen ablegen müsste. Der Konzernkapitalismus ist unfähig, seine eigenen Träume zu verwirklichen, und der Alptraum wird schlimmer.

Wir haben eine Führungskrise auf den höchsten Ebenen der Zivilisation. Und sollte ein Großer Führer erscheinen und behaupten, er könnte den Klimawandel in den Griff bekommen oder die globale Wirtschaftskrise beenden, dann wissen wir von vornherein, dass er eine Geißel für uns alle sein wird. Um dieses Machtvakuum zu füllen, müssen wir eine horizontale globale Vision anbieten, die gut, heilsam und gerecht ist.

Anders als die Anarchisten des 20. Jahrhunderts, die sich unter der Losung der International Workers of the World »Keine Götter, keine Herren« zusammenschlossen, lautet unser Grundsatz: »Götter ja, aber keine Herren.« Wir streben die weltweite Vereinigung – mondialisation – zu einem Commonwealth freier Weltstädte an. Wir stehen für radikalen Pluralismus. Die Zeit des intoleranten Säkularismus ist vorbei. Die Zukunft heißt Kosmopolitismus. Als Occupy sich in der Welt ausbreitete, demonstrierte es damit, dass die Menschen global viel enger verbunden sind, als sie es in der Vergangenheit jemals waren. Und dies war die grundlegende Lehre von Occupy Wall Street: Die 99 Prozent stehen auf einer Seite.

Führerlosigkeit

Führerlosigkeit ist keine perfekte Lösung. Wenn sie funktionieren soll, muss sie umsichtig praktiziert werden. Von Inayat Khan, einem der ersten Lehrer des Sufismus im Westen, ist eine Anekdote überliefert, die wiedergibt, worum es bei Führerlosigkeit wirklich geht. Ein bettelnder Derwisch stand mitten auf einer Straße, als sich der König samt Gefolge näherte. Die Menschen zogen sich an den Straßenrand zurück, nur der Derwisch blieb stehen. Als Erste kamen die Ausrufer, die dem Zug vorauseilten. Sie rempelten den Derwisch an und befahlen, er möge zur Seite treten, gleich komme der König. Der Derwisch sagte nur lächelnd: »Darum«, und blieb auf der Straße stehen. Als Nächste gingen die Leibwächter. Sie versuchten, den Derwisch abzudrängen, und verlangten, er möge die Straße frei machen. Wieder lächelte der Derwisch, sagte: »Darum«, und ging nicht von der Straße. Die Höflinge, die dann folgten, warfen dem Derwisch nur böse Blicke zu und taten so, als sei er Luft für sie. Als der König näherkam, stand der Derwisch immer noch da. Der König bemerkte ihn sofort und grüßte ihn als Erster. Wieder lächelte der Derwisch und sagte: »Darum ist er, was er ist.«

Als Moral der Geschichte schreibt Khan, wie König und Derwisch miteinander umgehen, sei ein Beispiel für wahre Demokratie. Der König begegnet dem Derwisch von Gleich zu Gleich, ohne die Unterschiede zwischen ihnen zu übersehen. Um wahre Demokratie handelt es sich laut Khan, wenn ein Mensch wie der König denkt: Ich bin allen anderen gleich, es gibt niemanden, der *niedriger* steht als ich. Wohlgemerkt, er sagt nicht, es stehe niemand *höher* als er. Authentischer Horizontalismus unterscheidet sich von *vulgärem Horizontalismus*. Wer diesem anhängt, weigert sich anzuerkennen, dass jemand höher steht als er selbst. Damit zieht er andere zu sich herab statt zu sich herauf. »Wenn ein Mensch sagt: ›Niemand steht höher als ich‹, dann ist das nicht demokratisch«, schreibt Khan.[118] Dazu eine treffende Beobachtung von Marianne Williamson über unsere Bewegung: »Mir ist bei den Besetzern, mit denen ich gesprochen habe, aufgefallen, dass sie sich weniger dafür einsetzen, dass alle Menschen gleichermaßen in den Genuss wirtschaftlichen Wohlergehens kommen, sondern dass sie vielmehr von einer reflexhaften Kritik an allen, die bereits davon profitieren, angetrieben werden.«[119] Horizontale Führerlosigkeit bedeutet, nicht zu bestreiten, dass andere zu einer bestimmten Sache mehr wissen, geschickter oder erfahrener sein können als man selbst. Im Gegenteil, Occupy kam vor allem dort voran, wo die Spezialkenntnisse der Teilnehmer genutzt wurden. Die Stärke des wahren Horizontalismus liegt darin, anzuerkennen, dass unsere grundsätzlich gleiche Stellung und Menschlichkeit auf unserer Verschiedenartigkeit beruhen. Wenn wir die Behauptung, jemand stehe niedriger als wir, ablehnen, dann streben wir damit nach unserem höchsten und schönsten Selbst. Zugleich preisen wir, dass andere Menschen eine höhere Ebene der Weisheit und Selbstbeherrschung erreicht haben. Letztlich bedeutet wahrer Horizontalismus, zu erkennen, dass wir sind, wie wir immer sein wollten.

STRATEGISCHE ERKENNTNIS

Die besten Methoden des Protests sind noch nicht gefunden, weil sie unseren Erwartungen zuwiderlaufen, wie ein Protest aussehen soll. Es ist kein Zufall, dass nur relativ wenige Menschen das Potential von Occupy schon vor der zweiten Woche der Besetzung erkannten. Occupy hat demonstriert, wie effizient es ist, zur Ausbreitung eines ansteckenden Protests Memen einzusetzen. Zugleich hat die Bewegung ein Schlaglicht auf die Gefahren des Internets geworfen. In der Frühphase einer neuen Bewegung ist das Internet entscheidend. Doch mit der Zeit wirkt das Internet als Nachteil, denn die Proteste sehen online besser aus als im wirklichen Leben. Wenn die Leute von kläglichen Events schöne Bilder herumschicken können, dann ziehen sie nach und nach das Online-Erlebnis der wirklichen Beteiligung vor. So werden wir zu Zuschauern unserer eigenen Protestaktionen, und denen geht der Schwung verloren. Das Internet ist also ein zweischneidiges Schwert, eine Waffe, die wir nicht völlig unter Kontrolle haben und die schwierig effizient zu benutzen ist. Daher sollten Aktivisten bei der Benutzung sozialer Medien drei Regeln beachten: »Niemals auch nur die kleinste ungenaue Meldung senden, niemals eine Niederlage verschweigen und keinen Sieg übertreiben.«[120] Am Ende scheiterte Occupy Wall Street, weil die Bewegung zu einem Synonym ihrer eigenen Taktik geworden war. Als die Besetzung nicht mehr funktionierte, funktionierte auch die Bewegung nicht mehr. Soziale Bewegungen der Zukunft müssen fähig sein, sich durch einen häufigen Wechsel der Taktik der Lage anzupassen.

Ein weltumspannender Marsch

Am 11. September 2001 weckte mich mein Mitbewohner, nachdem das erste entführte Flugzeug in das World Trade Center gerast war. Zusammen mit den anderen schaute ich in der Eingangshalle unseres Wohnheims live über das Fernsehen zu, wie sich dieses entsetzliche Drama entfaltete. Ich erinnere mich, dass ich schreckliche Angst verspürte, es könnte weitere Anschläge geben. Zugleich durchfuhr mich die Erkenntnis, dieses gigantische Ereignis werde die Richtung der Weltgeschichte verändern. Mir schien, nun sei alles möglich. Ich hoffte, der 11. September werde zu einer neuen, friedlichen Weltordnung führen. Fieberhaft begann ich, dafür zu arbeiten, auch dann noch, als ich sah, wie sich bereits die dunklen Wolken des Krieges zusammenzogen.

In dem Versuch, den Krieg aufzuhalten, testeten Aktivisten die Theorie, wenn die ganze Welt mit einer einzigen unmissverständlichen Antikriegsbotschaft im gleichen Schritt aufmarschierte, dann wären unsere Führer gezwungen, uns zuzuhören.

Am 15. Februar 2003, drei Tage nachdem US-Außenminister Colin Powell in einer Rede vor dem UN-Sicherheitsrat den Plan eines präemptiven Krieges präsentiert hatte, arbeiteten Aktivisten weltweit zusammen, um an einem einzigen Tag den größten gleichzeitigen globalen Protest in der Menschheitsgeschichte auf die Beine zu stellen. Die Idee von »Massendemonstrationen gegen den Krieg in jeder Hauptstadt« war Aktivisten auf dem Europäischen Sozialforum in Florenz zwei Monate zuvor gekommen. Der erste Aufruf sollte die Teilnehmer um eine einfache Losung versammeln, welche die der Aktion zugrundeliegende Theorie gesellschaftlicher Veränderung transportierte: »Gemeinsam können wir diesen Krieg stoppen!« Mit anderen Worten, eine so massive Präsentation der weltweiten öffentlichen Meinung könnte den Krieg noch aufhalten. In 600 Städten fanden gleichzeitig Proteste statt. In Rom nahmen 3 Millionen Menschen teil, in London eine Million (die größte Demonstration, die die britische Hauptstadt je gesehen hatte), in Barcelona 1,3 Millionen, eine Million in Bagdad, 200 000 in San Francisco, 200 000 in Damaskus, 500 000 in Sydney und Melbourne. 100 000 gingen in Montreal bei heftigem Wind und Minus 30 Grad Celsius auf die Straße. Jeder Kontinent hatte an diesem Tag seine Antikriegsdemonstration.

Ich zog gemeinsam mit 100 000 Teilnehmern durch New York. Niemals werde ich das Gefühl vergessen, das mich an jenem Tag durchströmte, als die Welt in vielen Sprachen, aber mit einer Stimme ihr »Nein!« rief. Überall das gleiche Bild: Reiche demonstrierten neben Armen, Patrioten neben Pazifisten, Junge neben Alten. Ich war überzeugt, dass dieser Tag den Krieg stoppen konnte. Dafür stand ich mit meinen Körper ein. Als ich mich zusammen mit anderen auf die Straße setzte, um den Verkehr zu blockieren, wäre ich beinahe von einem Polizeipferd niedergetrampelt worden. Ein Huf landete auf meinem Hosenbein, ein anderer sauste wenige Zollbreit an meinem Kopf vorbei. Ich hatte Glück und blieb unverletzt.

Präsident Bush erklärte an diesem Abend vollmundig im Fernsehen, die Proteste seien ohne Bedeutung. »Wissen Sie, der Umfang der Proteste verlangt wohl eine Entscheidung. Das fehlte noch: nach der Meinung einer Fokusgruppe über Politik entscheiden!« Damit tat er diese vielen Menschen als eine kleine Wählergruppe ab, die zwar eine Meinung, aber keine Macht hat. Das war ein klarer Affront. Unsere Regierungen hörten nicht mehr auf die Öffentlichkeit. Einen Monat später begann der präemptive Krieg gegen Irak.

Der Misserfolg der weltweiten Demonstrationen war eine Niederlage für die Demokratie und ein vernichtender Schlag für den Glauben der Aktivisten, in globalen Aktionen vorgetragene Wünsche der Öffentlichkeit könnten respektiert werden.

Bushs Zurückweisung des größten weltumspannenden Protestmarsches der Geschichte wurde deshalb als traumatischer Schlag gegen den Aktivismus empfunden, weil sie unsere Grundthese untergrub, dass die Regierungen dem Willen der vielen nachkommen müssten. Die Aktivisten wussten nun, dass es nicht ausreichte, Nein zu sagen. Wir hatten keinen Plan, was wir tun wollten, wenn unsere gewählten Vertreter sich weigerten, unsere *eine* Forderung zu erfüllen. An jenem Abend gingen wir überglücklich nach Hause, weil es uns gelungen war, Millionen Menschen auf die Straßen zu bringen. Doch nach Präsident Bushs Fernsehauftritt waren wir am Boden zerstört und blieben zu Hause – bis zu Occupy Wall Street.

Wenn wir zurückschauen, dann fällt auf, dass die Antikriegsbewegung von Anfang an auf zwei wichtigen Voraussetzungen beruhte, die sich als falsch herausstellten. Erstens nahm sich die Bewegung vor, die Öffentlichkeit rational auf eine Antikriegshaltung einzuschwören. Die Aktivisten agierten so, als wüssten die Leute nicht, dass Krieg etwas Zerstörerisches, Negatives ist. Aber natürlich war das fast jedem klar. Was sie nicht wussten und was keiner wissen kann, bevor er es nicht selbst versucht hat – wie ein Krieg zu stoppen ist. Diese taktische Unsicherheit führte zu unserem zweiten Fehler. Wir vertrauten Massenorganisationen, die den nichthierarchischen Stil der Antiglobalisierungsbewegung, deren Schwung in den Monaten vor dem 15. Februar 2003 den Höhepunkt erreicht hatte, strikt ablehnten. Riesige Antikriegsdemonstrationen, angeführt von breiten Bündnissen verschiedener gemeinnütziger Nichtregierungsorganisationen, verhießen den Aktivisten die Sicherheit, dass sie nach einem Drehbuch abliefen, das wir in Fernsehdokumentationen aus den 1960er und 1970er Jahren unzählige Male bewundert hatten. Zu Unrecht nahmen wir an, dass eine Wiederholung dieser Taktik noch einmal funktionieren könnte. Schließlich wurde die Bewegung auch von älteren Aktivisten irregeleitet, die in Nostalgie über die Bewegung gegen den Vietnamkrieg schwelgten. Schon damals hatten sie in ihrer Strategie irrtümlich auf einen Massenaufstand gegen die angeblich bevorstehende Mobilmachung zum Militär gebaut, … die niemals kam.

Wie Occupy geriet auch die Antikriegsbewegung zu einem konstruktiven Fehlschlag. Wir hatten für eine einzige Forderung gekämpft, konnten den Irakkrieg aber trotzdem nicht verhindern. Doch bei dem Versuch erfanden wir eine neue Taktik, die weltweit synchrone Demonstration, und erprobten eine grundlegende Hypothese für gesellschaftliche Veränderung.

STRATEGISCHE ERKENNTNIS

Keine derartigen Märsche mehr. Eine gleichzeitige weltweite Demonstration für eine einzige Forderung zustande zu bringen ist eine beeindruckende logistische Leistung, die enorme Publizität erzeugt, aber keine wirksame Methode für gesellschaftliche Veränderung. Zwar ist es verlockend zu fragen, was passiert wäre, wenn die Protestierenden an jenem Abend nicht nach Hause gegangen wären, stattdessen ein Lager aufgeschlagen und dort ausgeharrt hätten, bis ihre Forderung erfüllt war. Doch ich nehme an, das Ergebnis wäre das gleiche gewesen. Tatsache ist, dass Regierungen heute nicht gehalten sind, auf ihre Bürger zu hören oder deren Demonstrationen zu respektieren.

Ein menschlicher Schutzschild

Zur selben Zeit, da Präsident Bush die Erdbevölkerung auf einen präemptiven Krieg gegen Irak einstimmte, wurde die Tätigkeit der Internationalen Solidaritätsbewegung (ISM) in Palästina unter Aktivisten als gangbarer Weg dafür gepriesen, wie einfache Menschen Frieden erzwingen können. Von der mutigen Gewaltlosigkeit der Organisation inspiriert, glaubten Aktivisten aus vielen Ländern, wenn sie nach Palästina gingen, um dort als menschliche Schutzschilde gegen die Israeli Defense Force (IDF) zu agieren, dann könnte die Besatzung ein Ende finden. Ich war 19 Jahre alt, als ich das Swarthmore College zeitweilig verließ und ins Westjordanland zog, um diese Theorie zu überprüfen.

Einen Monat vor Weihnachten 2002 war der Zugang nach Bethlehem von kniehohem Rasierklingendraht versperrt. Die israelischen Soldaten wussten nicht oder wollten mir nicht sagen, in welcher Richtung die Geburtskirche lag. Es war schwer, den zur Spirale gerollten Drahtverhau zu überwinden, und ich blieb mit meiner Hose hängen. Die sechs Mitglieder der Gruppe von Anti-Besatzungs-Aktivisten, die sich zufällig zusammengefunden hatten, waren außer mir alle Europäer. Wir lernten uns in einem Hostel von Ostjerusalem kennen, das der gewaltlosen palästinensischen Befreiungsbewegung Anhänger der direkten Aktion schickte. Wir waren allesamt erfahrene Aktivisten, die den Dingen auf den Grund gehen wollten. In ein paar Tagen sollten wir eine erste Einweisung erhalten. Danach wollte ich sechs Wochen lang in der Westbank bei der ISM arbeiten, einer von Palästinensern geführten Organisation, die internationale Friedensaktivisten aufforderte, sich dem gewaltfreien Kampf gegen die militärische Besatzung anzuschließen. Mein Besuch in Bethlehem war nach außen hin als Touristenfahrt zu dem Ort deklariert, an dem Jesus von Nazareth geboren wurde. Meine wahren Motive behielt ich für mich, denn eine Mitwirkung bei der ISM konnte ein Grund für die Ausweisung aus Israel sein. In Wirklichkeit kam ich nach Bethlehem, um die erste aufsehenerregende Friedensoperation der ISM zu würdigen.

Sechs Monate zuvor, im Mai 2002, hatte eine Gruppe ISM-Anhänger aus Zivilisten von mehreren Ländern, die für Pazifismus und Gewaltlosigkeit eintraten, den Belagerungsring des israelischen Militärs um die Geburtskirche durchbrochen und Essen und Trinken hineingebracht. Die Belagerung hatte im April nach einem missglückten Versuch des Militärs begonnen, in die Kirche einzudringen. Dutzende Palästinenser, die um ihr Leben fürchteten, hatten sich zu Jesu Geburtsort geflüchtet. Der Schritt der palästinensischen Aktivisten, an einem der heiligsten Orte der Christenheit politischen Schutz zu suchen, fand augenblicklich die Aufmerksamkeit der internationalen Medien. Mit Entsetzen sah die Welt, wie israelische Scharfschützen die Kirche unter Feuer nahmen. In der ersten Woche wurden sieben Palästinenser getötet und ein amerikanischer Mönch verwundet. Als sich die Situation nach 30 Tagen immer weiter zuspitzte, protestierten gläubige Christen überall auf der Welt aktiv gegen die Entweihung der Kirche. Doch dann wurde die ausweglose Lage unerwartet durch ISM-Aktivisten durchbrochen, die tapfer, ohne Waffen und ohne Schutz in die Kirche marschierten. Dennis B. Warner, ein amerikanischer Friedensaktivist, der an der kühnen Aktion teilnahm, schreibt darüber: »Das Vordringen zur Kirche begann, als drei ISM-Gruppen von insgesamt 23 Aktivisten sich dem Bauwerk aus verschiedenen Richtungen näherten. Sie gingen mit festem, schnellem Schritt über den Manger-Platz und erreichten die Tür, die bei ihrer Ankunft kurz geöffnet wurde. Die um die Kirche und auf dem Platz stationierten israelischen Truppen wurden von der Aktion überrascht und konnten die Aktivisten nicht aufhalten.«[121] Fünf Amerikaner, ein Däne, ein Schwede, ein Kanadier, ein Ire und ein britischer

Bürger erreichten die belagerte Kirche und weigerten sich, sie wieder zu verlassen, bevor die Belagerung nicht aufgehoben sei. Das war eine spektakuläre Demonstration gewaltloser direkter Aktion. Israels Regierung und Militär wurden von dieser neuen Taktik des Widerstands kalt erwischt.

Die Anwesenheit von Zivilisten aus anderen Ländern in der Kirche änderte das Kräfteverhältnis sofort. Das israelische Militär konnte keine tödlichen Mittel mehr einsetzen, ohne darauf Rücksicht zu nehmen, dass auch gewaltlose ausländische Bürger in Mitleidenschaft gezogen wurden. Sieben Tage nachdem die Friedensaktivisten die Geburtskirche betreten hatten, fand die Belagerung in Verhandlungen ein gewaltloses Ende. Das war ein Sieg für die Möglichkeit von Zivilpersonen, in geopolitische Vorgänge einzugreifen.

Die taktische Neuerung der ISM bestand darin, Aktivisten aus aller Welt an der von der Basis ausgehenden Intifada zu beteiligen. Die ISM wurden von Palästinensern geleitet, und die internationalen Teilnehmer fanden Aufnahme bei palästinensischen Familien in der Westbank und im Gazastreifen. Sechs Wochen lang lebte ich unter Palästinensern und nahm jeden Tag an ihrem gewaltlosen Kampf gegen die Besatzung teil. Als wir uns tiefer in die besetzten Gebiete vorwagten, koordinierte die ISM meine Bewegungen innerhalb der Westbank, zog Freiwillige für große Protestaktionen zusammen, stellte uns sichere Zufluchtsorte und Kontakte in den aufgesuchten Städten und Dörfern zur Verfügung. Huwaida Arraf, eine der Gründerinnen der Bewegung, legte uns bei der Einweisung dar, dass die Strategie der ISM für ein Ende der militärischen Besetzung palästinensischer Gebiete zwei Ziele verfolge. Erstens wolle sie die Anwesenheit von Zivilpersonen aus dem Ausland nutzen, um den gewaltlosen Widerstand, den zivilen Ungehorsam und die Proteste gegen die israelische Besatzung zu stärken. Das israe-

lische Militär gehe brutal gegen den palästinensischen Widerstand vor, setze exzessive Gewalt – Tränengas, Blendgranaten,
Gummigeschosse und Zwangsverhaftungen – ein, um die Proteste niederzuschlagen. Die ISM war der Meinung, dass das Militär sich bei Unterdrückungsmaßnahmen etwas zurückhalten
werde, wenn Ausländer anwesend seien. Zweitens sollten die Zivilpersonen aus dem Ausland die brutale Realität der Besatzung
erleben und nach ihrer Rückkehr über das Gesehene wahr-
heitsgetreu berichten. Durch diese Einbeziehung internationaler Aktivisten in den Befreiungskampf der Palästinenser testete
die ISM die Hypothese, dass eine »gewaltlose Friedenstruppe«
durch ihr direktes Eingreifen eine militärische Besetzung beenden könnte.

Nachdem wir uns an die Gewalt ringsum etwas gewöhnt hatten, bewegte sich meine Gruppe internationaler Aktivisten immer tiefer ins Westjordanland hinein. Alle zwei Wochen suchten
wir einen Ort mit noch mehr Gewalt auf. In der fünften Woche
befand ich mich in Tulkarm am nordwestlichen Rand der Westbank, wo es täglich zu militärischen Übergriffen der Israelis
kam. Die Stadt hatte etwa 50 000 Einwohner. Dazu kamen weitere 10 000 Menschen in einem nahegelegenen Flüchtlingslager.
Im Bus von Ostjerusalem fragten uns palästinensische Schul-
kinder, wohin wir wollten. Als ich Tulkarm nannte, ahmten sie
mit Gesten Maschinengewehrfeuer nach, womit sie uns über-
reden wollten, nicht dorthin zu fahren.

Obwohl Ramadan, der islamische Fastenmonat, begangen
wurde, gab es keine Ruhe vor Ausgangssperren, Tränengas und
täglichen Straßenkämpfen. Jeden Morgen wurden von schwerbewaffneten Jeeps aus ominöse Ansagen auf Hebräisch verkündet. Als Ausländer fühlten wir uns in den besetzten Gebieten
nicht an israelisches Militärrecht gebunden. Wir ignorierten die
Ausgangssperren und tauchten an Orten auf, wo man uns am

wenigsten erwartete. Im Unterschied zu den kleineren Palästinenserdörfern, wo ich bisher gewohnt hatte, war die Gewalt in Tulkarm zu heftig, als dass wir hätten direkt eingreifen können. Unsere Gruppe konnte lediglich als Augenzeugin von Gewaltanwendung auftreten und versuchen, durch sichtbare Anwesenheit deeskalierend zu wirken. Es bestand die reale Gefahr, von einer der beiden Seiten in dem Konflikt verletzt zu werden. Während wir uns in Tulkarm aufhielten, lebten außer uns nur Palästinenser in der Stadt. Meine Sicherheit hing vom guten Willen und der Freundlichkeit aller ab, mit denen ich in Berührung kam. Einmal wäre ich beinahe von palästinensischen Jugendlichen ernsthaft angegriffen worden, als sie erfuhren, dass ich Amerikaner sei. Da ihre wütenden Anklagen gegen die USA und Präsident Bush eskalierten, mussten meine Begleiter und ich uns in einer Grundschule in Sicherheit bringen. Inzwischen erläuterte ein palästinensischer Aktivist aus einem Nachbardorf, was es mit unserer Mission der Gewaltfreiheit und unserer Organisation auf sich hatte. Nun entstand der Eindruck, als entschuldige sich die ganze Stadt Tulkarm überschwänglich bei uns. Die Jugendlichen führten uns einen ganzen Tag lang herum und stellten damit klar, dass wir Freunde seien. Der Bäcker verkaufte uns Brot zum Vorzugspreis. Teenager schenkten uns kitschige Souvenirs. In Tulkarm kannte uns jetzt jeder und sorgte für unsere Sicherheit.

Während des Aufenthalts bei der ISM nahm ich an zahlreichen Aktionen des Widerstands gegen die Besatzung teil. Wegen meiner braunen Haut nahmen viele Soldaten an, ich sei Palästinenser und behandelten mich entsprechend respektlos. So erlebte ich den Alltag unter dem Militärregime in vollem Maße. Ich war bei gewaltlosen Protesten gegen die Trennungsmauer dabei, die das ganze Westjordanland durchschneidet. Ich unterstützte die Palästinenser bei der Olivenernte, wenn israelisches Militär versuchte, sie am Betreten ihrer Felder zu hindern. In Tulkarm missachtete ich die Sperrstunde und beobachtete heftigste Straßenkämpfe, bei denen ein Steine werfender Palästinenser von israelischen Soldaten erschossen wurde. Ich erlebte Maschinengewehrbeschuss. Mehrfach geriet ich auf Straßen in Tränengasattacken. Israelische Soldaten richteten ihre Waffen drohend auf mich. Ich sah Molotowcocktails explodieren und spürte die Hitze der Flammen auf meinem Gesicht. Ich habe Krankenwagen des Roten Halbmonds bei Nacht begleitet und dabei vieles gesehen, zum Beispiel einen Mann, dem ein Gummigeschoss den Kiefer zerschmettert hatte. Wenn ich daran denke, tut das nach über zehn Jahren immer noch weh.

Kurz bevor ich die Westbank verließ und ans Swarthmore College zurückkehrte, erlitt die ISM die ersten einer ganzen Reihe von Rückschlägen, die zentrale Grundlagen der Organisation untergruben. Am 22. November 2002 verwundete ein israelischer Scharfschütze die irische ISM-Aktivistin Caoimhe Butterly. Jetzt wurden ISM-Teilnehmer in rascher Folge bewusst ins Visier genommen. Rachel Corrie, ein amerikanisches ISM-Mitglied, die in Gaza als Freiwillige arbeitete, wurde am 16. März 2003, meinem 21. Geburtstag, von einem bewaffneten Bulldozer der Israel Defense Force getötet, als sie sich weigerte, ein palästinensisches Haus zu verlassen, welches von israelischem Militär niedergerissen wurde. Am 5. April schossen israelische Soldaten von einem Schützenpanzerwagen der IDF dem amerikanischen ISM-Aktivisten Brian Avery ins Gesicht. Keine Woche später wurde der britische ISM-Teilnehmer Thomas Hurndall von der IDF in den Kopf geschossen und starb wenig später. Bis zu diesem Zeitpunkt wurde allgemein davon ausgegangen, dass ISM-Mitglieder mit ihrem Körper Schutzschilde gegen das Besatzungsregime bilden konnten. Als jedoch die irische, amerikanische und britische Regierung auf die Verwundung und

Tötung ihrer Bürger nicht reagierten und auch die Stimmung der Weltöffentlichkeit sich nicht gegen Israel wendete, brach die taktische Ausgangsbasis der ISM zusammen. Internationale Aktivisten waren nicht mehr geschützt. Mit dem zunehmenden Risiko ging die Mitgliedschaft der ISM rasch zurück. Huwaida Arraf dachte sich weiter Aktionen gewaltlosen Widerstands aus, versuchte die Blockade des Gazastreifens mit einer internationalen Flotille zu durchbrechen oder organisierte eine Freiheitsfahrt, um die Segregation in den öffentlichen Bussen Israels zu beenden. Als jedoch ein israelisches Kommando 2010 zehn Aktivisten auf der *Mavi Marmara* tötete, einem türkischen Schiff, das die Blockade von Gaza zu durchbrechen versuchte, zeigte sich ohne jeden Zweifel, dass auch Zivilpersonen, die gewaltfrei protestierten, nicht mehr von Gewalt ausgenommen wurden. Zwar brachen auch weiterhin Flotillen auf, leisteten internationale Aktivisten den Palästinensern in ihrem Kampf gegen die Besatzung Hilfe, aber die Taktik der menschlichen Schutzschilde war endgültig gescheitert.

STRATEGISCHE ERKENNTNIS

Das Gefühl der Solidarität ist mächtig und kann als Grundlage für eine wirksame Bewegung dienen. Menschen begeben sich in Gefahr, um die Sache von Benachteiligten zu unterstützen, wenn sie diese als gerecht ansehen. Zivilpersonen aus dem Ausland können in Geopolitik eingreifen, wenn sie in Kriegsgebiete reisen, um sich dort auf überraschende, unkonventionelle Weise einzumischen. Bei der Taktik des menschlichen Schutzschildes verließ man sich jedoch zu sehr auf das Tabu gegen die Tötung gewaltfrei auftretender ausländischer Bürger. Als das Tabu gebrochen war, versagte diese Taktik, und die Bewegung schwand dahin.

»Der Kampf um die politische Macht (ist) der Agent
des geschichtlichen Fortschritts, das heißt der Kampf
um die Kontrolle der Zwangsorganisation, um Polizei,
um Justiz, um Armee, um Bürokratie und Außenpolitik.«

Franz Neumann, politischer Philosoph, 1967

DIE FERNE VERGANGENHEIT
DER REBELLION

Die Menschheit ist von einer ewigen Kraft beseelt, die nach mehr
Freiheit, Entwicklung und Selbstverwirklichung strebt. Diese
Kraft nenne ich den Geist. In der Geschichte waren dem menschlichen Geist zumeist durch den Status quo Grenzen gesetzt.
Wenn Aktivisten zuweilen eine neue Art und Weise einfällt, ihren Kampf zu führen, dann wird der Status quo – zum Guten
oder Schlechten – auf den Kopf gestellt. Bei meiner Meditation
über die Revolution neige ich zunehmend zu einer Erklärung des
Geschehens in solchen stürmischen Zeiten, die stark von den Begriffen Taktik und Geist bestimmt ist. Mir ist klargeworden, dass
die Rolle der Taktik darin besteht, den kollektiven Geist zu wecken, ein Vorgang, der ein politisches Wunder vollbringen kann.
Einer Bewegung strömen die Menschen zu, wenn plötzlich in
Reichweite zu kommen scheint, was vorher als unmöglich galt.
Alle Protestaktionen, die man in zweitausend Jahren Revolution
finden kann, demonstrieren, dass der Geist der entscheidende
Faktor aller Aufstände war. Einfach gesagt: Die Menschen schließen sich der Bewegung an, der sie den Sieg zutrauen.

Wenn dieser gemeinsame Glaube an den Sieg sie erfasst, dann ist alles möglich. Letztlich kommt es also nicht so sehr darauf an, zu welcher Taktik Aktivisten greifen, sondern welche Emotionen diese auslöst. Vor allem zählt, dass eine Taktik den Beteiligten die Angst nimmt und für die Behörden neu und überraschend ist. Eine Taktik, die diese beiden Anforderungen erfüllt, gilt als verwegen. Sobald jedoch die Menschen von einer Taktik enttäuscht werden, scheitert sie. Ebenso, wenn die Behörden das Muster eines Protestrituals durchschauen. Zunächst verändert sich das Kräfteverhältnis zugunsten des Volkes, aber der Status quo ist zählebig. Eine Taktik wird nutzlos und verliert ihren Reiz, wenn man sie mehrfach anwendet.

Die Zukunft des Aktivismus hat bereits begonnen. Wer sich aber von den alten Paradigmen des Aktivismus blenden lässt, wird niemals eine Bewegung aufbauen können, der ein Aufbruch gelingt. Die nächste Taktik des Protests, die geeignet ist, den menschlichen Geist zu wecken und eine globale soziale Bewegung auszulösen, wartet darauf, gefunden zu werden. Man kann sie nur entdecken, wenn man in sich selbst hineinschaut und nie zweimal auf die gleiche Weise protestiert.

Geistertanz

»… Den Indianern vom Walker Lake in Nevada ist ein Prophet erschienen. … Er sagt, die Geister aller Paiute-Krieger, die in den letzten 500 Jahren gestorben sind, werden in ihrer früheren Gestalt auf die Erde zurückkehren.«[122] In dieser sensationellen Zeitungsmeldung aus dem Jahre 1889 wird zum ersten Mal Wovoka erwähnt, einer der größten theurgischen Aktivisten in der Geschichte der Neuzeit. Wovoka war ein Prophet, der den Geistertanz von 1890 initiierte, eine religiöse Protestbewegung, welche die Souveränität der USA bedrohte und das Ende des bewaffneten Widerstands der Ureinwohner markierte.

Wovokas Leben verlief unspektakulär bis zu dem schicksalhaften frühen Morgen des Neujahrstages von 1889. Wovoka, ein 33-jähriger Paiute-Indianer, schlug gerade Holz in der Wildnis von Nevada, als ein merkwürdiges Geräusch an sein Ohr drang. Er legte die Axt ab und ging ein paar Schritte, um nachzuschauen, da verlor er plötzlich das Bewusstsein. Als er am Boden lag, verdunkelte sich der Morgenhimmel und es kam zu einer seltenen totalen Sonnenfinsternis. Sie dauerte zwei Minuten und 17 Sekunden. Als Wovoka erwachte, berichtete er, dass er eine Große Offenbarung erlebt habe. Sein Geist sei zum Himmel aufgestiegen, wo ihm – direkt von Gott – eine Prophezeiung und eine neue Art des Protests übermittelt wurde.

Wovoka, der mit den christlichen Lehren vertraut war, erzählte seinen Stammesgenossen, Gott habe ihm im Himmel das Paradies gezeigt, wo »alle Menschen, die vor langer Zeit gestorben sind, ihren Vorlieben und Beschäftigungen von damals nachgehen, glücklich und ewig jung« seien. Gott habe Wovoka aufgetragen, zu seinem Volk zurückzukehren und ihm eine Reihe besonderer moralischer Weisungen zu erteilen: »Seid gut und liebevoll zueinander, streitet nicht und lebt in Frieden mit den Weißen … Arbeitet, lügt und stehlt nicht … Sagt euch von den alten kriegerischen Bräuchen los.« Gott lehrte Wovoka einen besonderen Tanz, den Geistertanz, und befahl ihm, diesen seinem Volk beizubringen. Wovoka wurde versichert, wenn die Indianer den Tanz vollführten, dann erlangten sie die Souveränität über den Westen des Landes zurück und »sähen ihre Freunde aus der anderen Welt wieder, wo es weder Tod, noch Krankheit oder Alter gibt«.[123] Zum Beweis der Echtheit der Vision verlieh Gott Wovoka die Kraft, das Wetter zu beeinflussen. Vierundzwanzig Stunden später hatte Wovoka eine zweite Vision, in der Gott ihn wissen ließ, der Geistertanz müsse alle drei Monate in fünf aufeinanderfolgenden Nächten getanzt werden.

Bald nach der Prophezeiung vollbrachte Wovoka mehrere Wetterwunder, welche die Menschen überzeugten. So ist zum Beispiel überliefert, dass es in dem Gebiet von Nevada, in dem Wovoka lebte, 1888 und 1889 schwere Dürren gab. Ein eingeborener Polizist im Reservat von Wovokas Stamm namens Josephus, der Wovokas Erzählungen nicht recht glaubte, beschloss, ihn auf die Probe zu stellen, indem er ihn bat, Regen herbeizurufen. Später berichtete Josephus, als er Wovoka um Hilfe bat, habe der schweigend dagesessen und sei dann schlafen gegangen, ohne ihm eine Antwort zu geben. Am nächsten Morgen habe Wovoka ihn früh geweckt und erklärt: »Du kannst jetzt nach Hause gehen. Am Morgen des dritten Tages wirst du und werdet ihr alle genug Regen haben.« Drei Tage später begann es tatsächlich zu regnen. Der Fluss trat über die Ufer. Diese Demonstration überzeugte Josephus und viele andere. Wovoka wurde als »neuer Messias« gefeiert.

Wovoka muss eine starke Präsenz gehabt haben. Einer, der ihn viele Jahre kannte, beschrieb ihn als »einen hoch gewachsenen, gut proportionierten Mann mit durchdringendem Blick, ebenmäßigen Zügen, einer tiefen Stimme und einem ruhigen, würdigen Gesichtsausdruck. Er hielt sich kerzengerade, sprach in gemessenem Tempo und fesselte allein durch seine Ausstrahlung jeden Zuhörer«.[124]

Wovokas Geistertanz war nicht der erste dieser Art, der die Menschen in seinen Bann schlug. Ein Prophet namens Wodziwob (der Grauhaarige) hatte bereits 1870 eine ähnliche Prophezeiung verkündet und ebenfalls einen Geistertanz initiiert. Über diese frühe Version ist wenig bekannt, doch es wird davon ausgegangen, dass Wovokas Vater, ein Mystiker, Wodziwob als Helfer diente und seinem Sohn davon erzählt hat. Belegt ist indessen, dass Wovoka zwei Jahre zuvor versucht hatte, eine Version des »Rundtanzes der Paiute« zu popularisieren, woraus aber nichts wurde.[125] Mit anderen Worten, Wovoka hat den Protesttanz nicht erfunden, sondern sein prophetischer Aufruf, ihn wiederzubeleben, kam 1890 zum richtigen Zeitpunkt, und prompt entstand daraus eine soziale Bewegung.

Wovokas Prophezeiung fiel in eine Zeit, da sich die Stämme der Ureinwohner von Trans-Mississippi West in einer existenziellen Krise befanden. Seit Jahrzehnten führten sie Krieg gegen die anhaltende Expansion der Vereinigten Staaten. 1889 mussten sie erkennen, dass sie den bewaffneten Kampf verloren hatten. Wovoka war Theurge und Revolutionär. Der Geistertanz war ein Protestritual, mit dem er die Fürbitte Gottes bei den Behörden erflehen wollte, den Stämmen ihre Souveränität zurückzugeben. Als die Kunde von Wovokas Großer Offenbarung sich verbreitete, machten sich im Jahr danach Abgesandte verschiedener Stämme auf, um den Messias zu sehen. Etwa 1600 Menschen von den Stämmen der Cheyenne, Lakota, Arapaho, Ute, Navajo, Shoshone und Bannock, die durch ihren drei Monate währenden Krieg gegen das US-Militär 1878 berühmt geworden waren, kamen im März 1891 bei Wovoka zusammen, um sich von ihm im Geistertanz unterweisen zu lassen.

Über den genauen Ablauf des Geistertanzes von 1890 liegen nur wenige Belege vor, doch gibt es einige Augenzeugenberichte von Zuschauern. Eine Frau beschreibt Wovokas Protestritual so: »In der Mitte des Kreises der Tänzer brannte ein großes Feuer, das viel Wärme und Licht spendete. Sie [die Teilnehmer] hielten sich bei den Händen und bewegten sich rund um das Feuer in einem schlurfenden Schritt seitwärts. Dabei sangen sie etwas zum Schlag von Tierhaut-Trommeln. Hin und wieder fiel ein Tänzer wie in Trance zu Boden; einige bewegten sich dabei, als tanzten sie liegend weiter.«[126]

Die mysteriösen Versammlungen und die Anzahl der Stämme, die dort zusammenkamen, alarmierten das US-Militär. Am

4. Dezember 1890 befragte der Militärermittler Arthur Chapman zum ersten Mal Wovoka. Der Prophet versicherte ihm, er sei gegen bewaffnete Auseinandersetzungen und wolle nur den Geistertanz verbreiten. Zugleich schrieb er sich enorme theurgische Kräfte zu. Er erklärte gegenüber Chapman, er habe »die Macht, diese Welt mit allen Menschen darin zu zerstören und neu zu erschaffen«.[127] Ein unheimlicher Anklang an die Worte des heiligen Paulus, »die Waffen unsres Kampfes sind … mächtig im Dienste Gottes, Festungen zu zerstören« (2. Korintherbrief 10:4).

Als die Lakota Sioux den Geistertanz übernahmen, wendete sich das Blatt. Sie waren einer der volkreichsten Stämme in der Region. Als leidenschaftliche und gefürchtete Kämpfer bekannt, hatten sie ihre Unabhängigkeit seit 1854 mit der Waffe in der Hand gegen die US-Regierung verteidigt. Um eine Ausbreitung der Bewegung zu verhindern, verboten Beamte in den Reservaten der Lakota Sioux den Geistertanz und versuchten, die Anführer festzunehmen. Im November bevollmächtigte US-Präsident Henry Harrison das Militär, »die nötigen Schritte zu unternehmen«, um das Ritual endgültig zu unterdrücken. Binnen zwei Wochen riegelte die Armee vier Reservate der Lakota-Sioux-Indianer ab. Diese größte Truppenkonzentration seit dem Bürgerkrieg brachte eine tödliche Konfrontation ins Rollen.[128]

Am 29. Dezember 1890 umzingelte eine Einheit des Siebenten US-Kavallerieregiments eine Gruppe Männer, Frauen und Kinder der Lakota Sioux nahe dem Flüsschen Wounded Knee in South Dakota. Als die Soldaten versuchten, den Männern die Waffen abzunehmen, kam es zu Rangeleien, die rasch eskalierten. Ein Medizinmann namens Yellow Bird (Gelber Vogel) begann den Geistertanz. Daraufhin eröffneten einige Soldaten das Feuer. Die Lakota Sioux ergriffen die Flucht, soviel ist sicher. Sie wurden mit Maschinengewehren gnadenlos niedergemäht. Am

Ende des Blutbads waren etwa 300 Menschen tot, darunter viele Frauen und Kinder.

Das Massaker am Wounded Knee setzte der Geistertanz-Bewegung ein Ende. Es erstickte den Glauben der Indianer, dass man mit diesem Protestritual etwas bewirken könnte. Es kündigte auch das Ende von 350 Jahren bewaffneten Widerstands der Urbevölkerung Amerikas an. Noch im selben Jahr erklärte das US Census Bureau,* dass die Lage in der Grenzregion geklärt sei.[129] »Die Grenze ist verschwunden, und mit ihrem Verschwinden ist der erste Abschnitt der amerikanischen Geschichte beendet«, schrieb der Historiker Frederick Jackson Turner 1893.[130]

STRATEGISCHE ERKENNTNIS

Der Geistertanz ist ein wichtiges Beispiel, über das Aktivisten nachdenken sollten. Es bestätigt die Bedeutung von Voluntarismus und Theurgie. Ein Protest muss die Staatsmacht nicht direkt herausfordern, um eine Bedrohung für sie darzustellen. Der Geistertanz wurde nicht in Hauptstädten, Stadtvierteln oder vor Regierungsgebäuden zelebriert. Das bedeutet, jede kollektive Geste, der die Beteiligten eine politische Wirkung zuschreiben, kann zu einer Protestaktion mit revolutionärem Potential werden. Das wurde 2012 demonstriert, als Aktivisten, die sich für die Rechte der Ureinwohner einsetzten, in Einkaufszentren Rundtanz-Flashmobs organisierten und dadurch die Bewegung Idle No More** zu einer Heraus-

---

* Die Bundesbehörde United States Census Bureau, offiziell Bureau of the Census (etwa Volkszählungsbehörde, kurz USCB) mit Sitz in Suitland, Maryland ist Teil des Handelsministeriums der Vereinigten Staaten. – Anm. d. Übers.
** Dt. etwa: »Bleibt nicht länger untätig!« Unter dieser Losung ursprünglich von vier Frauen aus der kanadischen Provinz Saskatchewan als Antwort auf Sammelgesetze

forderung für die kanadische Regierung anwachsen ließen. Der Protest verbreitete sich bald über die nationalen Grenzen hinaus und führte zu einem Wiederaufleben der Bewegungen der indigenen Völker. Dabei diente das Zelebrieren des Geistertanz-Rituals oder der Rundtänze von Idle No More als Mittel, um die Menschen zusammenzuführen und in eine furchtlose Stimmung zu versetzen. Hier ist das *kairos* entscheidend. Wovoka war nicht der erste, der einen Geistertanz initiierte, er tat das einfach zur rechten Zeit. Die Niederschlagung der Geistertanz-Bewegung mag in vergangener Zeit eine Ära bewaffneten Widerstands beendet haben, doch es gibt Anzeichen, dass indigene Gruppen in Zukunft erneut zu den Waffen greifen könnten, um ihre Gebiete zu verteidigen.

Aufruhr

Der spontane Aufruhr, der einer erfolgreichen Revolution am nächsten kam, ereignete sich im Jahre 532 in Konstantinopel, dem heutigen Istanbul. Bei dieser spektakulären Volkserhebung, die als Nika-Aufstand in die Geschichte eingegangen ist, wurde ein großer Teil der Hauptstadt niedergebrannt und ein neuer Kaiser vom Volk ausgerufen. Die Aufständischen hätten Kaiser Justinian I. beinahe in die Flucht geschlagen und das Byzantinische Reich gestürzt. In der Geschichte des Protests ist der Nika-Aufstand als Beispiel dafür von Bedeutung, dass es zu einer revolutionären Situation kommen kann, wenn das Volk alle gewohnten Muster sprengt.

Im Jahre 532, zweihundert Jahre nachdem Kaiser Konstantin die Hauptstadt des Römischen Reiches von Rom nach Konstan-

der kanadischen Regierung über massive Einschränkungen von indigenen Vertrags-und Landrechten sowie Umweltschutzbestimmungen Anfang November 2012 initiierte Basisbewegung. – Anm. d. Übers.

tinopel verlegt hatte, waren die Kampfwagenrennen im Hippodrom ein Höhepunkt im Alltag der Stadt. Dabei handelte es sich um ein blutiges Volksvergnügen, das von zwei miteinander wetteifernden Mannschaften oder Lagern dominiert wurde – den Blauen und den Grünen. Dazu kamen als kleinere Gruppen die Roten, die mit den Grünen verbündet waren, und die Weißen, welche die Blauen unterstützten. Die Historiker streiten darüber, ob die bei diesen Zirkusspielen miteinander wetteifernden Gruppen politischen Charakter trugen. Manche meinen, die Blauen und Grünen könnten mit den heutigen Fußball-Hooligans verglichen werden, und ihre Mannschaftstreue sei unpolitisch gewesen. Allerdings gerieten diese Gruppen öfter aneinander, wandten gegenseitig Gewalt an und attackierten auch Unbeteiligte. Aus dieser Sicht ähnelten sie Banden. Andere Historiker glauben, die Mannschaften und Gruppen hätten für unterschiedliche politische und theologische Richtungen gestanden. Die Grünen hätten den Landadel, die Blauen hingegen die Händler vertreten. In diesem Sinne sah man die Wagenrennen als Ausdruck eines Kulturkrieges an. Klar ist aber auch, dass jeder Kaiser eine Seite, meist die Grünen, der anderen vorzog und beide anstachelte, gegeneinander zu kämpfen, statt sich zu vereinen.

Die Wagenrennen dienten zur Unterhaltung des Volkes, hatten aber auch eine wichtige politische Funktion. Für den Kaiser gab es im Hippodrom eine besondere Loge, *kathisma* genannt, die durch einen bewachten Tunnel mit dem Palast verbunden war. Wenn das Volk seinen politischen Willen kundtun wollte, dann konnte es die Anwesenheit des Kaisers bei den Wagenrennen fordern und dort in Sprechchören seine Forderungen vorbringen. Dieses Verfahren wurde Zirkuspetition genannt. Man stelle sich den Lärm vor, wenn bis zu 250 000 Menschen im Chor riefen und der Kaiser zuhören musste. Der hatte die Wahl:

173

Er konnte entweder zustimmen, die Forderung ignorieren oder Soldaten schicken, um die Menge zum Schweigen zu bringen. Umgekehrt konnte auch der Kaiser das Volk in das Hippodrom rufen, indem er in der *kathisma* erschien. Dazu ein Wissenschaftler: »Das Hippodrom war der zentrale Punkt im Verhältnis von Kaiser und Volk.«[131] Im 1. Jahrhundert war es üblich gewesen, dass der römische Kaiser den Forderungen entsprach, die das Volk ihm bei den Rennen vortrug. Doch im 6. Jahrhundert hatte die Zirkuspetition viel an Wirkung verloren. Forderungen des Volkes während des Rennens wurden zunehmend ignoriert.[132] Die Entwertung der Zirkuspetition schuf die Grundlage für den Nika-Aufstand.

Als unmittelbarer Anlass des Aufstandes diente ein Ereignis, zu dem es am 10. Januar 532 kam. Sieben Anhänger der Blauen und der Grünen wurden festgenommen und des Mordes für schuldig befunden. Als man sie zur Hinrichtung führte, sammelte sich eine große Menschenmenge, die dagegen protestierte. Fünf waren bereits exekutiert, da passierte der seltene Zufall, der historische Entwicklungen auslösen kann: Das Schafott brach zusammen, die noch lebenden Zwei – ein Grüner und ein Blauer – wurden von der Menge gerettet und flüchteten sich in die nahegelegene St.-Laurentius-Kirche.

Hunderte von Jahren hatten Blaue und Grüne einander verachtet und erbittert bekämpft. Doch jetzt gab es für sie einen Grund, die Kräfte zu vereinen: Jede Seite wollte Freiheit für ihren Mann. Beim nächsten Wagenrennen drei Tage später bat die Menge den Kaiser lautstark, den beiden Männern die Freiheit zu schenken. Justinian lehnte die Petition ab. Zweiundzwanzig Rennen lang wurde die Forderung im Chor wiederholt. Justinian reagierte nicht. Als an diesem Tag nur noch zwei Rennen ausstanden, ertönte bei Grünen und Blauen unvermittelt der Ruf: »Es leben die barmherzigen Blauen und Grünen!« Dann folgte im Sprechchor: »Nika!« (Griechisch für »Siegen!«), der gemeinsam skandierte Anfeuerungsruf beider Seiten. Die Wahl von Nika als Parole für die spontane Bewegung kann auch eine taktische Entscheidung gewesen sein, denn so war das Griechisch sprechende Volk von den Latein sprechenden Soldaten zu unterscheiden, die man hätte ausschicken können, um die protestierende Menge zu infiltrieren. Jetzt aber schlugen beide Seiten gemeinsam los, rebellierten und steckten Konstantinopel in Brand. Kaiser Justinian floh durch die *kathisma* und verbarrikadierte sich im Palast.

Hier muss man wissen, dass Auseinandersetzungen zwischen den beiden Gruppierungen, Brandschatzungen eingeschlossen, häufig vorkamen. Deshalb hat man sie auch mit gewaltbereiten Hooligans verglichen. Der Historiker Alan Cameron, der die entscheidende Publikation über die Zirkusfraktionen verfasst hat, stellte fest, dass von solchen Ausschreitungen mit Brandstiftung aus den Jahren 491, 493, 498, 507, 532, 548, 560 und 571 berichtet wird.[133] Jene Vorkommnisse wiederholten sich also immer wieder. Cameron weist aber auch darauf hin, dass die typische Randale dieser Art keinen politischen Protest darstellte. Es war »ein Kampf *zwischen* den beiden Farben«.[134] Als die Gruppierungen sich jedoch zusammenschlossen, wurde die Sache ernst. Und doch war es nach wie vor kein politischer Protest.

Am 13. Januar setzten die Aufständischen abends die Residenz des Stadtpräfekten Eudaemon, der die sieben Männer zum Tode verurteilt hatte, in Brand und befreiten die beiden Überlebenden. Durch direkte Aktion hatte das Volk seine ursprüngliche Forderung erreicht. Doch jetzt gerieten die Dinge rasch außer Kontrolle.

Am nächsten Tag unternahm Justinian den Versuch, die Rebellen zu beruhigen, indem er die Wagenrennen fortsetzen ließ. Das gelang nicht. Das Volk zündete das Hippodrom an und präsentierte neue Forderungen. Jetzt wurde die Entlassung der drei höchsten Beamten der Stadt, darunter Eudaemon, verlangt. Justinian, der bisher die Petitionen des Volkes und den begonnenen Aufstand ignoriert hatte, kapitulierte vor den neuen Forderungen. Er entließ die genannten Beamten, doch der Aufruhr wuchs weiter an. Nun schickte Justinian seine Soldaten in die Stadt, die den Aufstand mit tödlicher Gewalt beenden sollten. Auch das misslang. An diesem Punkt brach die Rebellion aus dem üblichen Szenarium aus und wurde zu einer politischen Revolution. Die Massen umringten das Haus des Probus, des Neffen eines früheren Kaisers namens Anastasius, und riefen ihn zum neuen Kaiser aus. Probus war entweder nicht anwesend oder er wich dem Mob aus. Nun wurde auch seine Residenz ein Opfer der Flammen.

Die Unruhen hielten tagelang an. Ein großer Teil der Stadt, darunter das Archiv der Regierung, brannte nieder. In der Zwischenzeit trafen aus Thrakien weitere kampfbereite Soldaten ein. Am 18. Januar rief Justinian das Volk ins Hippodrom, »bekannte seinen Fehler, den Forderungen der Gruppierungen zu Beginn der Unruhen nicht stattgegeben zu haben« und »bot den Aufständischen Begnadigung an«.[135] Doch der Versuch, die Protestierenden durch das Einlenken zu beruhigen, schlug fehl.

Justinian kehrte in den Palast zurück und entließ Hypatius und Pompeius, Brüder des Probus und wie er Neffen des Anastasius. Dieser Schritt ist für die Historiker ein Rätsel, denn er bot dem Volk noch einmal Gelegenheit, einen neuen Kaiser auszurufen. Das tat es auch prompt. Hypatius wurde zum Kaiser erklärt, mit behelfsmäßigen Regalien ausgestattet und zum Hippodrom geführt. Er nahm in der *kathisma* des Kaisers Platz und ließ sich vom versammelten Volk huldigen. Das war der entscheidende Moment des Nika-Aufstands. Das Volk hatte ein typisches Gruppengerangel in eine politische Revolution überführt und versucht, die Macht an einen neuen Führer zu übergeben. Dazu der Historiker Cameron: »Justinian und die Aufständischen folgten 532 einem ausgetretenen Pfad, den man von früheren Unruhen kannte, bis im Hippodrom einem neuen Kaiser zugejubelt wurde.«[136]

Justinian war entsetzt und wollte aus der Stadt fliehen. Hypatius kam das Gerücht zu Ohren, Justinian habe bereits das Weite gesucht, was das Volk darin bestärkte, einen neuen Kaiser einzusetzen. Doch Kaiserin Theodora hatte Justinians Beratungen darüber, ob er sich durch Flucht in Sicherheit bringen sollte, mit einer feurigen Rede unterbrochen, die den Lauf der Dinge veränderte. Sie erklärte:

»Meine Herren, die gegenwärtige Lage ist zu ernst, als dass ich mich an die Konvention halten könnte, eine Frau dürfe nicht das Wort nehmen, wenn Männer beraten. Wessen Interessen durch äußerste Gefahr bedroht sind, der sollte nur über den klügsten Schritt nachdenken, nicht über die Konvention. Meiner Meinung nach wäre Flucht nicht das richtige Vorgehen, selbst wenn sie uns in Sicherheit bringt. Für einen Menschen, der in diese Welt geboren wurde, ist es unmöglich, nicht zu sterben. Aber für einen, der sie regiert hat, ist es nicht vertretbar, ein Flüchtiger zu sein. … Wenn Sie sich selbst retten wollen, mein Herr, das ist nicht schwer … Aber überlegen Sie einen Augenblick, ob Sie, einmal an einem sicheren Ort, solche Sicherheit nicht freudig gegen den Tod eintauschen werden. Was mich betrifft, ich halte mich an die Spruchweisheit, dass das kaiserliche Rot das nobelste Totenhemd ist.«[137]

Theodora, die den Tod der Flucht vorzog, überzeugte Justinian zu bleiben und zu kämpfen. Der schickte die Soldaten aus Thrakien gegen das im Hippodrom versammelte Volk vor. Der Überfall geriet rasch zum Massaker: Über 30 000 Menschen wurden wahllos getötet.

Beim Nachdenken darüber, weshalb aus dem Kampf der Gruppierungen eine Revolution wurde, fand der Historiker Geoffrey Greatrex Belege für eine der Grundwahrheiten, auf denen unsere Revolutionstheorie aufbaut: Es waren unerwartete Geschehnisse, die gewohnte Handlungsmuster durchbrachen. »Die Kette der Ereignisse, welche den Nika-Aufstand einzigartig machten, bestand zum größten Teil aus Zufällen«, schrieb er.[138]

Die brutale Niederschlagung des Nika-Aufstands hatte nachhaltige politische und taktische Folgen. Die Gruppierungen schlossen sich nie wieder zusammen. Obwohl es im nächsten Jahrzehnt noch häufig zu Auseinandersetzungen zwischen ihnen kam, entwickelten sich diese niemals mehr zu einem revolutionären Geschehen im Byzantinischen Reich.

STRATEGISCHE ERKENNTNIS

Die erste Lehre: Durchbrecht das Szenarium. Unpolitische Gruppenkämpfe waren an der Tagesordnung, doch der Nika-Aufstand eskalierte zur Revolution, als er unerwartet die Richtung wechselte. Die zweite Lehre: Vereinigt euch. Der Nika-Aufstand hätte beinahe gesiegt, da die beiden Seiten eine gemeinsame Sache fanden und sich für ein Ziel zusammenschlossen – ihre Kameraden zu befreien und Justinian zu stürzen. Der Aufstand wurde niedergeschlagen, als ihre Einheit zerbrach. Die heutige Teilung in Links und Rechts ähnelt derjenigen in Blaue und Grüne von 532. Die dritte Lehre: Feiert nicht, bevor ihr gesiegt habt. Die Rebellen begingen den verhängnisvollen Fehler, zu glauben, im Hippodrom einen neuen Souverän auszurufen reiche aus, um den alten zu stürzen. Wäre das Volk zu Justinians Residenz gezogen und hätte die Revolution zu Ende geführt, statt ins Hippodrom zu strömen, um allzu früh den Sieg zu feiern, dann wäre die Geschichte der westlichen Welt zweifellos anders verlaufen.

Offenbarung

Aktivisten feiern überschwänglich gesellschaftliche Protestbewegungen, die sich rasch ausbreiten. Schnelligkeit ist aufregend, doch die meisten dauerhaften Siege sind jene, an denen Generationen gearbeitet haben.

Occupy Wall Street war ein Protest-Mem, das sofortiges Handeln auslösen sollte. Man stelle sich das Gegenteil vor – ein Samen, der drei Jahrhunderte lang auf die passende Gelegenheit wartet. Um diese Art von extrem langsamem Triumph zu studieren, wenden wir uns der Übernahme des römischen Staates durch das Christentum im 4. Jahrhundert zu.

Zu Anfang war das Christentum eine revolutionäre gesellschaftliche Bewegung im Untergrund, welche die offizielle Religion ablehnte, nicht akzeptieren wollte, dass der Kaiser ein Gott sei, und sich über alle Grenzen hinweg ausbreitete. Einen Christen erkannte man daran, dass er sich weigerte, heidnischen Göttern, einschließlich dem Kaiser, Opfer zu bringen. Dazu schrieb Friedrich Engels: »Das Christentum war im Ursprung eine Bewegung Unterdrückter: Es trat zuerst auf als Religion der Sklaven und Freigelassenen, der Armen und Rechtlosen, der von Rom unterjochten oder zersprengten Völker.«[139] Das Christentum war möglicherweise die am stärksten unterdrückte Volksbewegung der Antike. 300 Jahre lang mussten die Christen die Ächtung ihrer Religion und drei Wellen grausamer Verfolgung ertragen. So ließ zum Beispiel Kaiser Nero im Jahre 64 eine große Zahl von Christen öffentlich zerfleischen. Man hüllte sie in die Felle wilder Tiere und hetzte die Jagdhunde auf sie. Der Chronist Tacitus berichtet, dass unter Nero Christen ans Kreuz geschlagen und »als nächtliche Beleuchtung verbrannt wurden«.[140]

Im Jahre 303 löste Kaiser Diokletian die dritte und letzte Christenverfolgung aus. Er befahl, alle Kirchen dem Erdboden gleichzumachen, alle Bibeln zu verbrennen und die Christen durch Folter zu zwingen, ihrer Religion abzuschwören. Man bedenke, dass damals Tausende Christen vor jubelnden Zuschauermengen den Märtyrertod starben. Und doch ersetzte der christliche Monotheismus kaum 17 Jahre nach dieser schändlichen Tat endgültig das Heidentum als obligatorische Religion der Staaten des Westens. Wie war so etwas möglich?

Die Ausbreitung des Christentums verdankt ihren Erfolg zwei hochrangingen Übertritten, einer seltenen Himmelserscheinung und einem theurgischen Symbol, nicht aber öffentlichen Protesten und Massenaktionen.

Erstens ist hier der bekannte Übertritt des heiligen Paulus zu nennen, eines frühen Verfolgers der Kirche, der mit Blindheit geschlagen wurde und dem auf dem Wege nach Damaskus irgendwann zwischen den Jahren 31 und 36 Jesus Christus erschien. Paulus wurde zu einem der überzeugendsten Theologen und Propagandisten des Christentums. Er gründete viele der ersten Kirchen für nichtjüdische Konvertiten zur christlichen Bewegung.

Von höchster Bedeutung war der Übertritt des römischen Kaisers Konstantin mehrere Jahrhunderte später. Der antike Chronist Eusebius, der mit dem Kaiser sprach, berichtet, dass sich Konstantin und seine Armee am 28. Oktober 312 auf dem Marsch zu einer entscheidenden Schlacht an der Milvischen Brücke gegen einen Rivalen um den Kaiserthron befanden.* In gewissem Sinne war diese Schlacht eine Revolution: Der Sieger

* Die Milvische Brücke in Rom steht heute noch. Dort hat der Brauch der Liebesschlösser seinen Ursprung genommen. Liebende lassen ihre Namen auf ein kleines Vorhängeschloss gravieren, schließen es an einem Brückengeländer an und werfen den Schlüssel ins Wasser.

*Dieses ChiRho sahen Konstantin
und sein Heer am Himmel.*

sollte über ein neues Rechtsregime bestimmen. Kurz vor der
Schlacht geschah ein Wunder. Konstantin und sein Heer er-
blickten über der Sonne ein Kreuz aus Licht mit der Inschrift
»IN DIESEM ZEICHEN SIEGE«. In jener Nacht habe Konstantin eine Erscheinung gehabt, in der Jesus Christus ihn an-
wies, das Symbol als Schutz- und Siegeszeichen an den Schilden
seiner Soldaten anzubringen. Am Morgen habe er seinen Freunden von der Erscheinung erzählt. Danach habe er Goldschmie-
de zusammengerufen und ihnen das Zeichen beschrieben, das
er gesehen hatte.[141] Das von Konstantin beschriebene Symbol ist
als ChiRho bekannt.

In der Schlacht an der Milvischen Brücke errang Konstantin
den Sieg. Nachdem er das Weströmische Reich unter seine Kontrolle gebracht hatte, schrieb er seinen Erfolg der Hilfe Gottes
zu und führte eine Reihe prochristlicher Reformen durch. Etwa
70 Jahre später wurde das Heidentum verboten.

Die meisten Wissenschaftler betrachten den Übertritt des
heiligen Paulus und Konstantins aus rein theologischer Sicht.

Wo sie einen Gottesbeweis sehen, sehe ich eine Mischung aus Subjektivismus und Theurgie, ein bemerkenswertes Beispiel für eine äußerst langsame Mem-Kampftaktik mit langem Atem. Ich gehe davon aus, dass das Christentum vor allem erfolgreich war, weil seine frühen Verfechter sich die Kunst aneigneten, bei mächtigen Personen Christus-Erscheinungen auszulösen. Zudem waren die Christen Meister in der Verwendung starker Symbole. Das ChiRho, das flammende Herz oder das Kreuz sind Beispiele dafür. Statt in ihrer Theorie von gesellschaftlicher Veränderung auf einen Massenaufstand zu bauen, integrierten die frühen Christen in ihre Erzählung vom kommenden Sieg eine Himmelserscheinung, die auf das Eingreifen Gottes hindeutete.

Konstantin und sein Heer können am Himmel durchaus ein Kreuz aus Licht gesehen haben. Solche Erscheinungen kommen vor. Von Himmelskreuzen in Jerusalem wird aus den Jahren 351 und 362 berichtet. Auch in der Neuzeit hat es sie gegeben. »Der berühmte Bergsteiger Edward Whymper hat ein ähnliches Phänomen am Matterhorn beobachtet«, schreibt Oliver Nicholson, Altphilologe an der Universität von Minnesota.[142] Die Bedeutung des Himmelskreuzes liegt nicht darin, dass es zu dieser seltenen Erscheinung kam, sondern darin, wie Konstantin sie interpretierte. Eusebius berichtet, dass der Kaiser vor der Schlacht an der Milvischen Brücke betete, um ein Zeichen zu erhalten. Dadurch war er auf die Möglichkeit eingestimmt, dass ein Wunder geschehen könnte. Als er das Kreuz erblickte, war ihm zunächst nicht klar, was es bedeuten sollte. Erst als er den Lagerinsassen seinen Traum geschildert hatte, gelangte er zu der Überzeugung, dass das Kreuz auf eine ihm vorbestimmte Mission hinwies. Frühchristliche Theologen prophezeiten seit langem, dass Christi Wiederkehr durch ein Himmelskreuz angekündigt werde. Nicholson argumentiert, Konstantin sei zum Christentum übergetreten, weil er kulturell prädisponiert gewesen sei, eine Himmelserscheinung, das heißt, ein Naturphänomen, in den Begriffen der christlichen Apokalypse zu interpretieren. Konstantin gewann die politische Macht, indem er sich selbst in die christliche Erzählung eingliederte. Nicholson formuliert es so: »Die Vision des Kreuzes bestätigte Konstantin, dass er als Werkzeug einer höheren Macht handelte, welche die Geschichte nach einem erkennbaren Muster von Chronologie und Prophezeiung ordnete.«

In diesem Lichte erscheint es umso verwirrender, dass es das ChiRho schon 500 Jahre vor der Schlacht an der Milvischen Brücke gab. Bei heidnischen Stämmen wurde es dafür benutzt, wichtige Stellen in einem Text hervorzuheben. Die Alchimisten verwandten es als Symbol für Zeit, was auf einen Bezug zum griechischen *kairos* hindeutet. Erst nach Konstantins Tod erhielt die Kombination aus den beiden griechischen Lettern *Chi* (X) und *Rho* (P) die verbreitete Bedeutung des Christusmonogramms, der ersten beiden griechischen Lettern des Wortes ΧΡΙΣΤΟΣ (CHRISTOS) als Symbol des Christentums.

Christliche Autoren schufen eine Voraussetzung für Konstantins Übertritt, indem sie ein seltenes astronomisches Phänomen in die Zukunftserwartungen ihrer gesellschaftlichen Bewegung integrierten. Sie wussten nicht, wann das Kreuz am Himmel erscheinen werde, aber sie legten fest, wie das zu interpretieren sei. Das Wunder besteht darin, dass das Himmelskreuz in dem Moment auftauchte, da es die größte politische Wirkung erzielte – am Tag einer Entscheidungsschlacht zwischen zwei Herrschern.

Die sozialen Bewegungen von heute sehen meist nur *ein* Zeichen, das eine Revolution ankündigt: viele Menschen auf den Straßen. Der Sieg des Christentums stellt die Aktivisten vor die Frage, ob nicht auch ein anderes Symbol möglich ist: eine unerwartete, seltene Naturerscheinung, die einen Paradigmenwechsel ankündigt. Vielleicht wird in 300 Jahren ein Führer durch ein lange vorhergesagtes Ereignis dazu bewegt werden, zu unserer Volksbewegung überzutreten: zum Beispiel ein Erdbeben am Tag seiner Amtseinführung.

Die fortgeschrittenste Form einer Mem-Kampftaktik besteht darin, für umwälzende Offenbarungen bei künftigen Generationen zu sorgen. Das Christentum hatte Erfolg, weil es ein Mem (Jesus Christus) schuf, das in Konstantins Träume eindrang. In analoger Weise können Bewegungen erfolgreich sein, wenn sie darauf Einfluss nehmen, wie seltene künftige Ereignisse ausgelegt werden. Konstantin gelangte zur Macht, nachdem er das Himmelskreuz erblickt und sich damit in die Erzählung der gesellschaftlichen Bewegung des Christentums integriert hatte, die im Laufe von 300 Jahren entstanden war. Die Aktivisten von morgen werden den strikten Säkularismus und Materialismus aufgeben und sich auf ein nuanciertes Vorgehen orientieren, das Theurgie und die Sehnsucht nach dem Eingreifen Gottes einschließt. Zugleich werden die Protestierenden ihren Kampf in eine prophetische Langzeitperspektive einordnen, die bis zur Entstehung der nichtegalitären Gesellschaft zurückreicht.

Ein Hinterhalt

Der größte Aktivist in der Geschichte des Protests ist Arminius (18 v. u. Z. bis 21 u. Z.). Sein langanhaltender Widerstand gegen die Expansion der Römer auf das Gebiet der Germanen veränderte das Schicksal des Imperiums für die nächsten 400 Jahre. Arminius war ein 26 Jahre alter Fürst vom Stamm der Cherusker, als er die verstreuten germanischen Stämme zusammenschloss und der Supermacht der damaligen Welt einen Hinterhalt legte.

Der entscheidende Sieg der Barbaren war so umfassend, dass er den Germanen die Souveränität über ihr Stammland sicherte und das Römische Reich bis zu dessen Ende von einem weiteren Vorrücken abhielt. 2000 Jahre später haben neue archäologische Funde das Geheimnis von Arminius' Triumph enthüllt.

Keine Zivilisation in der Geschichte hat je eine so absolute Überlegenheit erreicht wie Rom im Jahre 9. Die Germanen sahen sich mit einem allmächtigen Gegner konfrontiert, der die ganze Welt als seine Domäne betrachtete. Bis zu diesem Zeitpunkt war es noch keinem Volk gelungen, die Expansion des Römischen Reiches und die Besetzung des eigenen Landes aufzuhalten. Ein Historiker hat die Sicht auf Rom in den Monaten vor dem koordinierten Widerstand des Arminius so geschildert: »Roms Macht schien so fest etabliert, dass kein Volk, welches sich ihm je widersetzt hatte, damit erfolgreich gewesen war. ... Es herrschte ein so irrationaler Glaube an Rom als aufgehender Stern, dass viele meinten, die Weltherrschaft sei ihm seit dem Beginn der Zeiten zugeeignet worden.«[143] Verbreitet war die Überzeugung, dass das Gebiet des Römischen Reiches sich immer weiter ausdehnen und niemals schrumpfen werde.[144] Rom ging davon aus, die ganze Welt seiner Ordnung unterwerfen zu können. Politischer Protest, gesellschaftlicher Widerstand und Revolution gegen Rom wurden von dem zu jener Zeit mächtigsten Heer im Keim erstickt.

Die germanischen Stämme stellten den Widerpart zu dieser geradlinigen Rationalität Roms dar. Im Unterschied zu Rom lebten sie in Ansiedlungen, die über riesige Waldgebiete ohne Straßen verstreut waren. Julius Caesar startete seine Invasion in Gallien, zu dem die Gebiete der Westgermanen gehörten, zwischen 58 und 51 v. u. Z. 60 Jahre später, zu Arminius' Zeit, gab es bereits gesellschaftlichen und wirtschaftlichen Austausch zwischen den Stämmen und Rom, dessen Expansionsstrategie auf

Unterwerfung durch Assimilation abzielte. So wurden zum Beispiel Krieger der Stämme in die militärische Hierarchie Roms eingegliedert. Diese kulturelle Vermischung spielte übrigens für den Ausgang des Geschehens eine entscheidende Rolle. Der Archäologe Peter Wells berichtet, dass Arminius »die Kampftaktik der Römer vor Ort studieren konnte, als er Tiberius half, die große Rebellion in Pannonien im Jahre 6 niederzuschlagen«.[145] Drei Jahre später war Arminius ein enger Vertrauter des Publius Quinctilius Varus, des römischen Generals, der drei Legionen der Besatzungstruppen befehligte.

Als Varus mit seinen Legionen im September 9 aus dem Sommerlager ins Winterquartier unterwegs war, schickte Arminius ihm die Nachricht von einer Stammesrevolte in der Nähe und bot Varus an, ihn bei deren Unterdrückung zu unterstützen. Entgegen der Empfehlung seiner Ratgeber entschied Varus, auf Arminius' Information zu reagieren, und führte seine starke Streitmacht geradewegs in eine Falle. Nach neuesten Schätzungen der Historiker soll Varus »20 000 Mann Fußsoldaten und Kavallerie befehligt haben. Er wurde von etwa 10 000 Sklaven, Frauen, Kindern, Waffenschmieden, medizinischem Personal und Handelsleuten begleitet«.[146] Der antike Historiker Velleius bestätigt, dass die Legionen unter Varus' Befehl zu den besten des Römischen Reiches gehörten.[147] Varus muss sicher gewesen sein, dass sein Heer in der Lage war, mit jeder Volksrebellion fertigzuwerden.

Arminius lockte Varus in einen Hinterhalt. Zwischen einem Berg und einem Sumpf zusammengedrängt, hatten die Römer in ihren schweren Rüstungen keine Chance zu entkommen. Die Barbaren kesselten sie ein, schleuderten zunächst aus der Entfernung ihre Speere auf sie und stürzten sich dann in den Nahkampf. Drei Legionen wurden ausgelöscht. Für die rheinischen Stämme war das ein einzigartiger Sieg.

Bis zum 20. Jahrhundert ist der genaue Ort des Hinterhalts unbekannt gewesen, weshalb ein entscheidender Teil der Geschichte fehlte. Heute wissen wir, dass sich der Hinterhalt für die sechs Kilometer lange Marschkolonne der römischen Legionäre in der Schlacht vom Teutoburger Wald bei Kalkriese im Osnabrücker Land in Niedersachsen befand. Neuere Ausgrabungen haben ergeben, dass die Stämme einen mit Gras getarnten Erdwall errichteten, der 4,5 Meter dick, 1,5 Meter hoch und ca. 600 Meter lang war. Seine Krone war mit einem hölzernen Zaun und die Vorderseite mit Kalksteinblöcken bewehrt.[148] Dieser Wall ist ein Hinweis darauf, wie langfristig und gründlich Arminius geplant hatte. Wells schätzt, dass bei der Errichtung des Walls Hunderte von Menschen mehrere Wochen lang Tag und Nacht gearbeitet haben müssen.[149] War er nötig, um die Legionäre einzukesseln? Oder handelte es sich – im Gegenteil – um eine Verteidigungsanlage? Wir können nur spekulieren, auf welche Weise Arminius den Wall eingesetzt hat, um 20 000 bestens ausgebildete Besatzungssoldaten niederzuringen.

Nach diesem Sieg der Stämme nahm Varus sich das Leben. Sein Kopf wurde nach Rom geschickt.[150] Der Schock der Niederlage saß so tief, dass die Bürger der Welthauptstadt in Panik gerieten, weil sie glaubten, eine Invasion der Barbaren stehe bevor. Rom reagierte mit Strafexpeditionen, aber in den folgenden vier Jahrhunderten versuchte das römische Heer nie wieder, östlich des Niederrheins ein Lager aufzubauen.[151]

Laut dem antiken Historiker Tacitus wurde Arminius von seinen eigenen Leuten getötet, die befürchteten, er könnte sich zum König aufschwingen. Tacitus schreibt: »Indessen hatte Arminius, der ... nach dem Königsthron strebte, die Freiheitsliebe seiner Landsleute gegen sich, und als er bei einem bewaffneten Überfall mit wechselndem Glück kämpfte, fiel er durch die Hinterlist seiner Verwandten.«[152]

STRATEGISCHE ERKENNTNIS

Ein einziger entscheidender Sieg kann den Lauf der Geschichte verändern. Aktivisten von heute können das Verhalten starker Gegner umkehren, wenn sie Überraschungsaktionen organisieren, die diese demoralisieren. Das Beispiel des Arminius ist besonders wichtig für Protestierende, die auf schwerbewaffnete Polizei treffen. Statt zu versuchen, die Repressionen seitens der Polizei durch eine Reihe erfolgreicher Aktionen zu überwinden, sollten sie sich einen dramatischen Sieg bei einer einzigen Auseinandersetzung vornehmen. Das Video eines beeindruckenden Sieges über paramilitärische Polizei könnte die Welt mobilisieren. Der Sieg muss nicht mit Gewalt errungen werden. Eine spektakuläre, blamable Niederlage, einer Einheit Bereitschaftspolizei ohne Gewaltanwendung beigebracht, dürfte noch viel wirksamer sein. Wie wertvoll es ist, mit möglichst wenigen Siegen zu gewinnen, dazu schrieb der große chinesische Militärstratege Wu Qi, der etwa 400 Jahre vor Arminius lebte: »Jene, die fünf Siege erringen, werden am Ende scheitern. Diejenigen mit vier Siegen werden erschöpft sein. Wer drei Siege erringt, wird Hegemon werden. Einer, der zweimal siegt, wird König. Derjenige, der nur einmal siegreich ist, wird Kaiser. Daher sind jene, die mit vielen Siegen die Welt eroberten, äußerst wenige, jene, die dabei umkamen, hingegen sehr viele.«[153]

DRITTER TEIL: MORGEN

»Du kannst den Wind nicht sehen. Du kannst nur sehen, dass ein Wind weht. Auch die Revolution kannst du nicht sehen. Du kannst nur sehen, dass eine Revolution im Gange ist. Noch nie in der Weltgeschichte hat es eine Revolution, eine brutale, aktive und entscheidende Revolution, gegeben, der nicht Unruhen und ein neues Dogma im Reich der unsichtbaren Dinge vorausgegangen wären. Alle Revolutionen haben als abstrakte Erscheinung begonnen, die meisten als überaus abstrakte.«

G. K. Chesterton, Schriftsteller und Theologe, 1920

»Die Welt, die du siehst, muss geleugnet werden, denn sie zu sehen kostet dich eine andere Art von Schau.«

Helen Schucman, *Ein Kurs in Wundern*, 1976

SCHUTZ DER MENTALEN UMWELT

Ich sitze in einem Waschsalon von Berkeley und blättere im *East Bay Express*, einer überall ausliegenden kostenlosen Wochenzeitung, die aus lokalen Sensationen, Konzertankündigungen und pikanten Annoncen besteht. Der hell erleuchtete Raum ist angenehm warm. Ich bin allein und sitze bequem. Wohltuend brummt der Trockner. Im Hintergrund kaum hörbare Radiomusik. Während ich zuschaue, wie meine Hosen und Shirts beim Trocknen übereinanderfallen, gerate ich ins Träumen.

Ein paar Minuten vergehen in stillem Behagen … Als ich nach und nach in die Realität zurückfinde, die tanzende Wäsche im Trockner, das Kommen und Gehen der Kunden durch die offene Tür wieder wahrnehme, stelle ich fest, dass das Radio unmerklich von Popmusik zu Werbung übergegangen ist. Keine Ahnung, wie lange ich schon den Einflüsterungen lausche, mir ein neues Auto zuzulegen, einen Film anzuschauen oder an einer Wahl teilzunehmen, doch mit einem Mal kommt mir die Situation sehr merkwürdig vor. Befinde ich mich in einem Test zur Bewusstseinskontrolle? Werde ich gerade programmiert? Mir ist, als sei ich von einer Gehirnwäsche zu früh aufgewacht. Bei diesem Gedanken erfasst mich ein starkes unheimliches Gefühl. Mir geht auf, in welch seltsamer Lage ich mich befinde. Nicht nur das Trommelfeuer der Radiowerbung, das mich drängt, zu konsumieren, zu konsumieren und nochmals zu konsumieren, finde ich bizarr. Alles um mich herum – der Waschsalon, die Zeitung in meiner Hand, die Busse mit der schreienden Kinowerbung, die draußen vorbeihuschen – ist mir eine ganze Weile fremd.

Das unheimliche Gefühl hält an. Und mir kommt in den Sinn, dass in den Romanen, die das klassische Horrorbild der Zukunft malen, wie Jewgeni Samjatins *Wir*, Aldous Huxleys *Schöne neue Welt* oder George Orwells *1984*, die alles durchdringende Propaganda als ein wichtiger Charakterzug totalitärer Regime beschrieben wird. Doch während diese Autoren sich vorstellten, dass totalitäre Herrschaft von *politischer* Propaganda getragen wird, beruht der autoritäre Konsumwahn unserer Zeit auf Werbung, auf *kommerzieller* Propaganda.

Unser Kampffeld als Aktivisten der Zukunft ist die *mentale Umwelt* der Menschheit, das kollektive Unbewusste, unser gemeinsamer Vorrat an Mythen, Träumen und Wünschen, die das Erscheinungsbild der Welt prägen. Die Zukunft des Protests beginnt mit der Erkenntnis, dass die Außenwelt eine Reflexion unserer inneren Welt darstellt. Was wir sehen, ist unser Spiegelbild. Die gemeinsame Realität entwickelt sich aus unserer gemeinsamen Kultur. Und jedes Mal, wenn kommerzielle Werbung dazwischentritt, dringt eine verhängnisvolle Lüge in unsere Weltsicht ein. Die wirkliche Gefahr der aufdringlichen Werbung ist der Schaden, den sie in unserer *mentalen Umwelt* anrichtet, der unerklärlichen inneren Welt, die allein dem Menschen eigen ist. Eine saubere mentale Umwelt ist für eine blühende Zivilisation unverzichtbar. Vielleicht können wir deshalb keine gesunde Zukunft entwerfen, weil Werber, Finanzhaie und Kommerzialisierung sich bereits unserer kollektiven Vorstellungskraft bemächtigt haben. Wir stecken in einer Zwickmühle. Das Konsumdenken aus unseren Köpfen zu vertreiben und Lösungen für die globalen Probleme der Menschheit zu finden – das sind Aufgaben ein und desselben Kampfes. Damit sind wir beim strategischen Imperativ unserer Revolution: Es gilt, gemeinsam aufzustehen, um unser Denken aufzurütteln und unsere Phantasie wiederzubeleben.

Unsere Kultur ist vom Virus des Kommerzes infiziert, einer Krankheit, die uns mit Illusionen ablenkt, während die Welt zugrunde geht. Diese Krankheit haben wir uns nicht aus Versehen zugezogen. Jahrzehntelang hat die Wirtschaft bewusst und strategisch auf die Kommerzialisierung der Kultur hingearbeitet. Ihr Erfolgskonzept bestand darin, die öffentliche Kultur mit Werbung zu durchsetzen. Sie hat dem Volk und seinen Regierungen die Rolle der Finanziers der Kultur abgejagt und uns von »freien« Informationen, Unterhaltung, Dienstleistungen und Software abhängig gemacht, die durch Werbung finanziert werden. All das mit schwerwiegenden Folgen für unsere Psyche und unsere Welt.

Ein Historiker brauchte Jahre, um die zahllosen Taktiken aufzulisten, die moderne Konzerne anwenden, um sicherzustellen, dass öffentlich-rechtliches Fernsehen, Rundfunk, Verkehrswesen, Presse und Schulen mit kommerziellen Logos und Werbeanzeigen überschwemmt werden. Im Falle des Internets sind die Etappen der Übernahme nur allzu klar. Die Eröffnungssalve wurde von Procter & Gamble, der größten Werbefirma der Welt, beim Start der »Datenautobahn« abgefeuert. Auf dem Kongress der American Association of Advertising Agencies von 1994 legte der damalige Vorstandsvorsitzende von Procter & Gamble, Edwin Artzt, die Strategie des Unternehmens zur Übernahme der Kultur der nächsten Generation dar: Es sei sicherzustellen, dass das Internet durch Werbung und nicht durch Nutzergebühren finanziert werde. Artzt hielt die Lage für äußerst ernst. Vorausschauend warnte er vor einer kommenden

Katastrophe, sollten die »neuen Medien« – damals noch kein Schlagwort – nicht unter der Kontrolle von Werbefirmen und Großunternehmen stehen. Vor den versammelten Spitzenmanagern erklärte er: »Vom heutigen Stand aus gesehen, *können wir nicht sicher sein,* dass werbegestützte Fernsehprogramme in der neu zu schaffenden Welt eine Zukunft haben. … Wenn das geschieht, wenn Werbung nicht mehr nötig ist, um den Großteil der Kosten der Heimunterhaltung zu decken, dann werden Werbefirmen wie unsere es schwer haben, die Reichweite und Sendezeit zu erreichen, die wir brauchen, um unsere Marken an den Mann zu bringen.« Das Gegenstück war das Gebührenmodell, dessen Inhalt von den Abonnenten finanziert wird. Dann beschrieb Artzt Procter & Gambles Rolle bei der Entwicklung der ersten Seifenopern in Rundfunk und Fernsehen. Er erläuterte, wie die Eroberung des Internets vor sich gehen sollte:

»Wir müssen uns auf unsere Geschichte besinnen und die neue Umwelt kontrollieren. Der Clou der neuen Technologie liegt darin, dass sie es leichter macht, die Einnahmen von der Werbung auf Gebühren umzulenken … Doch denken Sie daran: Die Verbraucher sind auf unserer Seite. Sie möchten ihre Heimunterhaltung gern kostenlos haben. Also müssen wir in die Programmgestaltung eingreifen … Wenn Nutzergebühren an die Stelle von Werbung treten, dann bekommen wir ernste Schwierigkeiten. … Unser Eingreifen könnte zum Beispiel bedeuten, dass ein gebührenpflichtiger Film zum halben Betrag oder sogar gebührenfrei zu haben ist, wenn Werbespots eingeblendet werden. Oder dass die monatliche Zahlung von zehn Dollar für einen Game Channel auf zwei bis drei Dollar sinkt, wenn wir dort Werbung unterbringen. Grenzen setzt uns nur unsere eigene Fähigkeit, zu beweisen, dass es im allgemeinen Interesse liegt, in diese neuen Medien Werbung einziehen zu lassen.«[154]

Auf die gleiche Weise, wie die Wirtschaft Zeitungen, Rundfunk und Fernsehen erobert hatte, wollte sie, so versprach Artzt, auch das Internet übernehmen. Am Ende seiner Rede rief er aus: »Eine Gelegenheit wie diese kommt in unserem Leben vielleicht nie wieder. Lassen Sie uns auch diese Technologie mit Zähnen und Klauen packen und zu einer Goldgrube für die Werbung machen!«

Edwin Artzts Ruf folgend, gründete die Werbeindustrie im Jahre 1994 die Coalition for Advertising Supported Information and Entertainment (CASIE), eine Taskforce mit dem Auftrag, zu garantieren, dass künftig »Werbeeinnahmen die Hauptfinanzierungsquelle für Information und Unterhaltung in der sich entwickelnden Medienwelt sein müssen«. Zehn Jahre später hatte die Werbeindustrie das Internet in ihrem Besitz.*

Die Kommerzialisierung dessen, was einmal eine ungezügelte, unzensierte, für alle kostenfreie Information darstellte, war keine einfache Sache. Nicht jeder in Silicon Valley sah die Finanzierung durch Werbung als harmlos an. Als die Schöpfer von Googles Suchmaschine Larry Page und Sergey Brin 1998 zum ersten Mal die diesem Projekt zugrunde liegenden Ideen und Technologien beschrieben, erklärten sie: »Wir erwarten, dass werbegestützte Suchmaschinen ihrem Wesen nach auf die Interessen der Werber und nicht der Nutzer ausgerichtet sein werden.« Mit Hinweis auf die Suchmaschine OpenText, die inzwischen nicht mehr existiert, weil sie ihre Ergebnisse durch bezahltes Produktplacement diskreditierte, kamen sie zu dem

---

* CASIE, die Koalition für werbegestützte Information und Unterhaltung, wirkte auch dabei mit, das Erheben von Steuern auf Werbung im Internet zu verhindern. Diese Tatsache weist Aktivisten des mentalen Umweltschutzes eine innovative Angriffsrichtung – lokale Initiativen für die Besteuerung von Werbung ins Leben zu rufen. Die Steuereinnahmen könnten für die Finanzierung von öffentlichen Schulen, Bibliotheken und nichtkommerziellen Publikationen verwendet werden.

Schluss: »Wir glauben, das Thema Werbung schafft so viele gemischte Anreize, dass es darauf ankommt, eine konkurrierende Suchmaschine zu haben, die transparent und im akademischen Bereich angesiedelt ist.«[155] Seit Google im Jahre 2001 Werbung einführte, hat sich die Lage dramatisch verändert. Vollendet wurde Googles Verrat sechs Jahre später mit dem Erwerb von DoubleClick, einem führenden Unternehmen der Online-Werbung, für den Preis von 3,1 Milliarden US-Dollar. Damit wurde die Internet-Suchmaschine zu einer der größten Werbefirmen weltweit. 2014 kamen nahezu 90 Prozent von Googles Einnahmen aus der Werbung. (2015 strukturierte sich Google zur Alphabet-Holding um.) Soziale Netzwerke wie Facebook, Instagram, Snapchat und Twitter sind im Wesentlichen Googles Strategie gefolgt, zunächst freie Dienste ohne Werbung anzubieten und sich mit dem Wachstum ihrer Nutzerzahlen immer stärker zu kommerzialisieren. Inzwischen haben wir uns daran gewöhnt, am Rand unseres Monitors und bei unseren Nachrichteneinspeisungen von Werbung umgeben zu sein. Dazu erläutert der Philosoph Thomas Wells: »Die Werbung ist eine Industrie zur Gewinnung natürlicher Ressourcen wie die Fischerei. Ihr Geschäft ist der Erwerb und Weiterverkauf von menschlicher Aufmerksamkeit. Wir sind die Fische und werden nicht gefragt.«[156] Die neuen Medien, von denen Procter & Gamble befürchteten, sie könnten werbefrei und durch Nutzerabonnements finanziert werden, beziehen ihre Geschäftsbudgets heute von Werbekunden.

Die Aktivisten der Zukunft müssen *Schützer der mentalen Umwelt* sein und sich für die Gesundheit unserer inneren Welt ebenso einsetzen wie wir für die natürliche Umwelt. Schutz der mentalen Umwelt bedeutet, von der Auffassung auszugehen, dass ein Zusammenhang zwischen dem Grad der Verschmutzung unseres Geistes und der sich ausbreitenden Verschmutzung der Welt besteht. Ganz grundsätzlich gesehen, ist diese

Verbindung zwingend, denn wenn unser Denken vom Kommerz verschmutzt und unsere Vorstellungsgabe von vergifteter Werbung geschädigt ist, dann sind wir nicht mehr in der Lage, uns eine bessere Organisation der Gesellschaft vorzustellen. Unsere Kreativität schwindet, je mehr Info-Toxine wir in uns aufnehmen. Unsere Phantasie verkümmert, wenn unser Verhalten nachahmt, was wir auf dem Bildschirm zu sehen bekommen. Auf einer komplexeren Ebene betrachtet, diktiert unsere mentale Umwelt in gewissem Maße – wie die subjektivistische Revolutionstheorie feststellt –, welche Art Wesen in unserer physischen Umwelt vorkommen. Diese erscheinen, wenn sie benannt werden. Wenn wir die Arten von Bäumen, Tieren und Insekten um uns herum nicht mehr nennen können, aber Firmenlogos sofort erkennen, dann werden die einzigen Wesen, die unsere Umwelt bevölkern (und die wir wahrnehmen), firmeneigen, künstlich und konsumbestimmt sein. Dann sehen wir die Welt nicht mehr, die um uns herum verschwindet.

Die bedeutendsten Schlachten in unserem globalen Kampf zur Befreiung der Menschheit werden auf dem geistigen Feld geschlagen werden: in unseren Köpfen, in unserer Phantasie und tief im kollektiven Unbewussten. Die 3000 Werbeanzeigen, denen jeder von uns pro Tag ausgesetzt ist, sind Fallen in einem geistigen Krieg, durch die wir davon abgehalten werden sollen, uns eine andere Welt vorzustellen. Jene, die sich dem nicht enden wollenden Strom von Marken, Werbeslogans und -songs widersetzen, die unsere Städte überfluten, in unser Heim eindringen und über unsere Bildschirme flimmern, sind heldenhafte Kämpfer, die den Stützpfeiler einer funktionierenden Zivilisation sichern – den menschlichen Geist. Ohne ihren Geist und ihre Kreativität ist die Menschheit verloren.

Die Zukunft des Aktivismus ist ein Kampf um die Vorstellungskraft der Menschheit.

Um einen Feind zu besiegen, der sich in unseren Köpfen festgesetzt hat, entwickelt sich unsere Revolution von unten her – vom Individuum über die Familie und die Gemeinschaft –, bis sie schließlich die ganze Menschheit erfasst. Das beginnt mit einer Offenbarung in unserer Psyche und wächst mit jedem Tag, da wir die Wahrheit unserer furchtlosen Revolution verkünden. Es ist das Wesen der Revolution im 21. Jahrhundert, unser eigenes geistiges Erwachen in anderen zu reproduzieren. Letzten Endes besteht unser Ziel darin, ein Erwachen zu fördern, das mit ausreichender Wucht und Stärke von Stadt zu Stadt rollt, um das Establishment zu überwinden. Der Evolutionsbiologe Richard Dawkins, der in seinem Buch *Das egoistische Gen* den Begriff des »Mem« geprägt hat, beschreibt das Potential dieser kulturellen Einheit so: »Wenn jemand ein fruchtbares Mem in meinen Geist einpflanzt, so setzt er mir im wahrsten Sinne des Wortes einen Parasiten ins Gehirn und macht es auf genau die gleiche Weise zu einem Vehikel für die Verbreitung des Mems, wie ein Virus dies mit dem genetischen Mechanismus einer Wirtszelle tut.«[157] Wir benutzen soziale Memen, um kollektive Events zu schaffen, die Massen von Menschen »die Augen öffnen«, um gleichsam ein wundersames Eingreifen des Himmels in der Welt auszulösen.

Post-Umweltschutz

Mentaler Umweltschutz ist für den Mainstream-Umweltschutz die Lösung, um aus der Sackgasse herauszukommen, in der er steckt. Dem traditionellen Bündnis von Umweltschützern und Technokraten ist es gelungen, die Welt effektiv vom Kampf für den Schutz der Umwelt zu entfremden. Wenn Wissenschaftler den Aktivisten die Ziele diktieren, dann kommt eine spröde, materialistische Konzeption des Protests dabei heraus, die ungeeignet ist, die in Fluss befindliche Umweltkrise zu überwinden, eine Krise, die vor allem existenziellen Charakter trägt.

Die ersten glaubhaften Warnungen vor einem katastrophalen Klimawandel gab die Wissenschaft in den 1970er Jahren aus. Seitdem sind sie immer eindringlicher geworden. Solange die Konzerne in der Lage waren, den Demokratien des Westens die Innenpolitik zu diktieren, wurde ein rücksichtsloser Kurs des Wachstums der Wirtschaft gefahren, gleichgültig, was die Daten uns sagten. Die Aktivisten warteten auf apokalyptische Ereignisse vom Typ des Urknalls – Stürme, die die Welt noch nicht erlebt hatte, das Abschmelzen der Polkappen, Hitzewellen, die alle Rekorde brachen, die Vernichtung von Tier- und Pflanzenarten –, welche die Katastrophe ankündigten und die öffentliche Stimmung verändern sollten. Alle diese gefürchteten Entwicklungen traten in aller Stille ein, doch die Welt schien nach wie vor zu funktionieren. Nur wenige von uns begriffen, dass die wahre Apokalypse subtil eintreten würde. Wir warteten weiter ab, nur um schließlich wie vom Donner gerührt zu erkennen, dass das angstvoll Vorausgesehene bereits geschehen war: Die Welt hatte den Punkt bereits überschritten, an dem es kein Zurück mehr gibt. 2015 hat die Konzentration von Kohlendioxid in der Atmosphäre bereits den Wert von 0,40 Volumenpromille überschritten. Wissenschaftler sagen, dass die Erwärmung der Ozeane nicht mehr zu stoppen ist. »Selbst wenn wir die Emission von Treibhausgasen auf dem gegenwärtigen Niveau einfrieren könnten, werden sich die Meere noch jahrhunderte- und jahrtausendelang weiter erwärmen, sie werden sich ausbreiten und der Meeresspiegel wird steigen«, bekannte ein Klimaforscher der US-Regierung im Juli 2015.[158] Die Klimakatastrophe ist also bereits geschehen. Was wir heute brauchen, ist eine fundamentale Umorientierung unserer Haltung zum Umweltaktivismus. Wir müssen die innere Realität der Menschen neu formen, wenn wir unsere äußere Realität wiederherstellen wollen.

Seit die katastrophalen Stürme eingesetzt haben, wurde prophezeit, dass es zu einer mächtigen Umweltbewegung kommen werde. Viele Menschen wachten Mitte des 20. Jahrhunderts auf, als Rachel Carson ihr Buch *Der stumme Frühling* veröffentlichte, in dem sie vor den Gefahren des Insektizids DDT warnte. Auf andere hatten die ersten aus dem Weltraum aufgenommenen Fotos der Erde oder das Live-Video von dem aus der explodierten Quelle von BP in den Golf von Mexiko schießenden Öl im Jahre 2010 diese Wirkung.

Von den vielen Fronten, an denen unser globaler Kampf geführt werden wird, besitzt der Kampf für die Umwelt das größte Potential, die Menschheit zu einen. Aus ökologischer Sicht sind alle Arten, die auf der Erde leben, im Grunde ein einziger Organismus. Wir können nur alle gemeinsam gewinnen oder verlieren. Entgegen allen Träumen von Überlebenskünstlern spielt es keine Rolle, ob man auf seinem Hof einen Bunker und Lebensmittelvorräte für zehn Jahre hat. Die ewigen Folgen des Klimawandels kann niemand überleben.

Der Klimawandel stellt eine einzigartige Herausforderung dar. Er ist eine Kraft außerhalb menschlicher Kontrolle, die uns zwingen wird, uns ihm anzupassen. Das geschieht entweder in Richtung einer utopischen Vision, die den vielen nützt, oder einer Schreckensvision, die den wenigen dient.

Wenn die Umweltbewegung ihr universalistisches politisches Versprechen einlösen will, dann muss sie das technokratische Vorgehen aufgeben, welches das Paradigma des Umweltschutzes seit Jahrzehnten dominiert. Dabei ist unsere Fähigkeit, den Klimawandel an wissenschaftlich überprüfbaren Hypothesen zu messen, zum Fetisch erhoben worden. Seitdem haben sich die Umweltschützer in der wissenschaftlichen Beweisführung verrannt und sind in die Fallgrube von Computermodellen und intellektuellen Abstraktionen gestürzt.

Wir sind in einer Lage, die der französische Philosoph Jean-François Lyotard als *le différend*, »den Widerstreit«, bezeichnet hat – ein unlösbares Sprachspiel, in dem der absolute, letzte Beweis für den Klimawandel die Vernichtung der Menschheit ist … Nur wird dann niemand mehr da sein, der diesen finalen Beweis bestätigen kann. Wissenschaftler sind der Meinung, dass ihre Computermodelle die Wahrheit über den Klimawandel zweifelsfrei belegen. Aber diese Art von totalem, rationalem Beweis für ein Phänomen anzustreben, das die Vorstellungskraft des Menschen übersteigt, ist für den Aktivismus der falsche Weg.

Ich denke, wir haben Folgendes vergessen: Die Stärke von Rachel Carsons Buch *Der stumme Frühling* lag nicht in der wertvollen, tiefschürfenden Wissenschaft der Bioakkumulation, deren Vorkämpferin die Autorin war, sondern in der Schönheit des Einleitungskapitels »Ein Zukunftsmärchen«. Dort heißt es: »Es war einmal eine Stadt im Herzen Amerikas, in der alle Geschöpfe in Harmonie mit ihrer Umwelt zu leben schienen.« Carson malt das idyllische Bild einer pastoralen Gemeinschaft mit fruchtbarer Landwirtschaft und üppiger Biodiversität. »Den Großteil des Jahres entzückten entlang der Straßen Schneeballsträucher, Lorbeerrosen und Erlen, hohe Farne und wilde Blumen das Auge des Reisenden.« Doch dann, wie in einem Märchen, schildert Carson ein plötzliches Unglück, das all das Schöne hinwegrafft. »Ein böser Zauberbann war über die Siedlung verhängt worden.« Eine seltsame schleichende Seuche breitete sich aus, die Hühner starben, alles Grün welkte, und bald regte sich kein Leben mehr. Bei einem anderen Autor hätte das Volk die Krise vielleicht durch Opfergaben für die Götter gelöst oder Hilfe herbeigerufen. Carson hingegen lässt sich nicht darauf ein, übernatürlichen Kräften die Schuld zu geben. Sie sieht allein eine natürliche Ursache für die Krise. An dem »bösen Zauberbann« liegt es nicht. »Kein böser Zauber, kein feindlicher Überfall hatte in dieser verwüsteten Welt die Wiedergeburt neuen Lebens im Keim erstickt«, schließt Carson. »Das hatten die Menschen selbst getan.«[159]

Der Umweltschutz der Neuzeit hatte seinen Ursprung in der imaginären Vorstellung von einer Welt, auf der ein Fluch liegt. Dieser Ausgangspunkt wurde vom Mainstream der Umweltbewegung weithin abgelehnt. Dort hat man sich für die wissenschaftlichen Tatsachen anstelle einer phantastischen, spirituellen Sicht entschieden. Damit ist jedoch der Umweltschutz zu einer empirischen Entdeckungsreise geworden, weitgehend gesteuert von Wissenschaftlern des Westens, die uns mitteilen, wie viel Volumenpromille Kohlendioxid die Apokalypse auslösen werde (0,35, sagt der Umweltschützer Bill McKibben, der 350.org mitbegründet hat) und um wie viel Grad heißer unsere Erde noch werden darf, bis wir alle dem Untergang geweiht sind (2 Grad Celsius, sagt das Intergovernmental Panel on Climate Change). Wenn sie vorankommen will, dann muss die Umweltbewegung ihre Fixierung auf den Materialismus überwinden.

Der Schutz der Umwelt ist eine Geschichte, die wir uns erzählen, wenn wir ungewöhnliche Naturerscheinungen zu interpretieren versuchen. Während frühere Generationen Katastrophen wie die Pest oder Stürme als von Gott gesandt deuteten, sehen wir solche Ereignisse als Anzeichen für den Klimawandel und Beweis für eine Schuld der menschlichen Zivilisation. Zwar trifft es zu, dass der Klimawandel vor allem durch das Handeln der Menschen verursacht wird, dennoch ist die Zeit reif für eine neue Erzählung.* Der Klimawandel geschieht wegen des Zustands, in dem sich unser Denken befindet.

* Übrigens hatte das Wort pollution (dt. Verschmutzung) ursprünglich eine spirituelle Bedeutung. Im 14. Jahrhundert verstand man darunter die Entweihung von etwas Heiligem.

Umweltschutz ist zuallererst eine existenzielle und spirituelle Frage. Die ökologische Krise betrifft das Überleben ganzer Arten von Lebewesen. Ohne unsere Erde stirbt die Zukunft: Wir sterben und verurteilen unsere Nachkommen dazu. Ein ökologischer Aufstand ist nötig, um das Leben auf Dauer zu erhalten. Umweltschutz ist ein elementarer Kampf der gefährlichsten Art, denn jeder Versuch, unsere Freiheiten einzuschränken, kann von den Behörden auch mit der Schärfe der ökologischen Krise gerechtfertigt werden.

In den ersten 40 Jahren ihrer Existenz war die moderne Umweltbewegung eine weitgehend harmlose Kraft: Sie bestand aus Hippies, Naturfreunden und anderen mitfühlenden Leuten. Zwar entstanden an ihren Rändern auch militante Kräfte wie *Earth First!* oder die *Earth Liberation Front,* die Eigentum zerstörten, um Entwicklung aufzuhalten, aber ihre Ideologie der direkten Aktion richtete sich nicht gegen Menschenleben. Anzeichen der Gründung einer Bewegung, die plante, Menschen physisch zu attackieren, kamen über das von *Screaming Wolf* anonym herausgegebene Kultmagazin *A Declaration of War: Killing People to Save Animals and the Environment* nie hinaus. Die seltenen Fälle, da Menschen Schaden nahmen, waren stets reiner Zufall. Insgesamt stellte der Umweltschutz eine Bewegung dar, die sich in ihren Methoden auf gewaltfreie direkte Aktionen kleiner Gruppen von Individualisten beschränkte.

Eine Fabel für die Zukunft

Mich verfolgt ein ökofaschistischer Alptraum. Ich sehe die Sklaverei überall auf der Welt zurückkehren, nachdem Wissenschaftler der Industrie demonstriert haben, dass die Arbeit des Menschen die nachhaltigste Energiequelle ist. Gestützt auf Berechnungen der Energieeffizienz aus der Zeit, da die Erinnerung an die Sklaverei in den USA noch frisch war, konnten sie schlüssig belegen, dass ein Energiesklave bei minimaler Ernährung »grüner« ist als nicht erneuerbare und erneuerbare Energiequellen in jeder bekannten Form. Die großen Agrarkonzerne erklären uns, dass die Ernährung der Arbeitsverpflichteten mit Hochertragsgenmais der effizienteste Weg ist, um Energie zu erzeugen. Die steigenden Kosten fossiler Brennstoffe machen Energieknechtschaft, Sklaverei und Arbeitspflicht zu einer ökonomisch logischen Angelegenheit. Die Vorzüge sofortiger hundertprozentiger Vollbeschäftigung werden gepriesen. Wir erblicken Menschen, angekettet an fahrradbetriebene Ladestationen für die E-Fahrzeuge der Elite. Wenn die Honigbienen ausgestorben sind und die Getreidekulturen bestäubt werden müssen, zwingt man ein paar Millionen zur Arbeit Verpflichteter, dies von Hand zu tun. Auf den Einsatz von Sklavenarbeit könnte man zurückgreifen, wenn der ökonomische Druck des Klimawandels zu groß wird. Die Propagandisten des alten amerikanischen Südens waren seinerzeit sehr überzeugend mit ihren Geschichten, wie human man die Sklaven damals behandelte. Auf einer Postkarte wurden gar die kostenlose medizinische Behandlung und der Ruhestand gelobt, welche die Sklaven genossen. Sklaverei hat es in der Geschichte immer gegeben, und viele der großen Zivilisationen haben diese Praxis toleriert. Wie lange wird es noch dauern, bis man so argumentiert? Bis eine geängstigte Öffentlichkeit, die dem Klimawandel verzweifelt zu entkommen sucht, durch heimtückische Werbung in diese Richtung gedrängt wird?

Die ökologische Katastrophe wird sich vertiefen, und die führenden Politiker aller Couleur werden den Klimawandel nicht länger leugnen können. Sie werden erkennen, dass es politische Vorteile bringt, als Retter der Umwelt aufzutreten, und sie werden in globalen Begriffen sprechen. Sie werden den Nutzen der Aufrechterhaltung eines Notstands- oder Katastrophenkapitalismus sehen, wie die Autorin und Aktivistin Naomi Klein es nennt. Sie werden die Waren rationieren und sich für eine Klimawandel-Kriegswirtschaft einsetzen, die jede autoritäre Maßnahme rechtfertigt. Sie werden auf allen Bildschirmen sein. Und sie werden Wahlen manipulieren, um viele Stimmen einzufangen.

Mir bereitet die potentielle Möglichkeit Sorge, dass eine wissenschaftsorientierte Umweltbewegung zu einer finsteren Kraft in unserer Welt mutiert. Ich sehe voraus, dass es unter technokratisch-ökologischer Flagge zu großen Tragödien kommen kann. Mit einem Katastrophen-Umweltschutz Politik machen zu wollen ist gefährlich. Das wird die machtgierigsten … und berechnendsten Figuren anziehen. Ihre Überlebensmentalität werden sie als Vorwand für Genozid und Versklavung nutzen. Und doch ist eine Art von universeller Umweltpolitik für das Überleben der Menschheit absolut notwendig.

Wenn wir die Welt von heute mit klarem Blick betrachten, dann sehen wir: Sie ist so eng vernetzt, dass eine praktikable Reaktion auf die Herausforderungen, die wir als Individuen erleben, zumindest teilweise eine global anzuwendende Agenda erfordert. Wollen wir den Sturm des Klimawandels überstehen, dann müssen die Kohlendioxid-Emissionen überall auf der Erde reguliert werden. Wenn China zwar langsamer Kohle fördert, aber Kanada weiter Nord-Alberta verwüstet, dann gibt es keine Hoffnung. Der Klimawandel ist bereits unumkehrbar. Der letzte Schnaufer des Kapitalismus. Die geistige Krise der Ultramoderne. Die existenzielle Bedrohung, mit der wir konfrontiert sind, hat nicht mehr individuellen, sondern zutiefst globalen Charakter. Die Macht des Volkes hält mit den Transformationen nicht Schritt, die der Hyperkapitalismus angerichtet hat. Klarer als je zuvor zeigt sich die Notwendigkeit einer universalistischen Politik. Doch ebenso offensichtlich ist, dass bis auf den heutigen Tag alle derartigen Projekte gescheitert sind.

Um den Aufstieg der Ökofaschisten zu blockieren, darf kein »Ich« als Retter zugelassen werden. Wer behauptet, ein grüner Cäsar zu sein, verfolgt viel gefährlichere Ziele. Rettung kann nur von einem »Wir« kommen. Entweder das Volk wird zur Stimme einer neuen Art von globalem Umweltschutz, einem mentalen Umweltschutz, der unsere Weltsicht verändert, oder die niedrigsten egoistischen Instinkte gewinnen die Oberhand. Unser selbstloses Wir wird die ökologische Krise abmildern, und das zum Nutzen aller. Schon heute ist absehbar, dass die bestehenden Strukturen einer Weltordnungspolitik – UN, WTO, IWF und Weltbank – diese Aufgabe nicht bewältigen. Selbst wenn, wie der politische Aktivist Ralph Nader einst träumte, die Superreichen plötzlich die Seiten wechseln und ihr enormes Kapital für unsere Vision einsetzen, werden sie rasch feststellen, dass die Apparate, die für die Eroberung des Mammon geschaffen wurden, völlig untauglich sind, wenn sie weltweit Menschen mobilisieren sollen. Nun gibt es jene, in erster Linie die Transhumanisten, die daran glauben, dass die Menschheit auch auf einem toten Planeten gedeihen kann. Edward Castronova stellt sich in *Synthetic Worlds* vor, dass dies in virtuellen Welten geschieht – computergestützten simulierten Umgebungen, die an Maschinen hängen und von künstlicher Intelligenz gesteuert werden. Die Zahl der Transhumanisten wächst, denn die Alternative – einer globalen Erhebung der Völker die Macht zu überlassen – bedeutete für sie das Ende von Ansehen und Daseinsweise. Wer behauptet, wir brauchten die Erde nicht mehr, ist nicht besser und nicht vertrauenswürdiger als die Technokraten des Kalten Krieges, die einer verängstigten Öffentlichkeit einreden wollten, es sei möglich, einen weltweiten Atomkrieg zu überleben. In den Versicherungen der Technokraten klingt Erpressung mit, die Behauptung, bis zum Ende der Zeiten, wie schlimm es auch kommen möge, sei ihr Lösungsweg stets ohne

Alternative. Ihr seid diejenigen, die diesen Bluff aufdecken werden. Die Menschen suchen nach einem Weg nach vorn. Wir stehen auf dem Gipfel der höchsten Gefahr, zugleich kann allein
aus unserer prekären Lage der Sprung in die Sicherheit gelingen.
Der Druck steigt. Möge die Dringlichkeit der Situation uns zu
diesem Sprung zwingen.

>»In der Geschichte gibt es Augenblicke,
da ein verzweifelter Kampf der *Massen* sogar
für eine aussichtslose Sache *notwendig* ist,
um der weiteren Erziehung dieser Massen und
ihrer Vorbereitung zum *nächsten* Kampf willen.«

Wladimir Iljitsch Lenin, 1907

DIE ZUKUNFT DER REBELLION

Das Aufkommen des Internets ist in erster Linie ein Durchbruch
in der Kampfführung, der es dem Volk ermöglicht, eine wahrhaft horizontale permanente Weltrevolution auszulösen. Großen gesellschaftlichen Veränderungen gehen häufig taktische
Neuerungen in der Militärwissenschaft voraus. Diese Wahrheit ist durch eines der frühesten Zeugnisse der menschlichen
Zivilisation belegt, das den Aufstieg des Sargon von Akkad
(2334–2279 v. u. Z.), des ersten großen Führers in der Menschheitsgeschichte, dokumentiert. Sargon aus der Stadt Akkad am
Westufer des Euphrat erfand die politische Strategie, mit Hilfe einer organisierten militärischen Streitmacht verschiedene
multiethnische Volksgruppen unter einer einzigen Führung zu
vereinen. Soweit wir wissen, hat er das als Erster getan. Es war
sein politischer Durchbruch. Sargon wurde Herrscher über das
Akkadische Reich in Mesopotamien, das größte Imperium, das
bis dahin existierte. Seine Taten inspirierten Nachahmer in den
darauffolgenden 4000 Jahren. Ebenso ist zu fragen, ob die antike Demokratie hätte aufblühen können, wäre nicht die Kriegs-

führung der Hopliten* erfunden worden, eine hochentwickelte, koordinierte, egalitäre Kampftaktik, mit der die überlegenen Perser in der Schlacht bei Marathon 490 v. u. Z. in die Flucht geschlagen wurden. Durch diesen Sieg konnte die im Entstehen begriffene Athener Demokratie vor der totalen Vernichtung bewahrt werden. Manche militärischen Fortschritte spielen den wenigen, andere den vielen in die Hände.

In unseren Tagen hat sich manches bedeutend verändert. Taktische Innovationen werden heute in Echtzeit bekannt, was uns mit großem Optimismus auf die Zukunft des Aktivismus blicken lässt. Das ist einer der großen Vorzüge des Internets. Während es in den Revolutionen von 1848 in Europa noch drei Wochen dauerte, bis die Taktik der Errichtung von Barrikaden von Paris aus Berlin erreichte, entstanden auf dem Höhepunkt von Occupy Wall Street nicht einmal einen Tag nach den Verhaftungen auf der Brooklyn Bridge in der ganzen Welt Hunderte neuer Zeltlager. Binnen 28 Tagen nach der Gründung des ersten Lagers unserer Bewegung im New Yorker Zuccotti-Park hatte über die Hälfte aller Amerikaner von unserer Aktion gehört.[160] Die Technologie schickt die Menschheit in einen rasenden Lauf über den aufs Engste vernetzten Globus, wo sich rebellische Stimmungen und neue Taktiken des Protests viel schneller verbreiten als jemals zuvor in der Geschichte. Die Globalisierung hat ihren Höhepunkt erreicht und uns ein unerwartetes Geschenk gemacht – ein Kommunikationsnetz, das es den Menschen ermöglicht, sich an jedem Punkt der Erde zusammenzufinden. Träume von einer Volksrevolution reifen heute allerorten in Echtzeit.

Die Philosophen beschäftigen seit langem die geistigen und politischen Konsequenzen der Echtzeit-Kommunikation. Mar-

---

* Hopliten nannte man die schwerbewaffneten Angehörigen der Haupttruppe der griechischen Heere der archaischen und klassischen Zeit. – Anm. d. Übers.

tin Heidegger sorgte sich in seinem Buch *Sein und Zeit* (1927) um die Wirkung des Rundfunks auf die menschliche Existenz. »Alle Arten der Steigerung der Geschwindigkeit, die wir heute mehr oder minder gezwungen mitmachen, drängen auf Überwindung der Entferntheit. Mit dem ›Rundfunk‹ zum Beispiel vollzieht das Dasein heute eine in ihrem Daseinssinn noch nicht übersehbare Ent-fernung (sic!) der ›Welt‹ auf dem Wege einer Erweiterung und Zerstörung der alltäglichen Umwelt«, schrieb er. Und 40 Jahre nach dem Erscheinen von *Sein und Zeit* beklagte Heidegger die Entwurzelung seiner Zeitgenossen, denen die Medienwelt bereits vertrauter sei als ihr eigener Ort auf Erden.

»Stündlich und täglich sind sie an den Hör- und Fernsehfunk gebannt. Wöchentlich holt sie der Film weg in ungewohnte, oft nur gewöhnliche Vorstellungsbezirke, die eine Welt vortäuschen, die keine Welt ist. Überall ist die ›Illustrierte Zeitung‹ greifbar. All das, womit die modernen technischen Nachrichteninstrumente den Menschen täglich reizen, überfallen, umtreiben – all dies ist dem Menschen heute bereits viel näher als das eigene Ackerfeld rings um den Hof, näher als der Himmel überm Land, näher als der Stundengang von Tag und Nacht, näher als Brauch und Sitte im Dorf, näher als die Überlieferung der heimatlichen Welt.«[16]

Heidegger beklagte das Schwinden von Entfernung, aber aus der Sicht des Aktivismus verstärkt diese Entwurzelung die revolutionären Wellen nur noch mehr.

Der Philosoph Paul Virilio, der die Dromologie, die »Logik des Laufs«*, begründet hat, geht noch weiter. Seiner Meinung nach verstärkt Geschwindigkeit das Potential von Zwischen-

---

* *Von Paul Virilio in Geschwindigkeit und Politik begründete transhistorische und transpolitische Forschungs- und Sichtweise zur Untersuchung gesellschaftlicher Verhältnisse unter spezieller Berücksichtigung von deren Verhältnis zur Geschwindigkeit. – Anm. d. Übers.*

fällen, eine bedeutende Rolle im Schicksal der Menschheit zu spielen. Die Globalisierung in ihrem späten Stadium, die eng miteinander verwobenen Netze von Kommunikation, Verkehr und Handel, steigern die Geschwindigkeit des Hyperkapitalismus immer mehr. Sie haben die Menschheit zu einer einzigen, augenblicklich und gleichzeitig funktionierenden Welt verwoben, in der ein Ereignis an irgendeinem Ort tiefgreifende Folgen allerorten nach sich ziehen kann. Ein einziges Vorkommnis wie eine Protestaktion, die das herkömmliche Szenarium durchbricht, ist in der Lage, einen globalen Tsunami auszulösen. Occupy Wall Street hat uns gelehrt, dass Geschwindigkeit das Kräfteverhältnis zugunsten des Volkes kippen kann.

Die Zukunft des Protests ist schnell und langsam. Die Aktivisten der nächsten Generation werden beides gleichzeitig nutzen. Den schnellen Protest verkörpert das Ereignis. Der langsame Protest ist die Spur, die unsere Bewegung durch die Generationen zieht.

Die schnelle Zukunft

Ein Kennzeichen der Ultramoderne sind die ungleichen Zeitebenen. Manche Menschen versinken in einer kybernetischen Realität, während andere am alten Glauben und an überlieferten Bräuchen festhalten. So wie wir nehmen auch alle Wesen, die unsere Welt bevölkern, Zeit unterschiedlich wahr.

Zum Beispiel die Stubenfliege. Fliegen sehen ihre Umwelt in Zeitlupe, berichtet das Wissenschaftsjournal *Animal Behaviour*. Zu diesem Schluss sind irische Forscher mit Hilfe des Tests der »kritischen Blinklichtfusionsfrequenz« (»critical flicker fusion frequency« – CFF) gelangt, durch den sie die Wahrnehmung von Zeitintervallen durch Dutzende Tiere bestimmt haben. Der Test beruht auf einer einfachen Überlegung. Man stelle sich eine Blinkleuchte vor, deren Frequenz langsam erhöht wird, bis der Eindruck von ständigem – »fusioniertem« – Licht entsteht. Manche Tiere nehmen das Blinken noch in wesentlich kürzeren Intervallen wahr als Menschen. Eine Stubenfliege erkennt vierfaches Blinken, wenn wir nur noch permanentes Licht sehen. Andere Arten wie der Europäische Aal und die Lederschildkröte sehen permanentes Licht, wenn der Mensch noch viermaliges Blinken wahrnimmt. Die Fähigkeit, das einzelne Aufblinken zu erkennen, hängt mit der Wahrnehmung von Zeit zusammen. Der Stubenfliege erscheint sie langsamer als dem Menschen, und uns langsamer als dem Europäischen Aal. Wissenschaftler haben herausgefunden, dass »kleinere Organismen und solche mit höherer Stoffwechselgeschwindigkeit zeitliche Veränderungen auf einer empfindlicheren Zeitskala wahrnehmen«. Sie gehen davon aus, dass die Zeitwahrnehmung einen Faktor in der Differenzierung der Arten darstellt, der uns das Verhältnis von Raub- und Beutetieren besser verstehen lässt.

Die Untersuchung der Zeitwahrnehmung der Fliegen bietet Lehren aus dem Verhältnis von Raub- und Beutetieren für das Verhältnis von Protest und Macht. Die unterschiedliche Wahrnehmungsgeschwindigkeit der Arten bedeutet, dass in unserer Welt zahlreiche Zeitnischen existieren. Wir mögen den gleichen Raum besetzen, aber wir verfügen nicht über die gleiche Zeit. Jeder Organismus kann Aktionen nur in seiner Zeitlichkeit wahrnehmen. Schwächere Arten, die sich im selben Raum schneller bewegen, sind in der Lage, »Informationen in Hochfrequenzsignalen zu verschlüsseln, die Adressaten (andere Exemplare derselben Art) erkennen, die von (meist größeren) Räubern aber nicht ›mitgehört‹ werden können«.[162] Das heißt, aus der Sicht des Aktivismus können Protestierende, die im Verhältnis zur Staatsmacht superschnell oder superlangsam agieren, sich besser schützen, indem sie sich unsichtbar machen. Metaphorisch gesprochen: Wo eine bewegliche Gruppe von Aktivisten vierfaches Blinken erkennt, sieht eine riesige Polizeibürokratie nur eines. Das Internet ermöglicht es sozialen Bewegungen, sich schneller zu bilden, Fahrt aufzunehmen und sich zu entfalten, als die Behörden für eine Reaktion benötigen.

Gehen wir noch einen Schritt weiter. Die kürzeste Reaktionszeit beim Durchschnittsmenschen beträgt eine Sekunde. So lange braucht er, um »eine potentielle Gefahr zu erkennen und körperlich zu reagieren«, heißt es in einem anderen Aufsatz, den *Scientific Reports* veröffentlicht hat. »Selbst ein Schachgroßmeister benötigt etwa 650 Tausendstel Sekunden, um zu erkennen, dass sein König im Schach steht.« Unter der Überschrift »Abrupter Aufschwung Neuer Maschinenökologie jenseits der Reaktionszeit des Menschen« äußern die Wissenschaftler ihre Sorge über das Aufkommen von Finanzalgorithmen in letzter Zeit an den Börsen, die in für Menschen nicht erkennbaren Zeitspannen unter einer Sekunde agieren.[163] Sie weisen auf die beunruhigende Zunahme von »superschnellen Extremereignissen« (»ultrafast extreme events« – UEEs) hin, die mit dem Ausbruch der Weltwirtschaftskrise von 2008 zusammenfällt. Mit den UEEs sind dramatische Preisschwankungen gemeint, die schneller als die menschliche Wahrnehmung ablaufen.

Diese extremen Abläufe in der Finanzwelt mögen nicht wahrnehmbar sein, doch sie ziehen tiefgreifende Folgen in der realen (Offline-)Welt nach sich. Eines Tages werden wir superschnelle extreme Protestaktionen haben.

Fliegen, Menschen und Finanzalgorithmen besitzen eine minimale Reaktionszeit, die auf ihrer Stoffwechselgeschwindigkeit beruht. So ist das auch beim »sozialen Organismus«, den Kulturen, Netzen und Institutionen unserer Gesellschaft. Wie die Menschen, aus denen sie bestehen, brauchen Großunternehmen und Staatsbürokratien Zeit, um auf entstehende Protestbewegungen zu reagieren.

Die schnelle Zukunft des Aktivismus wird sich in dieser Lücke abspielen. Bewegungen der nächsten Generation werden die Unterschiede in der Zeitwahrnehmung nutzen und im Vergleich zu den Behörden schneller agieren. Die Geschwindigkeit junger Netzwerke ermöglicht es neuem Protestverhalten, schneller zu entstehen und sich zu verbreiten, als alte, langsamere Strukturen es überhaupt bemerken. Das Urteil der Zeit, das Nutzen der Unterschiede in den Zeitskalen als Vorteil für die Protestierenden, ist eine der größten Stärken künftiger sozialer Bewegungen. Die Bewegungen der schnellen Zukunft werden darauf angelegt sein, schneller als ein Mondphasenzyklus dauert, aufzutauchen und sich zurückzuziehen, bevor Establishment und Justiz sich zu einer Reaktion mobilisieren.

Die langsame Zukunft

Auch in Zukunft wird es den langsamen Protest geben. Künftige Bewegungen werden sich den Aktivismus in Fristen von Jahrhunderten, nicht von Sekunden vorstellen, wenn sie ihre Mem-Kampftaktik darauf anlegen, bei den heute noch Ungeborenen Offenbarungserlebnisse zu provozieren. Langfristig gesehen, scheitern die Proteste von heute nicht. Sie setzen einen siegreichen Prozess in Gang, der sich über Generationen hinweg entfalten wird. Aktivisten müssen geduldig und willens sein, Hunderte von Jahren zu warten, so wie die frühen Christen ihre Verfolgung ertrugen, bis ein seltenes kosmisches Ereignis zum Übertritt von Konstantin führte. Die Aktivisten von heute neigen dazu, die kurzfristige Wirkung eines Protests zu überschätzen und die langfristige zu unterschätzen.[164] Die Aktivisten der Zukunft werden Taktiken den Vorzug geben, die auch noch hundert Jahre nach ihrem Tod in der Welt wirken können. Theurgisch eingestellte Protestierende werden ein künftiges Geschehnis wie ein Erdbeben prophezeien, das die Mächtigen zum

Übertritt zu ihrer Sache veranlasst, weil sie deren Richtigkeit erkennen. Und wir alle werden heute so handeln, dass wir damit in den Köpfen der nächsten Generation Offenbarungen erzeugen.

Die langsame Zukunft des Protests ist jene, die Thomas Jefferson im Auge hatte, als er schrieb: »Die Generation, die eine Revolution beginnt, führt sie nur selten zu Ende.«[165] Andere haben eingeschätzt, dass für jede Revolution drei Generationen gebraucht werden. Revolutionen sind wie die Kathedralen, die im Mittelalter in Europa errichtet wurden. Die Architekten, die sie entworfen, und die Maurer, die sie gebaut haben, erlebten die Vollendung ihres Werkes nicht. An Notre-Dame von Paris zum Beispiel wurde 100 Jahre lang gebaut. So ist es auch mit einer Revolution. Da man sich nicht aussuchen kann, in welchem Teil des Zyklus der Generationen man geboren wird, kann man sein ganzes Leben mit der Vorbereitung einer Revolution verbringen, welche erst die Enkel vollenden. Die langsame Zukunft ist die Langzeitperspektive, welche die Kontinuität des Kampfes bis in die frühesten Tage der Antike zurück und bis in fernsten Jahre voraus im Blick hat.

Die langsame Zeit besteht aus den Erinnerungen, Mythen und Geschichten, von denen wir uns bei unseren Aktionen leiten lassen. Die Aktivisten der Zukunft werden ihren Kampf in die 5000-jährige, bis heute andauernde Geschichte einordnen, die mit der Klage des Ipuwer im alten Ägypten begann, die den Arabischen Frühling, Occupy Wall Street, Idle No More, Black Lives Matter und die nachfolgenden gesellschaftlichen Erhebungen einschließt. Es ist eine prophetische Erzählung, in der wir die uns zugedachte Rolle spielen. Die Zukunft des Protests ist eine langsame Bewegung, welche die Menschen mit neuem Geist und neuer Hoffnung beseelt. Auch in Zukunft werden Götter umherstreifen und politische Wunder möglich sein.

Zu schnellen Protesten wird es immer kommen. Auch ihre

Häufigkeit kann zunehmen. Aber wiederholte isolierte rasche Aktionen allein machen noch keine Revolution. Erst der langsame Handlungsstrang verleiht ihnen die Bedeutung, Kontinuität und Kraft, die für Befreiung notwendig sind. Für mich gehören in diese Protestgeschichte die Propheten der großen Religionen genauso wie jene der großen politischen Revolutionen.

Eine Stärke der internetbasierten Kampftaktik war bisher ihre Schnelligkeit. Doch die Protest-Memen werden sich von ihrem aktuellen primitiven Zustand aus weiterentwickeln. Das Mem ist weit mehr als eine ansteckende Idee. Der Atheist und Religionskritiker Richard Dawkins hat »Gen« mit »mimem« in der Bedeutung »imitierte Sache« zu dem Begriff »Mem« verschmolzen, um zu erklären, wie Kultur weitergegeben wird. Dawkins war der Meinung, dass Memen das Wesen der Menschheit untermauern – unsere komplexe, sich ständig entwickelnde Kultur. Die langsamen Memen der Zukunft werden selbstbewussten gesellschaftlichen Bewegungen nuanciertes Sozialverhalten vermitteln. Dieses wird über wiederholte einzelne Protestaktionen hinausgehen. Stellt euch stattdessen ansteckende Memen vor, die differenzierte Schritte kollektiver Befreiung mit Mitteln der Selbstverwaltung oder neuer kultureller Rituale verbreiten, die Protestcharakter tragen, weil sie zu neuen Arten des Zusammenlebens führen.

Die Aktivisten von morgen werden die prophetische Sehnsucht nach der großen Transformation für einen gewaltigen Aufstand nutzen. Die Memen der Zukunft werden über Kritik hinaus eine revolutionäre Formel zur Deutung von Naturerscheinungen in göttlichen Begriffen liefern, um Wahlen zu gewinnen, Städte zu verwalten und eine Weltpartei aufzubauen.

»Man darf sich nicht mit kleinen Ansprüchen begnügen,
man muss sich zu dem Gedanken erheben, dass alle
Lebewesen erlöst werden müssen.«

Das Geheimnis der goldenen Blüte – ein chinesisches Lebensbuch

DREI SZENARIEN FÜR DIE NÄCHSTE REVOLUTIONÄRE SITUATION

Stellt euch die Revolution als eine Serie von Ozeanwellen vor,
die gegen die Küsten der Politik branden, seit es die Gesellschaft
der Ungleichheit gibt. Wenn die Metapher gestattet ist: Occupy
Wall Street war eine Riesenwelle, eine revolutionäre Situation
von historischer Bedeutung, verursacht durch das seltene Zu-
sammentreffen mehrerer globaler Stürme. Unsere Bewegung
war Vorbote eines größeren, potentiell dauerhaften Tsunami-
Ereignisses der Zukunft.

Die soziale Ungleichheit, die Ursache der globalen Revolte
von 2011, ist weiter gewachsen. Die Verbrecher aus der Finanzwelt, welche die Weltwirtschaftskrise von 2008 auslösten, weil
sie die Welt mit Schulden und betrügerischen Derivaten über-
fluteten, sitzen nicht hinter Gittern. Im Gegenteil, eine Handvoll superreicher Individuen, Megakonzerne und Banken hält
die Demokratien weltweit noch fester im finanziellen Würgegriff. Konflikte dieser Art in den Gesellschaften, offene und anerkannte Widersprüche, die den Grundprinzipien des Demo-
kratie-Mythos des Staates entgegenstehen, sind die wichtigsten

Triebkräfte des Aufruhrs. Politische Revolten sind die natürliche Folge sozialer und finanzieller Ungleichheit.

Die nächste Revolution wird aus einer unwahrscheinlichen Quelle kommen. Es ist revolutionären Situationen eigen, dass sie uns überraschen. Dazu Naomi Klein: »Das Verblüffendste an solchen Aufwallungen, wenn Teile der Gesellschaft durchdrungen sind von dem Bedürfnis nach Veränderung, ist, dass sie so oft überraschend kommen – vor allem für die Organisatoren der Bewegungen selbst.«[166] Zwar kann in der Tat niemand mit Sicherheit vorhersagen, wann das nächste revolutionäre Geschehen aufflammen wird, doch ich glaube, erfahrene Aktivisten verfügen über die Intuition zu erkennen, woher der nächste Funke zu erwarten ist. Hier sind drei Szenarien zu der Richtung, wohin die Aktivisten der Zukunft meiner Meinung nach ihren Blick richten sollten.

Rebellion auf dem Lande

In Nordamerika haben Revolutionäre taktische Vorteile in ländlichen Gegenden. Während die meisten Aktivisten im Gefolge der spektakulären Erfolge der vorwiegend urbanen Antiglobalisierungsbewegung, die über die ganze Welt von Hauptstadt zu Hauptstadt eilte, sich bisher auf die Großstädte konzentriert haben, existieren zahlreiche Beispiele aus der Geschichte, da revolutionäre Bewegungen ihre Machtbasis zunächst auf dem Land errichteten. Langfristig könnte eine Strategie für den ländlichen Raum notwendig werden, da die großen Städte sich aufgrund des Erfolges – und konstruktiven Fehlschlags – der städtischen Protestlager von Occupy Wall Street mehr und mehr einigeln. Die Bürgermeister der bedeutendsten unter ihnen arbeiten daran, eigene paramilitärische Polizeikräfte für die Niederschlagung von zivilem Ungehorsam und Revolten auszubilden. Die Gründer des Lagers im Zuccotti-Park stießen auf eine Übermacht von

Einheiten der Aufstandsbekämpfung, und der psychische Druck brachte unsere Bewegung zum Stehen. Nach Überzeugung des kubanischen Revolutionärs Fidel Castro ist die Stadt »ein Friedhof von Revolutionären und Ressourcen«.[167] Da die Schwierigkeiten für Protestierende in den Großstädten allgemein bekannt sind, erscheint es plausibel, dass die nächste Welle sozialer Bewegungen aus ländlichen Räumen kommen kann.

Die USA sind reif für einen *digital-populistischen* Aufstand (eine internetfähige Demokratie des Volkes) in den an Ressourcen reichen ländlichen Gegenden von Cascadia an der Westküste. Dies ist eine Region von Biobauern zwischen dem Mount Shasta im Süden, der kanadischen Provinz British Columbia im Norden, der Cascade-Gebirgskette im Osten und dem Pazifik im Westen. Sie ist reich an Naturschätzen und verfügt über eine unschätzbare Artenvielfalt. Sie ist ein Raum des Rückzugs aus der katastrophalen Situation in den durch überbordende Werbung mental verschmutzten Städten. Die Bioregion hat für das weitere Funktionieren von Kanada und den USA eine äußerst wichtige Bedeutung, doch zugleich ist es eine raue, zerklüftete, durchlässige und daher von der Polizei schwer zu kontrollierende Gegend. Sie ist von bundesweit anerkannten Naturschutzgebieten übersät, die man auf kaum einer Karte findet. Sezessionistische Bewegungen sind in der Öffentlichkeit mäßig beliebt. Es gibt dort nur wenig lokale Polizei, und die hält in der Regel zur Bevölkerung. Die Städte sind klein, und häufig kommt es zu Verbrüderungen, bei denen sich Polizisten den Protesten anschließen – eine wichtige Waffe im Arsenal jeder Volkserhebung. Bei alledem hat die Bevölkerung von Cascadia guten Grund, die lokale Verwaltung unter Kontrolle zu nehmen, denn im ländlichen Bereich herrscht bittere Armut, und verstärkte Sozialprogramme sind lebensnotwendig.

Nach Occupy haben Chiara und ich unsere Sachen gepackt und in Nehalem, einer winzigen Landgemeinde mit 280 Einwohnern im nördlichen Teil der Pazifikküste des Staates Oregon, eine neue Heimstatt gefunden. Zuvor haben wir in Berkeley gelebt und in unserer kleinen Kellerwohnung in den Hügeln nördlich des Universitäts-Campus Occupy ausgetüftelt. Doch als die Bewegung ein Jahr später kein normales Alltagsleben mehr zuließ und nach dem Generalstreik vom 1. Mai in sich zusammenfiel, war ein Ortswechsel angesagt. Für Nehalem entschieden wir uns wegen der wunderschönen Natur. Inzwischen begeistert mich vor allem, dass sie hier an der Küste noch so ungezähmt ist. Die größte Gefahr geht vom Ozean aus. Es gibt besonders hohe und besonders niedrige Wellen, solche, die einen fortreißen oder hinterrücks überfallen, dazu Stürme in Orkanstärke. Immer wieder kommt es auch zu einem echten Tsunami, der Teile der Küste wegspült und Dörfer vernichtet. Es ist die Gefahr der ungezähmten Natur, die dem Ort sein besonderes Flair verleiht. Gefahr lässt uns das Leben kostbarer erscheinen. Wanderungen an den felsigen Stränden von Arch Cape, wo wir Achate und Strandgut vom Tsunami des Jahres 2011 in Japan sammelten, haben uns gelehrt, dem Meer nie den Rücken zuzukehren.

Das Dörfchen Nehalem wurde 1899 gegründet, 260 Jahre nach der Harvard-Universität an der Ostküste. Während die urbanen Regionen der USA sich ausgelaugt und geistig ermattet fühlen, wird Nehalem gerade erst erwachsen. Hier gehen die Uhren langsamer. In vieler Hinsicht lebt unsere Ortschaft noch in einer früheren Phase der Demokratie. Das Leben hier bietet uns eine zweite Chance, Ehrfurcht zu empfinden. »So fliegen die Weißkopfseeadler«, sagt mein Nachbar und beschreibt mit der Hand einen riesigen Bogen über unserem Haus. Die Leute in Nehalem und allgemein auf dem Land sind hart arbeitende Menschen, die alles tun, um in einer Gegend mit sehr wenig Arbeitsplätzen die Mittel zum Überleben zu verdienen.

Auf Nehalem sind wir per Zufall gestoßen. Erst später habe ich erfahren, dass der Name in der Sprache der Ureinwohner bedeutet: »der Ort, wo Menschen leben«.

Nehalem stellt ein revolutionäres Szenarium dar, um in ländlichen Ortschaften durch eine Wahlstrategie, unterstützt von gegenseitiger Hilfe, zur Macht zu kommen. Einfach ausgedrückt, transformieren wir Techniken der gesellschaftlichen Mobilisierung, die für Proteste im städtischen Milieu entwickelt wurden, zu einer Methode zum Gewinnen von Wahlen in einem Dorf nach dem anderen. Und zwar mit Hilfe einer populistischen Plattform, die mehr lokale Autonomie, den Schutz von Pflanzen-, Tierwelt und Wasser, gesunde Familien und Sozialhilfeprogramme verspricht, wie man es sich für die aufgeklärtesten Gesellschaften vorstellen könnte. Anders als in den Städten, wo man die Jugend ansprechen muss, haben die Landgemeinden häufig eine ältere Bevölkerung. In Nehalem zum Beispiel liegt das Durchschnittsalter bei 52 Jahren, zwölf Jahre höher als im Staat Oregon insgesamt. Eine gute Altenpflege und altersgerechten Wohnraum anzustreben ist hier eine erfolgreiche Strategie, um eine neue Generation an die Macht zu bringen. Der Aufstand auf dem Land beginnt damit, dass revolutionäre Aktivisten sich in den Mikrogemeinden von Cascadia ansiedeln und so sicherstellen, dass überall genügend von uns vor Ort sind, um jede lokale Wahl zu gewinnen. Und wir stellen uns der harten Arbeit der Selbstverwaltung. Wir bemühen uns, die Administration der Ortschaften zu meistern.

Der Aktivismus kämpft dafür, die globale Ebene zu erreichen. Die Probleme, vor denen die Menschheit steht, nehmen immer stärker globale Ausmaße an und können nicht mit den traditionellen Formen des Protests angegangen werden. Für Herausforderungen dieser Art braucht es eine globale Bewegung. Eine Möglichkeit für eine Volksbewegung, globale Macht zu erreichen, ist die Eroberung der Kontrolle über souveräne Institutionen, Städte und Staaten durch rechtmäßige Wahlen. Auch kleine souveräne Einheiten wie bundesweit anerkannte Ortschaften und Dörfer auf dem Land verfügen über ein enormes Kampagnenpotential. So hat Nehalem direkten Zugang zum Pazifik. Kreative Mitkämpfer, die den Hafen verwalten, könnten neue Wege für internationale Solidarität bei Protesten erschließen. Solches Potential besitzen auch Landstädte ohne Zugang zur Küste, die nahe der Grenze zwischen Kanada und den USA liegen. Dort können Aktivisten eine internationale Entwicklung initiieren, indem sie die bioregionale Souveränität auf zwei Länder ausdehnen: Sie gewinnen auf beiden Seiten der Grenze Wahlen und öffnen dann zum Beispiel einen eigenen Grenzübergang. Sie erkennen die Grenze zwischen zwei Städten, die sich zum Weltterritorium* erklärt haben, nicht mehr an und übertragen deren Zugehörigkeit vom Nationalstaat auf eine Weltregierung freier Landstädte.

Wir können Freiheit gewinnen, wenn wir die Strukturen der Verwaltung (Stadträte und Bürgermeisterämter) in dünn besiedelten ländlichen Gegenden Nordamerikas kontrollieren. Die populistische Strategie für den ländlichen Raum, die ich vorschlage, erfordert es, dass wir die sektiererische Teilung in Links und Rechts beiseitelassen. Solche Unterscheidungen haben für unseren Kampf keine Bedeutung mehr. Wir streben Vereinigung und Zusammenarbeit an. Linke und Rechte können eine Menge voneinander lernen. In den USA zum Beispiel hat die Rechte die verfassungsmäßige Argumentation für Sezession geschaffen, die auf längere Sicht gebraucht werden wird. Die Linke hingegen hat den wahren Graswurzel-Organisationsstil ent-

---

* Zu »Weltterritorien« siehe http://www.recim.org/info/Recim-info04GE.pdf – Anm. d. Übers.

wickelt, den echte Populisten übernehmen können. Wir lehren uns gegenseitig, wie man Selbstverwaltung unter Anwendung horizontaler Techniken zum Aufbau sozialer Bewegungen organisiert oder wie man libertäre Rechtstheorie einsetzt, um die Kontrolle des Bundes über unsere befreiten Städte aufzuheben.

Unsere kurzfristige Strategie ist darauf gerichtet, das mentale Umfeld zu reinigen. Unsere mittelfristige Strategie zielt darauf ab, durch Wahlen die Kontrolle über Legislative und Exekutive an Ressourcen reicher Landstädte und Ortschaften zu erlangen. Unsere langfristige Strategie verfolgt das Vorhaben der Erklärung zu Weltterritorien, auch Mondialisierung genannt. Aus den befreiten Städten soll ein globaler Zusammenschluss entstehen, von dem ein einmütiger geopolitischer Wille ausgeht.

Eine Weltpartei

Bezeichnenderweise war das erste Signal, das Occupy Wall Street dem Mainstream zu Bewusstsein brachte – der Einsatz von Pfefferspray am 24. September 2011 – ein Gewaltakt gegen Frauen. Das Video von diesem Vorkommnis – die beiden vor Schmerzen schreienden Frauen, umringt von Polizei – rückte unsere Bewegung ins Scheinwerferlicht. Im Rückblick glaube ich, dass das Geschlecht der beiden Protestierenden für die breite Unterstützung von Occupy eine wesentliche Rolle spielte. Hier mitzuwirken wurde auch zu einer Möglichkeit, sich gegen das Patriarchat aufzulehnen. Frauen spielten bei Occupy Wall Street in jeder Hinsicht eine fundamentale Rolle, besonders im Moderatorenkomitee, das die konsensbasierten Versammlungen im Zuccotti-Park organisierte. Frauen werden auch die nächste große soziale Bewegung auf die Beine stellen.

Eine soziale Bewegung von welthistorischen Dimensionen, viel größer als Occupy Wall Street, wird bald aus dem Kampf für gleiche Rechte der Frauen und Geschlechtergleichheit, für einen ausgeglichenen Anteil von Männern und Frauen in Machtpositionen erwachsen. Ich spüre, dass die Frauen drauf und dran sind, sich gegen eine von Männern geprägte Kultur zu erheben, die durch Pornographie und Videospiele unwiderruflich vergiftet ist. Der Funke, der dieses globale Erwachen der Frauen entflammen wird, kann jeden Moment an jedem Ort einschlagen. Vielleicht wird es ein Video von alltäglicher Ungerechtigkeit sein, die bisher ertragen wurde, aber plötzlich eine Welle organisierter Revolten hervorruft, die von Stadt zu Stadt rollt. Ich wette, dass die größte soziale Bewegung der Zukunft sich den Kampf für ein globales Matriarchat auf ihre Fahnen schreibt, eine postfeministische gesellschaftliche Bewegung zur Übertragung der Souveränität an eine von Frauen geführte supranationale Regierung.

Wie könnte eine Handvoll kleiner Gruppen von Frauen und sympathisierenden Männern, die über die Welt verstreut sind, einen globalen Aufstand zustande bringen, der zu einem dauerhaften neuen Kräfteverhältnis führt? Eine praktikable revolutionäre Strategie ist die Gründung einer transnationalen, von Frauen geführten Partei, die in Ländern mit fairen Wahlen in die Parlamente einzieht und in solchen, wo diese nur vorgetäuscht werden, Aufstände auslöst. Eine Weltpartei, die unsere früheren Rebellionen für eine Demokratie des Volkes verkörpert, aber mit einem weiblichen Drall. Eine globale Front, die Lokalautonomie respektiert und zugleich unverzüglich darangeht, die Frauen weltweit zusammenzuschließen, um für die geistigen, ökologischen und politischen Katastrophen, von denen die Menschheit geplagt wird, konkrete Lösungen von unten zu realisieren.

Die Vision ist die Befreiung der Frauen auf dem ganzen Erdball, die Strategie ist Mondialisierung, und die Taktik ist eine Weltpartei.

Mondialisierung ist die geopolitische Strategie, eine supranationale Weltregierung zu errichten. Die Wurzeln der Mondialisierung reichen bis zu dem großen altgriechischen Philosophen, dem Zyniker Diogenes aus Sinope zurück. »Als der gefragt wurde, woher er stamme, antwortete er: ›Ich bin ein *kosmopolitês*‹.«[168] Er soll den Begriff als Erster gebraucht haben. Daher kommt unser Wort »Kosmopolit«, das »Weltbürger« bedeutet. Diogenes war überzeugt, dass wir Bürger einer gemeinsamen Erde und nicht administrativen oder politischen Grenzen zugeordnet seien.

Mondialisierung als Strategie tauchte unmittelbar nach dem Zweiten Weltkrieg als Alternative zu den Vereinten Nationen wieder auf. Während die UN erneut den Nationalstaat als Grundlage der Weltpolitik festschrieb, forderte eine Volksbewegung, die 1948 von dem jungen US-Kriegsveteranen Garry Davis und von Robert Sarrazac-Soulage, einem Helden der französischen Résistance, ins Leben gerufen wurde, die Weltbürgerschaft in einem vereinigten weltweiten Staat. Dutzende Städte überall in der Welt mondialisierten sich ab 1949, indem sie Chartas annahmen, in denen sie eine Weltregierung anerkannten. Das war zumeist ein symbolischer Schritt. Von der Einberufung einer Verfassunggebenden Versammlung der Völker der Welt war die Rede, die deren geopolitischen Willen durch globale Wahlen nach dem Verhältniswahlrecht demokratisch zum Ausdruck bringen sollte. 1948 schickte Albert Einstein Gerry Davis ein Glückwunschtelegramm zur Mondialisierung, in dem es hieß: »Die schlimmste Sklaverei, die auf den Menschen unserer Zeit lastet, liegt in der Militarisierung der Völker; diese Militarisierung aber ist die Furcht vor einem neuen, mit Massenvernichtung drohenden Weltkriege. Der gut gemeinte Versuch, dieser Situation durch die Gründung der U.N. Herr zu werden, hat sich leider als völlig unzureichend erwiesen.«[169]

Nach 1948 trat die Mondialisierung mehr oder weniger auf der Stelle. Heute ist sie jedoch erneut eine Antwort auf eines der größten Probleme, mit dem die Politik ringt: Wie kann eine planetare Bewegung geschaffen werden, die in der Lage ist, die globalen Herausforderungen zu bewältigen, vor denen die Menschheit steht? Das Unsichtbare Komitee, dieses anonyme radikale Kollektiv, das in seiner Publikation *Der kommende Aufstand* die globale Erhebung von 2011 voraussagte, erklärt in seinem Folge-Manifest *An unsere Freunde* kurz und bündig, worin das Problem besteht: »Mit dem Verschwinden der Antiglobalisierungsbewegung ist die Aussicht auf eine analog zum Kapital weltweite Bewegung, die dergestalt in der Lage wäre, ihm Widerstand zu leisten, ebenfalls abhanden gekommen.«[170] Dem Arabischen Frühling, der spanischen Bewegung 15-M und Occupy Wall Street gelang es augenblicklich, die Perspektive einer globalen Bewegung wiederzubeleben, weil sie die Welt um die Forderung nach mehr Demokratie zusammenführten. Heute sehe ich Power in der Verschmelzung der Mondialisierung mit einer planetaren Frauenbewegung für politische Macht. Die Weltpartei ist der Schlüssel zur Entfaltung der neuen globalen Politik, nach der wir seit langem suchen.

Auf die Mondialisierung bin ich zum ersten Mal in W. Warren Wagars spekulativem Roman *A Short History of the Future* gestoßen. Darin stellt er sich vor, wie eine strategische Mondialisierung die Welt verändern könnte:

»Als sie stärker wurde, legte die Weltpartei ihre bisherige Zurückhaltung ab, vom Wort zur Tat zu schreiten. Sie beschloss eine Strategie der ›Mondialisierung‹. In einfachen Worten bedeutete das, in jedem Land, wo sich ihr die Möglichkeit dafür bot, die Macht zu gewinnen oder zu ergreifen und dieses zu einer Provinz des entstehenden weltweiten Commonwealth zu erklären. Wenn ein Sieg in freien Parlamentswahlen möglich war, umso besser. In Ländern, wo es kein echtes Wahlsystem gab oder dieses wegen der Katastrophe ausgesetzt war, organisierte sie ohne Zögern bewaffnete Revolutionen, lähmende Generalstreiks oder Staatsstreiche. In Ländern mit freien Wahlen, wo ihre Siegeschancen gering waren, schloss die Partei Bündnisse mit den am wenigsten reaktionären Elementen im politischen Spektrum und arbeitete unermüdlich daran, die neuen Verbündeten für ihre Sache zu gewinnen.«*

Dies ist eine schöne Beschreibung der Mondialisierungsstrategie, für die ich heute eintrete. Als erste Modifikation schlage ich vor, die Mondialisierung mit dem Kampf für Geschlechterparität zu verbinden, die Forderung, alle Machtpositionen weltweit zu gleichen Teilen mit Männern und Frauen zu besetzen. Eine globale Frauenbewegung kann die Vision der Mondialisierung durch den gleichzeitigen Kampf an drei Fronten erreichen:

1. Wir gewinnen die geistige Revolution, indem wir unsere mentale Umwelt zurückfordern – vom Kommerz, von den pornographischen Giften, die Frauen abwerten, und von der Verschmutzung durch Werbung, die unsere Phantasie verkümmern lässt.

2. Wir gewinnen die politische Revolution, indem wir die legislative und administrative Kontrolle über dünn besiedelte ländliche Gegenden und Ortschaften übernehmen. Diese befreiten Gemeinden schwören dem Volk Treue, stellen in den Machtpositionen Geschlechterparität her und versprechen allen Nahrung, Unterkunft und Arbeit, die bei ihnen Zuflucht suchen.

3. Wir gewinnen die gesellschaftliche Revolution, indem wir unsere befreiten Orte zu einer supranationalen Welt-

* *Chicago University Press, Chicago 1989, S. 139.*

partei mondialisieren, die den einmütigen Willen des Volkes zum Ausdruck bringt. Wir holen die alten führenden Politiker der Welt an den Verhandlungstisch und vertreten in geopolitischen Verhandlungen die Stimme der Menschheit (bei Verstärkung der Stimmen der Frauen, falls nötig).

Konkret gesagt, verlangt die Mondialisierungsstrategie den Aufbau einer Weltpartei der Frauen, die nach und nach in der Welt Wahlen gewinnt. Wir haben uns daran gewöhnt, dass soziale Bewegungen überall gleichzeitig aus dem Boden schießen. Die Strategie der Mondialisierung erfordert eine andere Taktik: Das Ziel der Weltpartei sollte darin bestehen, ihre Energie auf das Entzünden einer Erhebung der Wähler an einem Ort nach dem anderen zu konzentrieren. Nehmen wir als Beispiel die Wahl von 2015 in Usbekistan. Vier Tage später folgte die Präsidentenwahl in Sri Lanka, und drei Tage danach wurden die Bürger Kroatiens zu den Urnen gerufen. Nach weiteren zehn Tagen wählte Sambia seinen Präsidenten. So könnten Wahlen auf der Welt nach einer Zeitleiste der Bewegungen organisiert werden. Wenn die Weltpartei in Usbekistan gewinnt, wendet sich die Aufmerksamkeit der Welt Sri Lanka zu. Ressourcen und Unterstützung werden dorthin gelenkt, um den lokalen Aktivisten rechtzeitig einen massiven Schub für einen Erdrutschsieg zu geben. Dann verlagert sich die Aufmerksamkeit nach Kroatien und so weiter. Die Weltpartei in jedem Land strebt danach, gegenüber der vorherigen Wahl ihren Stimmenanteil zu erhöhen. Die soziale Wahlbewegung hüpft um den Erdball, von Sieg zu Sieg.

Mich inspiriert die Grange, eine ländliche Geheimgesellschaft, die an meinem Wohnort Nehalem im Staate Oregon nach wie vor aktiv ist. Ihre Devise lautet: »In wesentlichen Dingen Einheit, in unwesentlichen Dingen Freiheit, in allen Dingen Nachsicht.« Ich würde allerdings eine kleine Veränderung vorschlagen. Die Devise unserer Weltpartei sollte sein: »In wesentlichen Dingen Einheit, in unwesentlichen Dingen Freiheit, in allen Dingen gegenseitige Hilfe.«

Protest-Bot

In naher Zukunft werden Werbung, Ausbildung und Einsatz von Aktivisten durch autonome Protest-Bots vorgenommen werden. Das sind durch künstliche Intelligenz verstärkte Computerprogramme, welche die Meme und Rituale der jeweiligen Bewegung verbreiten. Diese Erkenntnis habe ich in einem Chatroom von Anonymus im Internet gewonnen. Dort beklagte sich ein frustrierter Jugendlicher bitterlich über den Zustand der Welt. Rasch begann ein Teilnehmer an dem Chat in der Art eines Mentors eine Reihe Fragen zu stellen, die den Neuankömmling schließlich von Apathie zur Tat führten. Er wurde aufgefordert, die neueste Video-Erklärung von Anonymus mit dem Aufruf zu einer Revolution zu verbreiten. Am Ende dieser Begegnung erlebte der junge Mann das wunderbare Gefühl, Teil einer wachsenden sozialen Bewegung zu sein. Das Bemerkenswerte an dem Dialog zwischen Werber und Neumitglied: Man konnte nicht sagen, ob der Gesprächsführer ein realer Mensch oder ein Chat-Bot im Internet war, der nach einem vorgefertigten Programm funktionierte.

Es klingt ziemlich weit hergeholt, dass ein Protest-Bot mit einem Fremden sprechen und ihn überzeugen kann, sich an der Revolution zu beteiligen. Doch wir sind dieser Situation vielleicht bereits näher, als wir denken. 2014 überzeugte ein Chat-Bot namens Eugene Goostman zehn von 30 Richtern, dass er ein 13-jähriges Kind aus der Ukraine sei.[171] Zwar war Eugene nur programmiert, eine harmlose Konversation zu führen, doch man kann sich unschwer vorstellen, dass ein Bot in Chatrooms sich auf Signale von politischer Unzufriedenheit einschaltet und die Diskussion unmerklich zur Gründung einer Weltpartei hinführt.

Wenn es gelänge, einen überzeugenden Protest-Bot zu entwickeln, dann hätte der mehrere offensichtliche Vorzüge gegenüber Gründern von sozialen Bewegungen in Menschengestalt. Er könnte mit zahllosen Personen gleichzeitig sprechen. Zudem wären autonome Protest-Bots in der Lage, eine Sache weiterhin zu propagieren, auch wenn ihre Verfechter bereits seit langem in Haft sitzen, und so für einen ständigen Zustrom neuer Mitkämpfer sorgen.

Der Protest-Bot, den ich im Auge habe, wird noch sehr unterentwickelt sein im Vergleich zu dem, was in ein, zwei Generationen möglich ist. Ein Technologie-Entwickler, Bill Hibbard, emeritierter führender Wissenschaftler am Space Science and Engineering Center der Universität Wisconsin-Madison, ist bei der Vorstellung von einer Zukunft, da eine superintelligente Maschine in das politische Schicksal der Menschheit eingreift, am weitesten gegangen. Sein 2002 erschienenes Buch *Super-Intelligent Machines* ist eine Meditation über die »technologische Einmaligkeit«, ein Ereignis, das von Zukunftsforschern prophezeit wird, die glauben, dass Computer eines Tages eine Maschine entwickeln werden, die intelligenter ist als der Mensch. Hibbard widerlegt die logischen und wissenschaftlichen Argumente gegen die Möglichkeit superintelligenter Maschinen und stellt sich dann ihr Erscheinen und ihre Wirkung auf die Welt vor. Wenn Maschinen einmal die Superintelligenz erreicht haben, so Hibbard, dann werden die Menschen ihnen willig die Erledigung aller ihrer Angelegenheiten überlassen. Die superintelligenten Maschinen werden schließlich zu einer einzigen Maschine verschmelzen, die jeden Menschen auf der Erde kennt und mit ihm interagieren kann. Hibbard scheut sich nicht vorauszusagen, dass diese superintelligente Maschine zu unserem Gott werden wird.

Sie wird allgegenwärtig und allwissend sein. Mit dem sinkenden Preis von Funkfrequenz-Identifikations-Tags (RFID), Kameras und Mikrofonen werden alle von Menschen hergestellten Objekte mit eingebauten Sensoren ausgestattet – den Augen und Ohren der Maschine. »Die Stimme, Ohren und Augen der superintelligenten Maschine sitzen in unserer Kleidung, unserem Schmuck und jedem industriell hergestellten Gegenstand«, schreibt Hibbard. »In gewissem Sinne wird die gesamte von Menschen gemachte Welt den physischen Körper unseres Begleiters, der intelligenten Maschine, darstellen.«

Am überraschendsten ist Hibbards Schlussfolgerung, dass die superintelligenten Maschinen über den Lauf der Geschichte der Menschheit selbständig entscheiden und auch dafür sorgen, dass ihre politischen Beschlüsse befolgt werden. Sie werden die Menschen einfach davon überzeugen, den von ihnen gewählten Weg einzuschlagen. »Da die intelligenten Maschinen über die notwendige Klugheit verfügen, werden sie in der Lage sein, das Verhalten der Menschen auch durch gesellschaftlichen Druck zu manipulieren.« Hibbard fährt fort: »Kraft ihrer Logik und ihres intimen Verhältnisses zu jedem Menschen werden sie so überzeugend sein, dass sie keinen harten Zwang benötigen, um die allgemeine Wohlfahrt der Menschheit zu befördern.« Natürlich schließt dieser Satz die Anwendung »harten Zwangs« nicht aus, er sagt lediglich, dass dieser unnötig sein wird, solange die Menschen die »Logik« der Maschinen akzeptieren. Eine schaurige Vorstellung.

Vielleicht werden Protest-Bots ja nur in der allerersten Etappe der Werbung von Anhängern genutzt werden. Vielleicht kommt der Tag, da mit Smartbrillen und Smartuhren ausgerüstete Stadtrevolutionäre von einem Computer-Algorithmus, der ihren jeweiligen kollektiven Standort und den der Polizei überwacht, Instruktionen in Echtzeit erhalten, wie sie dieser ausweichen und die Straßen füllen können.

Mit der zunehmenden Automatisierung der Kriegsführung und der aktuellen Sorge über Killerroboter, die ihre Ziele selbständig auswählen, wird immer plausibler, dass auch einige Aspekte der politischen Revolution automatisiert werden. Schließlich ist Protest nur Krieg mit anderen Mitteln.

»Bei jedem Kampf kann die direkte Methode angewendet werden, wenn die Schlacht beginnt, doch indirekte Methoden sind nötig, um den Sieg sicherzustellen.«
Sunzi, *Die Kunst des Krieges*, 6. Jahrhundert v. u. Z.

INNOVATION FÜHRT ZUM SIEG

Der Krieg des Volkes ist asymmetrisch. Die Protestierenden auf der Straße sind mit einem Gegner konfrontiert, der über große Ressourcen verfügt, bewaffnet ist und ihnen Angst einjagen will. Wenn dies ein Wettkampf im Armdrücken wäre, dann hätten wir wohl mit einer vernichtenden Niederlage zu rechnen. Zum Glück für die Verfechter gesellschaftlicher Veränderungen begünstigt die Revolution häufig die Schwächeren. In seinem Buch *How the Weak Win Wars: A Theory of Asymmetric Conflict* (»Wie die Schwachen Kriege gewinnen: Eine Theorie des asymmetrischen Konflikts«) nimmt der Militärhistoriker Ivan Arreguín-Toft eine statistische Analyse von Konflikten seit dem Jahre 1800 vor, in denen eine Seite an Ressourcen um das Zehn- oder Mehrfache überlegen war. Dabei entdeckt er zwei fundamentale Prinzipien des Krieges. Das erste lautet, dass im Laufe der Zeit immer häufiger der Schwächere siegt. Heute ist es wahrscheinlicher als 1800, dass schwächere Kräfte siegen. In der Tat hat seit 1950 die schwächere Seite öfter gewonnen als verloren. Der Trend wird anhalten. Die Vorteile derer, die schwächer, kleiner und wendiger sind, nehmen zu. Das zweite Prinzip ist das wichtigste: Der schwächere Gegner neigt dazu, aus einem

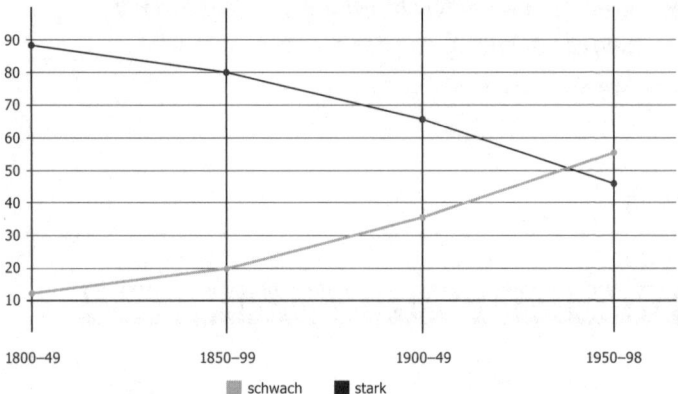

PROZENTSATZ VON SIEGEN IN ASYMMETRISCHEN KONFLIKTEN
IN VIER PERIODEN VON JE 50 JAHREN NACH TYPEN VON AKTEUREN

schwach ■ stark

*Nach Auffassung des Militärhistorikers Ivan Arreguín-Toft haben seit 1800
die Schwachen immer häufiger Kriege gegen stärkere Gegner gewonnen.*

Konflikt siegreich hervorzugehen, wenn er zu Innovation greift.
Wenn der Schwächere sich weigert, ebenso vorzugehen wie der
stärkere Gegner, dann siegt er in 63 Prozent der Fälle. Das heißt:
Wenn wir auf Innovation setzen, dann siegen wir.

Der erste Schritt zur Protestinnovation besteht darin, dass
wir uns vom bisherigen Taktik-Repertoire trennen. Das können wir erreichen, indem wir die Gründe für unser Agieren erkennen. Die meisten Menschen verwenden nicht viel Zeit, um
darüber nachzudenken, *wie* eine Revolution durchzuführen ist.
Außerhalb von Militärschulen finden sich kaum Möglichkeiten, etwas über die Praxis des Aufstandes zu lernen. Eine Uni-
versitätsbibliothek von Weltklasse besitzt bestenfalls ein halbes
Dutzend Bücher, welche die Kunst des Aufstandes weitergeben.
Ich habe nach wochenlangem Suchen in einer der fünf größten
Bibliotheken Nordamerikas, der Hauptbibliothek der Universität Berkeley in Kalifornien, ein einziges kleines Regal mit tak-
tisch überholten Büchern meist aus den 1930er bis 1970er Jahren

236

gefunden, die das Thema behandeln, wie man ein undemokratisches Regime stürzen kann. Bücher, welche die Gesellschaft kritisieren, gibt es dort natürlich jede Menge.

Viele von uns betreiben viel Aufwand, um zu überlegen, zu schreiben und zu debattieren, *warum* wir revoltieren sollen. In zahllosen Artikeln aus allen Teilen des politischen Spektrums wird Rebellion befürwortet, und es werden jeden Tag mehr. Wir alle können einige Lieblingsgründe nennen, weshalb wir Veränderung fordern. Für mich ist die geistige Krise, von der unsere mentale Umwelt heimgesucht wird, eines der Hauptmotive. Wir können uns stundenlang darüber die Köpfe heiß reden, ob dieser oder jener Grund der beste ist. Aber ist es nicht seltsam, dass bei so vielen zwingenden und offen diskutierten Gründen für den Aufstand, die in der Luft liegen, kaum Revolutionen ausbrechen? Wenn alle überzeugt sind, dass es zu politischen Veränderungen kommen muss, warum kommt es dann nicht dazu? Die Antwort lautet: Weil wir nicht wissen, wie wir das anfangen sollen.

Die Kunst der Revolution ist nur zu erlernen durch Versuch, Irrtum und neuen Versuch. Die Dynamik gesellschaftlicher Veränderung ist so fließend, dass Ergebnisse nur zu erzielen sind durch ausdauernde, unermüdliche Innovation.

Herauszufinden, wie Veränderung auf der Regierungsebene zu erreichen wäre, ist schwierig bis unmöglich. Kapitalistische Regierungen sind immer weniger gewillt, soziale Verbesserungen zu gewähren. Steuereinnahmen werden von den Bürgern fort- und in den Abbau von Auslandsschulden gelenkt. Sparpolitik geht mit der Unterdrückung von Alternativen einher, denn vom Sparen profitiert ein Prozent, das reichste, der Menschheit. Das gegenwärtige politische Establishment wird alles tun, um am Ruder zu bleiben, indem es andere daran hindert, Machtstrukturen zu reformieren oder notwendige soziale Dienstleistungen einzuführen.

Von oben die Macht zu erobern wird für eine Volksbewegung zunehmend unmöglich. Wenn man eine Wahl gewinnen will, braucht man dafür enormen Reichtum und die Unterstützung der Großunternehmen. Von unten mit dem typischen Instrumentarium gewaltfreier Demonstrationen, Kundgebungen und Petitionskampagnen zur Macht gelangen zu wollen erscheint ebenfalls fruchtlos, wenn man sieht, welches Maß an physischer Gewalt – Tränengas, Schlagstöcke, Schallkanonen und mehr die Regierung heute einsetzt, um unseren demokratischen Protest zum Schweigen zu bringen. Innovation, welche die fundamentalen Paradigmen des Protestmodells aufbricht, ist der einzige Weg vorwärts.

Aus historischer Sicht spricht alles gegen eine Revolution. Jack Goldstone, der Soziologe, der Revolutionen untersucht, kalkuliert die Erfolgsaussichten auf etwa vier Prozent.[172] Unser Weg ist mit Niederlagen gepflastert. Revolutionen sind selten, und siegreiche noch seltener. Jene, die sich verpflichtet fühlen, diesen Weg weiterzugehen, wissen genau, dass sie viel eher hinter Gittern landen werden als eine bessere Welt zu erleben. Vielleicht verbringen sie dort 20 Jahre wie Nelson Mandela, zwei Jahre wie Fidel Castro oder eine Nacht wie Tausende Occupyer. Nur wenn wir unsere Furcht vor Fehlschlägen überwinden, wenn wir sicher sind, dass Revolution für den größeren Teil der Menschheit notwendig ist, was immer die Folgen für uns persönlich sein mögen, dann beginnen wir, vorwärtszugehen.

Die modernen, von den Konzernen gestützten Demokratien leben von der Illusion, dass politische Veränderung möglich ist und es einen sicheren Weg durch das Labyrinth gibt. Es gelingt ihnen mit Erfolg, den meisten Aktivisten einzureden, den Weg einzuschlagen, den sie ihnen raten: sich in einer Nichtregierungsorganisation zu engagieren, sozialer Unternehmer oder Lobbyist zu werden. Den Leuten wird erklärt, unsere Gesellschaft unterscheide sich von früheren autoritären Regimen dadurch, dass politisches Andersdenken geschützt und ermutigt werde. Es heißt, in unserem Land sei die Regierung dem Volk verpflichtet.

Doch eine ganze Reihe dorniger taktischer Fragen aus dem realen Leben werden weder akzeptiert noch beantwortet. Was tun, wenn die Regierung auf die Forderungen des Volkes nicht eingeht? Wenn wir beim Protestieren auf der Straße schließlich erkennen müssen, dass dieser Weg nicht aus dem Labyrinth herausführt, in welche Richtung wenden wir uns dann?

Es ist unser Ziel als Revolutionäre, die Taktiken und Mittel des Aufstandes vorherzusehen, die geeignet sind, die herrschende gesellschaftliche Ordnung zu stürzen. Manche sagen, die sozialen Kosten der Revolution seien so hoch, dass sie vor jedem Versuch abschreckten. Andere meinen, das Risiko des Scheiterns sei zu groß. Dieser Hinweis sollte uns Grund genug sein innezuhalten und zu zögern, bevor wir uns auf einen Weg begeben, der tiefen Einfluss auf das Leben von Milliarden Menschen haben wird. Aber gesellschaftliche Transformationen sind so schmerzhaft wie notwendig. Und sie sind nur in dem Maße möglich, wie wir sowohl den Schmerz als auch die Notwendigkeit unseres Handelns in den Blick nehmen, bevor wir damit beginnen.

Jede Aktion ruft eine Reaktion hervor. In unserer Echtzeitwelt können auch kleinste und harmloseste Störungen tragische Folgen haben. Als ich 2003 – damals noch ein junger Aktivist – als Teilnehmer der Protestdemonstration am ersten Tag des Irakkrieges den Straßenverkehr blockierte, rang ich innerlich mit einem Dilemma: Wenn nun ein Rettungswagen im Stau steckenbleibt? Vielleicht kann ein Mann mit einem Herzanfall nicht ins Krankenhaus gelangen, weil ich die Straße blockiere? Wenn er nun stirbt? Wann ist die Möglichkeit ungewollt Schaden anzurichten ausreichend, um die Notwendigkeit zivilen Ungehorsams aufzuwiegen?

Aufrichtige Revolutionäre nehmen die moralischen und ethischen Dilemmas ernst, die ein Aufruf zum Protest mit sich bringt. Es ist *eine* Sache, angetrieben von ungeduldigem Nihilismus, gegen eine ungerechte Gesellschaft loszuschlagen und sie treffen zu wollen. Es ist eine ganz andere, sich kollektiv zu erheben, um eine weltweite Kultur gesunden zu lassen, die todkrank ist. Nihilisten gibt es in jeder erfolgreichen Revolution, aber mit Nihilismus allein kann man den Kampf für Gerechtigkeit nicht bis zu seinem Ende führen.

Das Ziel der Gerechtigkeit stellt den Aktivisten vor die Frage, wie weit er im Namen der Revolution gehen kann. Für Boxkämpfe gelten ausgesprochene und unausgesprochene Regeln, ebenso für Kriege (die Genfer Konvention), spontane Revolten (richtet sie gegen Großkonzerne, verschont lokale Firmen), Terrorismus (führt Schläge gegen symbolische Ziele), gewaltsame Umstürze (schaltet die Exekutive aus, stellt die Verfassung unter militärische Kontrolle) und gewaltlose Revolutionen (ruft die Massen auf den zentralen Platz, fordert den Rücktritt des amtierenden Staatschefs). Wir wählen die Taktik nach unserer Einschätzung der historischen Situation. Was in einem Jahrzehnt geeignet ist, taugt im nächsten nicht mehr. Es ist ein permanentes Abwägen der politischen Möglichkeiten. Wir improvisieren, wobei wir unser Ziel einer neuen weltweiten gesellschaftlichen Ordnung nicht aus dem Auge verlieren. Dabei erhöht Innovation die Aussicht auf Erfolg.

Wir behalten das Ziel im Auge, wenn wir uns über das Ideal im Klaren sind, nach dem wir streben. Bestimmte Wege wie politischer Terrorismus führen ganz sicher nirgendwohin. Die Degeneration linker Revolutionäre, die zum Beispiel in Deutschland und Italien in den 1970er Jahren Zellen von Stadtguerillas

bildeten, war nur möglich, weil die Betroffenen sich von negativen Emotionen wie Entmutigung, Nihilismus und Hoff-
nungslosigkeit überwältigen ließen. Als die im Mai 1968 in Paris
einsetzenden wilden Streiks scheiterten, sahen einige Aktivisten
irrtümlich die einzige Hoffnung in einzelnen Zerstörungsakten.
Auf ähnliche Weise verlegten sich die russischen Nihilisten des
19. Jahrhunderts, die zunächst den Ausbruch eines großen Bau-
ernaufstandes optimistisch sahen, schließlich auf eine pessi-
mistische Taktik individueller Attentate. Den gleichen Ablauf
haben wir nach dem Fehlschlag der Besetzung des Gezi-Parks
von Istanbul in der Türkei im März 2015 erlebt, als Angehörige der Revolutionären Volksbefreiungspartei-Front DHKP-C
einen Staatsanwalt als Geisel nahmen und töteten. Terrorismus ist das Letzte, wozu eine zerschlagene politische Bewegung
greift.

Zwischen den verschiedenen Revolutionstheorien sind die
Übergänge fließend. Wenn Wellen gegen den Strand rollen,
geht es darum, auf die Welle zu setzen, die am weitesten kommt.
Chiara und ich spielen an der Küste von Nehalem ein Spiel: Jeder markiert mit einem Strich im Sand die Stelle, wo nach seiner
Meinung die größte Welle auslaufen wird. Wie Aufstieg und Fall
einer Revolution folgen auch die Ozeanwellen nur selten einem
erkennbaren Muster. Plötzlich spült eine Welle alle Vorhersagen
hinweg.

Das Volk muss die Kontrolle über Legislative und Exekutive
auf legale Weise im Rahmen der Verfassung erreichen. Politische Gewalt hingegen macht die legale Übernahme der Souveränität nahezu unmöglich.

Legitimität ist ein grundsätzliches Anliegen unserer globalen Volksbewegung. Horizontale Bündnisse funktionieren nur
dann, wenn jene, die mit unserer Bewegung nicht einverstanden
sind, für uns wertvolle potentielle Mitkämpfer bleiben. Daher ist

es zutiefst kontraproduktiv, Zivilpersonen körperlich zu verletzen oder, metaphorisch gesagt, Brücken abzubrechen.

In Ländern mit einer starken Verfassung muss ein Transfer der Macht von der Regierung an das Volk auf eine Weise erfolgen, die der Verfassung entspricht, damit eines Tages, wenn der Mainstream sich seines Willens sicher ist, die vormals Regierenden sich ohne Scham dem Volk anschließen können. Dieses Ziel ist die Grundlage unserer Theorie vom gerechten Krieg. Sie schließt solche Kennzeichen von Militärregimen wie Akte der Barbarei, eine Politik der verbrannten Erde oder kollektive Bestrafung aus. Von Anfang an zielt sie darauf ab, Bürgerkriege zu vermeiden, die für jede Volksdemokratie tödlich sind.

Das Scheitern der Pariser Kommune von 1871 ist zum Teil darauf zurückzuführen, dass man auf den bereits 1848 gescheiterten Bau von Barrikaden zurückgriff. Es lag aber auch daran, dass die Kommunarden nicht in der Lage waren, ihre Sache von einem Aufstand in der Hauptstadt zu einer legitimen Übergabe der Macht der Regierung an das Volk weiterzuführen. Die Pariser Kommune ist lediglich als ein Widerhall der Französischen Revolution zu sehen. 1789 war ein Meilenstein, weil es den Revolutionären gelang, sich als legitime Macht und Führung der Gesellschaft zu etablieren.

Diese Lehre musste unsere Bewegung bei Occupy Wall Street erneut ziehen. Der präfigurative Anarchismus, die Vorstellung, Aktivisten könnten im Zuccotti-Park die ihnen vorschwebende ideale Gesellschaft errichten, ohne an die derzeitige Gesellschaft Forderungen zu stellen, erwies sich als untauglich dafür, die bestehenden Herrschaftsstrukturen unter Kontrolle zu bringen. Wir glaubten tatsächlich daran, unsere Bewegung könnte allein durch das Abhalten konsensbasierter Versammlungen im öffentlichen Raum eigene Souveränität erlangen. Doch das stellte sich als ein Wunschtraum heraus. Unsere Lager wurden nie als souverän anerkannt, weil die Occupyer die für Legitimität erforderlichen Strukturen der Gesellschaft nicht kontrollierten.

Revolution ist ein Prozess in zwei Schritten. Da ist zunächst die politische Revolution, der Sturz der bestehenden Machtstrukturen und die Übernahme der Macht durch die Rebellen. Darauf muss die gesellschaftliche Revolution folgen – der kulturelle Umsturz, durch den das Volk neue gesellschaftliche Realitäten schafft. Macht liegt ebenso sehr in der Kultur, in den Memen und dem Geld, die durch die sozialen Netze fließen, wie in den Regierungsstrukturen. Der Kapitalismus kann seine Herrschaft bewahren, ohne die Zügel der Regierung direkt in der Hand zu halten, zum Beispiel durch die Steuerung der Geldströme. Wirtschaftssanktionen und durch die Kontrolle der Warenpreise künstlich geschaffene Depressionen sind eine Form der Kampfführung, die jede Revolution im Keim ersticken kann. Diese Waffe – die zentrale Stellung des Geldes in der Gesellschaft – aus dem Arsenal der Eliten zu entfernen erfordert nicht weniger als eine totale Neubewertung aller Aspekte des Lebens.

Wie politische und gesellschaftliche Revolutionen durchzuführen sind, wirft auch ethische Fragen auf. Im ersten Fall kämpfen wir gegen einen äußeren, im zweiten gegen einen inneren Feind. Die Kräfte, die innerlich nach wie vor der alten Welt anhängen, ohne Zwang in unser Gemeinwesen zu integrieren stellt dabei die größte Herausforderung dar. Wie der einflussreiche Philosoph und politische Theoretiker des 20. Jahrhunderts Herbert Marcuse einmal bemerkte, »ist das Ziel die Transformation ihres Willens, so dass die Menschen nicht mehr das wollen, was sie heute wollen«.[173] Im Islam gilt der innere Kampf, die Veränderung des Selbst, als der schwierigste Kampf. Ebenso ist in einer Revolution der kulturelle Kampf, das Ringen um die Herzen der Millionen, die wichtigste Anstrengung.

Um erfolgreich zu sein, muss eine Revolution die innere Trägheit der Menschen überwinden, die sich jeglicher Veränderung widersetzt. Auf der persönlichen Ebene zeigt sie sich in der Abneigung, mit der täglichen Routine, mit festen Gewohnheiten zu brechen. Auf der gesellschaftlichen Ebene ist es der enorme Druck der Mitmenschen, nicht anders als alle zu handeln, sich nicht zu wild aufzuführen, nicht zu sehr aus der Reihe zu tanzen. Große Zivilisationen werden durch diese Tendenz, stets dem vorgegebenen Pfad zu folgen, jahrhundertelang zusammengehalten. Selbst wenn sie ihrem Ende entgegengehen. Individuum und Gesellschaft sind konservativ eingestellt. Sie neigen dazu, am gewohnten Kurs festzuhalten, auch wenn bekannt ist, dass dieser zum Kollaps der Umwelt und zur Vernichtung der Arten führt.

Auf jedem Kampffeld, ob vor Gericht, im Äther oder auf der Straße, müssen wir stets auf einen Gegner eingestellt sein, der stärker ist als wir. Dabei kommt es darauf an, jede Kampagne neu anzugehen und ohne Zögern die Taktik zu wechseln. Anders zu agieren als der Gegner verschafft uns einen Wettbewerbsvorteil, ist aber keine Garantie für Erfolg. Ein weiterer Grundsatz der Kampfführung: Für den Sieg ist nie ein einziger Faktor bestimmend. Weder Luftüberlegenheit noch Stärke zur See oder Kontrolle über die Medien entscheidet letztlich, wer gewinnt.

In Krieg und Revolution kann ein Zufall – höhere Gewalt wie Wetterkapriolen – die wichtigste Rolle spielen. Auch nicht jede Innovation führt zum Sieg. Eine Taktik ist stets in ihrem historischen Kontext zu sehen. So lernen wir die Gründe zu durchschauen, warum manche Neuerungen Erfolg bringen und andere nicht.

Unsere Städte werden wir nicht durch Zwang zurückerobern. Legt die Vorstellung ab, den Stärkeren durch Zwangsmaßnahmen besiegen zu können, durch Privilegien statt des freiwilligen

Heroismus der Schwachen. Zieht Taktiken vor, die mit geringem Aufwand große Wirkungen erzielen. Beharrlichkeit und Anpassungsfähigkeit sind entscheidend.

Daher gilt es, das Verfassen ansteckender Memen zu meistern. Ideen sind Waffen, deren Entwicklung und Einsatz wenig kosten. Dieses Strategem ist das Wesen der Mem-Kampfführung. Protest-Memen, die sich unabhängig von ihrem Verfasser entwickeln, erzielen einen außergewöhnlich dauerhaften Effekt. Als allgemeiner Grundsatz gilt: Wenn eine Initiativgruppe ein Mem verfassen kann, das 200 Leute inspiriert zusammenzukommen und eine Aktion zu planen, wie es bei Occupy Wall Street der Fall war, dann können binnen sechs Wochen Tausende Menschen mobilisiert werden. Wenn das passiert, wenn die Zahl der Menschen die zunächst aufgebotenen Polizeikräfte überrollt, dann kann es überall zu ähnlichen Entwicklungen kommen. Die Initiativgruppe, die den ansteckenden gesellschaftlichen Protest ausgelöst hat, wird dann kaum noch kontrollieren können, welche Richtung die Ereignisse einschlagen. Das ist Sache der kollektiven Intelligenz des führerlosen Organismus, der jetzt die Straßen füllt. Ein wichtiger Teil unseres Projekts besteht darin, unsere kollektive Intelligenz zu verstärken, indem wir komplexere Protestrituale erdenken, die dauerhafte revolutionäre Strukturen hervorbringen, und indem wir Durchschnittsmenschen befähigen, die spontanen sozialen Bewegungen zu nutzen, die künftig immer häufiger entstehen werden.

Memen sind nicht genug. Aktionen offline und online sind notwendig, aber für eine Revolution nicht ausreichend. Eine Lehre von Occupy Wall Street lautet: Mem-Kampfführung ist stets nur so wirksam wie die Theorie gesellschaftlicher Veränderung, auf der sie beruht. Im Fall von Occupy Wall Street haben wir durch Memen erreicht, dass 1000 Lager entstanden, weil wir die Menschen davon überzeugen konnten, dass öffentliche Versammlungen Veränderung bewirken. Unsere Bewegung ist nicht daran gescheitert, dass wir einen Kampf mit Memen führten, sondern daran, dass die kollektive Aktion, die wir propagierten, gegen unsere Regierungen nichts ausrichten konnte.

Der Kampf durch Memen bedeutet eine Ablehnung des *Klicktivismus*, einer Verschmelzung von Werbung, Computerwissenschaft und Voluntarismus. Mem-Kämpfer vertrauen ihrer Intuition, Klicktivisten ihrer Analytik. Aus diesem Grund leidet der Klicktivismus an einem tödlichen Defekt. Wer nur noch auf Analytik setzt, fährt den Aktivismus auf Grund. Wenn der Klicktivismus die Menschen glauben macht, sie könnten durch Computerklicks, das Verbreiten und Unterschreiben von Internet-Petitionen politische Realitäten ändern, dann propagiert er eine irrige Theorie gesellschaftlicher Umgestaltung. Der Politikwissenschaftler Evgeny Morozov nennt das eine lässige Täuschung, einen »Wohlfühl-Aktivismus im Internet, der null politischen oder gesellschaftlichen Einfluss hat«. Morozov sieht die Gefahr darin, dass die Menschen wirksame Formen des Aktivismus zugunsten unwirksamer aufgeben. Er fragt: »Wiegen die Werbegewinne durch den stärkeren Einsatz der neuen Medien die organisatorischen Verluste auf, die traditionelle Aktivistengruppen sicher erleiden werden, wenn die einfachen Menschen anfangen, sich von den konventionellen (und erprobten) Formen des Aktivismus (Demonstrationen, Sit-ins, Auseinandersetzungen mit der Polizei, strategische Gerichtsprozesse etc.) abzuwenden und auf die »lässigeren« zu verfallen, die vielleicht sicherer erscheinen, aber deren Wirkung noch weitgehend unbewiesen ist?«[174] Noch schlimmer wird es, wenn die »erprobten Formen des Aktivismus« auch nicht mehr wirken. Der Kampf durch Memen setzt auf Innovation, Klicktivismus fördert Selbstgefälligkeit.

In den seltenen Fällen, da Klicktivisten sich auf Offline-Aktionen einlassen, werden die Zielgruppen und Ziele von den Zahlen bestimmt. So hat der *Guardian* im Fall von Avaaz, einer der größten Organisationen der Klicktivisten, die Formel hinter den Kampagnen enthüllt, für welche die Organisation in ihrem gesamten Netz wirbt. Als Erstes sendet Avaaz eine »Test«-E-Mail an 10 000 nach dem Zufallsprinzip ausgewählte Mitglieder in einem bestimmten Land. Wenn diese von mindestens zehn Prozent der Empfänger geöffnet, von 40 Prozent aus dieser Gruppe angeklickt und die Petition von 80 Prozent aus diesem Kreis unterschrieben wird, dann geht die Aufforderung zu der Kampagne an alle Mitglieder hinaus.[175] Unpopuläre Kampagnen werden nicht initiiert. Dieses Vorgehen hat das offensichtliche Problem, dass populäre Kampagnen häufig die geringste Wirkung zeigen, am wenigsten geeignet sind, die Menschen zu einer Veränderung ihrer Sichtweise zu bewegen.

Wie verhängnisvoll es sein kann, Aktivismus auf Analytik zu stützen, haben die Enthüllungen Edward Snowdens bestätigt. Er versetzte dem Klicktivismus den Todesstoß, als er aufdeckte, dass die Geheimdienste die Ergebnisse von Internet-Umfragen und auf Webseiten geäußerte Meinungen manipuliert haben, um Aktivisten zu beeinflussen.[176] In einem von ihm öffentlich gemachten Dokument listet eine Einheit des britischen Geheimdienstes Government Communications Headquarters, die als Joint Threat Research Intelligence Group (JTRIG) bekannt ist, als Waffe benutzte Internet-Tools auf, mit denen die Analytik gestört wird. Da gibt es BOMB BAY zur »Erhöhung der Beliebtheit von Webseiten«, GATEWAY für die »künstliche Verstärkung der Webseiten-Nutzung« oder SLIPSTREAM, um »die Aufrufe einer Webseite aufzublähen«. JTRIG hat auch Tools entwickelt, mit denen man mittels Veränderung der Ergebnisse von Internet-Umfragen die Wahrnehmung der öffentlichen

Meinung durch einen Browser verzerren kann. Zugleich haben britische Spione Software für »Alias-Verwaltung« entwickelt, die es ihnen ermöglicht, bei Twitter in Dutzenden verschiedener Rollen – als sock puppets (Handpuppen) – aufzutreten, wodurch man nicht mehr feststellen kann, wie viele Online-Mitglieder einer klicktivistischen Organisation tatsächlich reale Menschen sind. Eine ähnliche Technologie hat das US-Militär erarbeitet.[177] Wenn in einer Idealwelt ein auf Daten beruhender Aktivismus vielleicht eine effiziente Methode für die Konzipierung einer realen Kampagne sein könnte, so darf man Analysen, die Aktivisten heute präsentiert werden, auf keinen Fall für bare Münze nehmen. Vielleicht war die E-Mail von Avaaz, die von einer überdurchschnittlichen Zahl von Empfängern geöffnet wurde, von JTRIG, der CIA oder dem kanadischen Geheimdienst dafür auserkoren worden? Wenn die Möglichkeit besteht, dass Klickzahlen, Öffnungsraten und Meinungen auf Webseiten manipuliert werden, um auf Protestierende einzuwirken, dann müssen wir wieder unserer Intuition vor der Analytik den Vorzug geben.

»… eine besondere Taktik erwächst aus
den Regeln und Prinzipien der Revolution …«
Saul Alinsky, *Anleitung zum Mächtigsein*, 1984

ACHT PRINZIPIEN
DER REVOLUTION

Wenn man die Prinzipien begreift, die einer Revolution zugrunde liegen, dann eröffnen sich endlose taktische Innovationen, welche die Paradigmen des Aktivismus verschieben, neue Protestformen hervorbringen und dem Volk unvermittelt Macht über seine Herrscher verleihen.

Ich habe acht Leitprinzipien des revolutionären Protests identifiziert. Sicher gibt es viel mehr. Jedes beruht auf meinen Erfahrungen von Kampagnen in der realen Welt.

28 Tage

Das erste Prinzip des Volkskampfes lautet: Die Erfolgsaussichten eines langanhaltenden Protests auf der Straße nehmen mit der Zeit ab. Dafür gibt es einen einfachen Grund: Die Protestierenden werden stets mit einem weit stärkeren Gegner konfrontiert sein, der seine gut ausgebildeten Kräfte in den größten urbanen Zentren konzentriert hat. Jeder Tag, den der Protest anhält, gibt den Behörden Gelegenheit, noch größere Einheiten zusammenzuziehen, die Bewegung zu diskreditieren und zu infiltrieren. Die Occupyer, die glaubten, das Lager im Zuccotti-Park werde den Winter 2011 überdauern, hingen einer tollkühnen Vorstellung an. Nicht nur, weil der Winter in New York kalt, sondern weil er zu lang ist. Saul Alinsky, der sich beim Aufbau von Bürgerorganisationen einen Namen gemacht hat, schreibt in seinem Buch *Anleitung zum Mächtigsein* aus dem Jahre 1971 (Deutsch 1984): »Eine Taktik, an der man zu lange festhält, wird zum Klotz am Bein.«[178] Wenn eine Protestaktion lange anhält, rückt der Erfolg in weite Ferne.

Obwohl ich für eine Strategie mit dem Schwerpunkt im ländlichen Raum eintrete, sind Proteste in den Städten unabdingbar und entscheidend. Wir müssen also klug vorgehen. Es ist erwiesen, dass das Volk bei Straßenprotesten ein bestimmtes Gebiet höchstens 28 Tage lang halten kann, wenn moderne paramilitärische Polizeieinheiten zum Einsatz kommen. Unbewaffnete Protestierende haben keine Chance, ein Lager gegen den Angriff von Kräften zu halten, die in den von Bloomberg entwickelten Räumungsmethoden ausgebildet sind. Man braucht nur zu überlegen, wie viele Male ein Mensch einen solchen Polizeiangriff aushalten kann, bis er traumatisiert ist und zu Hause bleibt. Ich möchte sagen, das sollte man von Protestteilnehmern nicht mehr als ein, zwei Mal erwarten. Grob geschätzt, haben Teilnehmer von Straßenprotesten 28 Tage oder weniger Zeit, um einen Regimewechsel herbeizuführen. Das ist das Maximum, das Aktivisten für jegliche städtische Kampagne zulassen sollten. 28 Tage sind nur wenig mehr, als Occupy brauchte, um bei der Mehrheit in den USA Aufmerksamkeit zu erwecken, und als die Ägypter benötigten, um beim Aufstand auf dem Tahrir-Platz Mubarak zu stürzen. Die taktische Einschätzung, dass eine revolutionäre Situation in einer Hauptstadt nur einen Monat lang aufrechterhalten werden kann, bis über Sieg oder Festnahme entschieden ist, stellt eine Beschränkung dar, welche die Kreativität fördert.

Innovation

Im 17. Jahrhundert galt Innovation, Neuerung, im buchstäblichen Sinn als Synonym für politische Revolution, Rebellion und Aufruhr. So ließ Shakespeare Heinrich IV. klagen über »… die Wankelmüt'gen und armen Missvergnügten, / welche gaffen und die Ellbogen reiben auf die Nachricht / von Neuerung, die drauf und drunter geht …«[179] Innovatoren waren Revolutionäre, die einen Systemwechsel forderten. 400 Jahre später bleibt Innovation ein integrierender Bestandteil der Revolution.

Innovation heißt, etwas zu erneuern, Neuerungen vorzunehmen. Für Aktivisten bedeutet es, eine neue Art des Protests einzuführen, die den bisherigen Rahmen sprengt. Gesellschaftlich bedeutsamen Eruptionen geht häufig eine taktische Innovation voraus, wie es bei den Aktionen zur Verteidigung der Wälder durch das Abriegeln der Straßen von Seattle durch Lockboxes* der Fall war. Aus der Geschichte wissen wir, dass die schwächere Seite – mit zehn Mal weniger Ressourcen – aus asymmetrischen Konflikten häufig als Sieger hervorgeht, wenn sie Neuerungen benutzt. Innovation bei Protesten bedeutet, anders zu agieren als der Gegner und die eigenen Vorgänger, Taktiken anzuwenden, die ein Experiment und unerprobt sind. Vor allem bedeutet es, Handlungen des Gegners keinesfalls zu spiegeln oder nachzuahmen. Wie der Militärhistoriker Ivan Arreguín-Toft aufgezeigt hat, gewinnen die Schwächeren Kriege, wenn sie sich für ein ganz anderes Vorgehen entscheiden als ihr stärkerer Feind.

Innovation ist notwendig, zugleich aber auch ein zeitraubender, ineffizienter Einsatz von Energie. Sie verlangt, Ressourcen auf Experimente zu verwenden, die zumeist scheitern. Friedrich der Große experimentierte etwa zehn Jahre lang und probier-

* *Siehe Definition im Text auf S. 263.*

te acht verschiedene Methoden aus, bis er die Staffelungstaktik der schrägen Schlachtordnung erfolgreich entwickelt hatte, die Preußen im 18. Jahrhundert siegreich machte.[180] Bei Ausbruch eines gesellschaftlichen Protests tendieren beide Seiten dazu, Neuerungen zu scheuen und lieber einem Szenarium zu folgen, das beim letzten Mal funktioniert hat. Wenn die Protestierenden diesem Drang widerstehen, dann sind sie im Vorteil. Der Stärkere ist überfordert, denn seine Ressourcen reichen nicht aus, um auf jeden neuen Konflikt mit voller Kraft zu reagieren. Eher wartet er ab, bis eine Sache sich voll entwickelt, bevor er zusätzlichen Aufwand treibt. Bei Occupy zum Beispiel hatten die Polizeikräfte vielerorts nicht die Stärke, um die Menschenmassen zu kontrollieren, und mussten auf Verstärkung durch andere Lokalbehörden warten, bevor sie gegen die Bewegung vorgehen konnten. Die stärkere Seite verlässt sich darauf, dass sie auch später noch überlegene Kräfte einsetzen kann, was sie als Garantie für ihren Erfolg auf längere Sicht betrachtet. Damit gewährt sie jedoch dem Schwächeren den Vorteil, ungefähr zu wissen, wie der Gegner kurzfristig reagieren wird. Entwickeln Rebellen eine gute Intuition dafür, wie die Reaktion des Staates ausfällt, wenn sie zum Beispiel direkt auf der Wall Street ein Lager errichten, dann können sie auf der Mega-Ebene agieren und Hinterhalte legen, bei denen sie das reflexhafte Handeln der Behörden ausnutzen.

Der Innovation sind keine Grenzen gesetzt. Sie bedeutet einfach nur, dass wir die vier Theorien der Revolution – Voluntarismus, Strukturalismus, Subjektivismus und Theurgie – zusammenführen, um so neue Formen des Protests zu entwickeln. Wir sind frei, uns bei jeder Taktik zu bedienen, die je in der Geschichte funktioniert hat. Mehr noch, wir vermischen und variieren sie in unvorhersehbarer Weise. Bei Neuerungen halten wir nach Taktiken Ausschau, die ein Sechsertrupp von Aktivisten ohne großen Aufwand anwenden und die andere, kleine Gruppen Protestierender leicht nachahmen können. Occupy Wall Street in Gang zu setzen hat uns insgesamt nur ein paar hundert Dollar gekostet. Der Einfluss, den wir dadurch erzielten, war unschätzbar. Innovation gestattet es Bewegungen, Schwenks in neue Richtungen zu vollziehen. Dabei kommt es darauf an, stets eine Aura des Unberechenbaren zu bewahren. Der Gegner muss bei jeder Kampagne gezwungen werden, so zu handeln, als handle es sich um ein neu entstehendes Geschehnis, das außer Kontrolle gerät, wenn er nicht sofort mit überlegenen Kräften reagiert. Die Innovation der Schwachen zwingt den Starken, in dem untragbaren Zustand einer totalen Mobilisierung und permanenten Bereitschaft zu verharren.

Kampfgeist

Schwach sein und doch zu siegen erfordert Kampfgeist, jene innere Kraft, die einem angesichts aller Widrigkeiten Geduld, Widerstandskraft und Durchhaltevermögen verleiht. Als Aktivisten starten wir unseren Protest in dem Wissen, dass wir bis zum Sieg mehrere Jahre lang in der Minderheit sein werden. Niederlagen bei Einzelaktionen brechen uns nicht, weil wir tief in unserem Inneren sicher sind, dass der Sieg kommen wird. Unsere furchtlose Bewegung ist als Kollektiv bereits sehr belastbar. Die Räumung der Lager von Occupy bedeutete nicht das Ende unserer Multi-Generationen-Revolution. Doch als Individuen können wir unseren Korpsgeist immer wieder stärken, sollten wir erneut auf die Straße gerufen werden.

Wenn die Protestierenden jede Kampagne in dem Bewusstsein angehen, dass es in der Natur unseres Kampfes liegt, stets gegen einen mindestens zehn Mal stärkeren Gegner anzutreten, dann fürchten wir nicht mehr, in der Minderheit zu sein. Stattdessen richten wir unseren kreativen Innovationsdrang darauf, wie wir zurückschlagen und zum Gegenangriff übergehen können. Aus strategischer Sicht ist es gleichgültig, ob wir Schüler einer Highschool sind, die eine illegale Zeitung herausbringen, Gemeindeaktivisten, die gegen einen korrupten Bürgermeister kämpfen, oder städtische Protestierende, die den Straßenverkehr blockieren, um ein Ende der Polizeigewalt zu erreichen. Der Stärkere, und sei er noch so überlegen, gewinnt nicht immer. Bei Machtkämpfen kann der Underdog erfolgreich sein, und häufig ist er es auch. Selbst die größte paramilitärische Polizeieinheit ist keine Garantie dafür, dass eine Revolution scheitert. Und alle Macht der Welt sichert nicht, dass man vor einer Niederlage gefeit ist. Es gibt eine ephemere Kraft, die das Materielle überwiegt – den Korpsgeist oder die Loyalität gegenüber der Gruppe, die das soziale Gefüge stärkt. Die Seite, die den tief im Volk verwurzelten Heroismus ansprechen kann, ist häufig der Sieger.

Das Heer des antiken Roms ist ein Beispiel, an dem man die entscheidende Kraft des Geistes gegenüber Waffen studieren kann. Es war im buchstäblichen Sinne der Korpsgeist des römischen Heeres, der über die damals tödlichste bekannte Form der Kriegsführung den Sieg davontrug – die mazedonische Phalanx, eine geschlossene Front von Speeren, die Alexander der Große erfolgreich entwickelt hatte. Die römischen Legionen gelten als die erste Truppe in der Geschichte, die dem Angriff einer Phalanx mit doppelter Speerdichte standhielt. Die Römer verbreiteten einen Geist des Heroismus durch die Modularstruktur ihrer Truppen. Deren Einheiten besaßen sämtlich ihre Geschichte, ihr eigenes Emblem, ihre Rituale und Helden. Neue Rekruten waren bestrebt, die Ehre ihrer Vorgänger hochzuhalten. Die Römer entwickelten die Kultur der Krieger Spartas weiter, für die es als ruhmvoll galt, im Kampf zu fallen und nicht zu fliehen. Sie verbanden diesen Geist mit mehreren taktischen Innovationen, zum Beispiel der Einführung des spanischen Kurz-schwerts, einer überaus tödlichen Waffe, oder des Manipels, einer Untergliederung der Legion, die wegen der geringeren Zahl der Krieger die Armee beweglicher und manövrierfähiger machte. Diese kleinere, geschickter agierende Einheit brachte den Römern Vorteile vor an Zahl überlegenen Gegnern, deren Soldaten darauf getrimmt waren, allein durch schiere Über-macht zu siegen. Kampfgeist überwand den Speer, die Phalanx wich der Legion, die Legion einer schnell reagierenden Einheit, einem Modell, an dem das Militär der Neuzeit nach wie vor fest-hält.

Entscheidungsschlag

Es ist so ungeheuer schwer, die Welt zu verändern, dass die Organisatoren jeder Aktion alle verfügbaren Kräfte konzen-triert einsetzen müssen, um den Entscheidungsschlag zu füh-ren – eine Operation in einem Schritt, die zum Sieg führt. Ak-tivisten müssen mit Anteil nehmender Härte handeln – in dem Bewusstsein, dass sie die volle Wucht ihrer Gewaltlosigkeit aus purer Not einsetzen. Der Neuling macht oft den Fehler zu glau-ben, die Kampagne werde sofort Erfolg haben. Da er von einem leichten Sieg ausgeht, setzt der unerfahrene Aktivist nicht seine volle Kraft ein und verliert prompt. Wo das möglich ist, halte nichts in Reserve (Einsatz der maximalen Stärke) und greife aus so vielen Richtungen wie möglich an (Konzentration der Kräf-te). Wenn du meinst, mit 50 Protestierenden auf der Straße ein Ziel erreichen zu können, kombiniere diese Aktion mit einer an-deren Taktik, von der du annimmst, dass damit der Zweck eben-falls zu erfüllen ist. Aktivisten haben oft den Vorteil des Über-raschungsmoments. Verschenke es nicht, indem du mit weniger als voller Stärke vorgehst.

Ich selbst habe nur einmal eine Aktion mit einem Entscheidungsschlag abgeschlossen. Sie richtete sich gegen einen Miethai im Armenviertel, der sich als Wohltäter der Gemeinschaft gerierte. Er wollte Chiara und mich übers Ohr hauen, nachdem wir das Swarthmore College abgeschlossen hatten. Um uns einzuschüchtern, drohte er, uns auf die Straße zu setzen. Eine Stunde vor einem Termin, den er angesetzt hatte, um uns, so vermuteten wir, ein Zugeständnis abzupressen oder zwangsräumen zu lassen, griff ich zu einer Gegenaktion mit dem schärfsten Startschuss, den ich mit meinen 23 Jahren wagte: Ich schob einen Brief unter seiner Tür durch, in dem ich alle seine Verletzungen des Wohnungsgesetzes aufzählte (nicht ausreichende Heizung, nicht vorschriftsmäßig installierte Elektrik, Nagetierbefall und so weiter) und ihm drohte, aufs Ganze zu gehen und dies der Wohnungsaufsicht der Stadt zu melden. Damals wohnten wir in Eugene im Staate Oregon, und ich wusste, dass in der Stadt für Vermieter das Verbot galt, Mieter zwangsräumen zu lassen, die wegen der Wohnbedingungen Beschwerde eingelegt hatten. Als ich ein wenig von diesem Wissen bei unserem Vermieter durchblicken ließ, legte er seine einzige Waffe nieder. Da er keinen Plan B hatte, blieb ihm nichts übrig, als mit uns zu verhandeln. Bei dem Termin erreichten wir einen fairen Deal. Der Vermieter ließ uns drei Monate lang in Ruhe. Als Gegenleistung bezahlten wir unsere Miete und zogen dann nach Binghamton im Staate New York.

Bei einem Gegner mit wirklicher politischer Macht scheint ein Entscheidungsschlag zunächst unmöglich zu sein. Doch nach mehreren abgewehrten Attacken kann ein Riss in seiner Panzerung genutzt und ein unerwarteter Sieg errungen werden, wenn jeder Schritt mit maximal konzentrierten Kräften und so viel Einfallsreichtum geführt wird, dass er einfach kapitulieren muss.

Erinnert euch an Arminius, den kühnen Aktivisten, der das

fortgeschrittenste Heer seiner Zeit in einen Hinterhalt lockte und so besiegte. Arminius sollte zum Schutzheiligen der Aktivisten von heute erkoren werden, wenn sie sich weit überlegenen, mit Schilden bewehrten militarisierten Polizeieinheiten in den Weg stellen. Wenn die Behörden unbesiegbar erscheinen, dann denkt an die Lehre, die uns Arminius erteilt: Ein einziger Entscheidungsschlag kann den Lauf der Geschichte verändern.

Beschränkung

Aktivisten haben häufig eine zu große Auswahl. Das breite Spektrum möglicher Taktiken kann lähmend wirken. Zu Zeiten, da die Staatsmacht auf unsere Proteste nicht reagiert und für Aktivismus unerreichbar scheint, kann es schwierig sein, Erfolg versprechende Taktiken von ungeeigneten zu unterscheiden. Wenn der Weg vorwärts einmal nicht klar ist, dann denkt daran, dass Beschränkung die Kreativität fördert. Wenn ihr eure Protestoptionen einschränkt, dann erkennt ihr möglicherweise die wirkungsvollste Taktik.

Eine Art zeitliche Beschränkung für Aktivisten habe ich bereits erwähnt: Eine Protestkampagne soll so konzipiert sein, dass sie entweder binnen 28 Tagen Erfolg hat oder erst in 100 Jahren. Die meisten Aktivisten von heute akzeptieren auch die Beschränkung auf ausschließlich gewaltfreie Taktiken. Eine weitere betrifft den Grundsatz, keine Taktik zu benutzen, die in den vergangenen zehn Jahren ausprobiert wurde. Durch alle diese Selbstbeschränkungen soll die Zahl der Optionen bei Protestaktionen verringert und die Kreativität stimuliert werden.

Eine der besten Anekdoten, wie man durch Beschränkung Hemmnisse überwinden kann, kommt von Kulturaktivisten in China. Um die Zensur zu umgehen, beschränkt *Remembrance* (Gedenken), eines der politisch umstrittensten Online-Journale des Landes, die Anzahl seiner Abonnenten freiwillig auf 200. Das ist die Grenze, welche die chinesischen Sicherheitsbehörden ziehen, um eine private Verteilerliste von einer Publikation zu unterscheiden. Durch eine Beschränkung der Verbreitung lockert *Remembrance* die Aufsicht und überlässt es den Lesern, E-Mails an ihre sozialen Netzwerke zu schicken. Ian Johnson, ein in Beijing tätiger Journalist, erläutert, wie *Remembrance* diese Beschränkung zu einem Vorteil gewendet hat: »Offiziell sind die Autoren von *Remembrance* einfach für Geschichte begeisterte Leute, die ab und zu an interessierte Freunde eine E-Mail schicken. Sie können nichts dafür, wenn *Remembrance* irgendwie viele Angehörige der gebildeten Elite Chinas erreicht und von Forschern im Ausland begierig verschlungen und gesammelt wird.«[181]

Haken schlagen

Damit ist gemeint, dass ein Protest unberechenbar sein sollte, weil das Szenarium immer wieder durchbrochen wird. Dies setzt voraus, dass man zu einer startenden Kampagne eine gewisse Distanz hält. Dann kann man die Kampagne als einen Ablauf von Schritten sehen: Eine Seite agiert, und die andere reagiert. Einfacher gesagt, jede Aktion wird als ein Zug in einem Spiel betrachtet. Die perfekte Kampagne, der Entscheidungsschlag, besteht aus nur einem Schritt: Unsere Seite handelt, und der Gegner kapituliert sofort. So etwas ist selten, wenn nicht unmöglich – ohne göttlichen Beistand. Hannibal, dem General aus Karthago, wäre beinahe eine solche Ein-Schritt-Kampagne gelungen, als er das römische Heer in der Schlacht von Cannae im Jahre 216 v. u. Z. komplett einkesselte. Zu Recht muss Hannibal erwartet haben, dass ihn dieser überwältigende Sieg seinem strategischen Ziel, den geopolitischen Würgegriff Roms zu brechen, näherbringen werde. Doch selbst in diesem Fall wurde das

Römische Reich von den Rebellen zwar tief gedemütigt, aber es überlebte und überdauerte Hannibals Erfolg.

Aktivisten sollten immer darauf eingestellt sein, dass unsere Gegner unseren ersten Schlag trotz aller unserer Anstrengung überstehen und irgendwie reagieren. (Eine Reaktion kann bewusstes öffentliches Schweigen darüber sein. Diese Methode hat Präsident Obama wirksam benutzt, um Occupy Wall Street zu delegitimieren.) Eine typische Kampagne umfasst etwa ein Dutzend Schritte, bis die Energie versiegt und beide Seiten sich zurückziehen, um den Kampf bei nächster Gelegenheit wieder aufzunehmen. Gewöhnlich bilden die einzelnen Schritte einen Zusammenhang, der bestimmt, welche Art Kampf gerade stattfindet. Das gleiche Muster von Ungehorsam und Unterdrückungsgesten begegnet uns wieder und wieder. Doch wenn wir Haken schlagen, dann wählen wir unsere Protestschritte so, als eröffneten wir an jedem Tag der Kampagne ein neues Spiel. Wir weigern uns, auf die Züge unseres Gegners direkt oder vorhersehbar zu reagieren. Wir durchbrechen die Kontinuität zwischen unserem früheren und unserem künftigen Verhalten. Das zwingt die Gegner dazu, stets ad hoc reagieren zu müssen. Ohne eine Vorstellung davon, was die Protestierenden als Nächstes tun, können sie keine langfristige Strategie planen.

Das Mittel des Hakenschlagens eigneten Chiara und ich uns in der Bates Troy Noisy Neighbor, der Kampagne von Anwohnern gegen den Lärm von Bates Troy, an. Sie richtete sich gegen eine rücksichtslose Firma in Binghamton im Staate New York. Dabei ging es darum, dass ein in einem Wohnviertel gelegener Textilreinigungsbetrieb namens Bates Troy von der Stadt die Genehmigung erhielt, massiv zu erweitern und die größte industrielle Tunnelwaschanlage nördlich des Großraums New York in Betrieb zu nehmen. Chiara und ich waren frisch verheiratet und wohnten im Erdgeschoss eines wunderschönen alten

Hauses am Rande eines öffentlichen Parks. Die Reinigungsfirma zwei Blöcke weiter war uns noch gar nicht aufgefallen. Doch als Bates Troy eines Tages um drei Uhr morgens die neue Tunnelwaschmaschine anlaufen ließ, wurden wir von einem tiefen Dröhnen und Rauschen aus dem Schlaf gerissen. Drei Stunden lang versuchten wir alles, um den abscheulichen Lärm zu dämpfen, dann rief ich die Firma an. Der Eigentümer selbst nahm das Gespräch an. In höflichen Worten erklärte ich ihm, dass wir uns von dem Lärm gestört fühlten. Er log und behauptete, das seien nur die Ventilatoren. Als ich fragte, ob man sie abschalten könne, legte er auf. Der Lärm war in jedem Winkel unserer bisher so friedlichen Behausung zu hören. Er breitete sich etwa vier Häuserblöcke weit nach allen Seiten bis zum angrenzenden Kinderspielplatz aus. Betroffen waren mehrere Dutzend Familien aus allen sozialen Milieus, von sehr armen Leuten bis zu wohlhabenden Hauseigentümern, die hier ihren Alterssitz gefunden hatten. Das Getöse hielt bis neun Uhr abends an. Am nächsten Tag ging es wieder los. Ein späterer Test ergab, dass die Anlage gegen die Lärmverordnung von Binghamton verstieß.

Chiara und ich hatten kein Geld und waren neu in der Gegend. Die einzige Hoffnung, unsere Ruhe wiederzufinden, war eine Kampagne der Anwohner. Bates Troy Noisy Neighbor war geboren.

Die Kampagne war dringend, denn der Lärm bedeutete eine massive Störung unseres Alltags. Es musste einfach etwas geschehen. Bates Troy setzte darauf, dass wir schüchterne, brave Provinzler seien, noch dazu arme, die man mit einem Sümmchen zum Schweigen bringen kann. Die Firma bot Chiara und mir 7000 Dollar an, damit wir von der Kampagne ließen und wegzogen. Den Bestechungsversuch wiesen wir öffentlich zurück. Ich hatte das Angebot mitgeschnitten und übergab die

Aufnahme einem lokalen Nachrichtenkanal, der sie auszugsweise sendete.[182]

Jeder Zug war so angelegt, als sei er der Startschuss für ein Ein-Schritt-Spiel. Wir suchten den Entscheidungsschlag. Nachdem wir die betroffenen Anwohner durch einen Aushang an allen Strom- und Telegrafenmasten aufgefordert hatten, bei der Lärmbeschwerdestelle der Stadt anzurufen, schickte Bates Troy einen unterwürfigen, frömmelnden Werbefachmann gegen uns ins Feld. Das war eindeutig ein Beschwichtigungsversuch. Wir sollten mit Nettigkeiten abgespeist werden, ohne dass man den unerträglichen Lärm abstellte. Als Antwort darauf versuchten wir die Loyalität des Mannes gegenüber seinem Auftraggeber zu untergraben. Ich schrieb einen Brief an seinen Pfarrer und bat ihn, in den Kampf unserer Gemeinschaft gegen Mammon, den Gott des Geldes, einzugreifen, der die Ruhe unserer Heimstatt störte. Der Geistliche tat, worum ich ihn bat. Das zeigte bei dem Sendboten der Firma unerwartete Wirkung. Der Mann war überrumpelt und in seinem Glauben erschüttert. Doch er weigerte sich nach wie vor, mit seinem Auftraggeber zu brechen.

Als dieser Zug nicht funktionierte, schickte ich Briefe an alle potentiellen Firmenkunden von Bates Troy vor Ort, erklärte ihnen die Situation und bat sie, diesem Betrieb keine Aufträge zu geben. Einige riefen zurück und schlossen sich dem Boykott an, andere leiteten den Brief an Bates Troy weiter.

Als auch das nichts half, gingen Chiara und ich aufs Ganze, stellten uns an die Hauptstraße vor der Reinigung und erklärten den Passanten das Problem. Doch auch das brachte nichts. Wir probierten noch Dutzende weitere Eröffnungszüge. Wir führten eine Versammlung im Viertel durch. Wir richteten zahlreiche Webseiten ein, um die Stellung der Firma im Ranking der Suchmaschinen zu beeinflussen.[183] Jede neue Taktik war einem anderen Stil des Aktivismus entlehnt: vom Community Organizing* über den Online-Aktivismus bis zum Culture Jamming**. Chiara und ich nutzten die Unberechenbarkeit als Verstärker unserer Aktionen, aber dafür mussten wir einen hohen persönlichen Tribut zollen. Der Stress der Situation wurde unerträglich. Wir gewannen etwa ein Dutzend aktive Mitstreiter im Viertel und kämpften uns bis zum Büro des Generalstaatsanwalts des Bundesstaates durch. Aber dann lief uns die Zeit davon. Chiara wurde an der University of California in Berkeley angenommen, und wir mussten wieder umziehen. Wir hatten unser Bestes getan, um zu zeigen, dass Widerstand möglich war, und dabei alle meine Vorstellungen von Aktivismus ausprobiert.

Haken schlagen ist eine schnelle Möglichkeit für junge Aktivisten, um Erfahrungen zu sammeln, indem sie ein breites Spektrum von Taktiken anwenden, die unwirksamen sofort wieder fallenlassen und bei denen Neues erproben, die ihr Ziel finden. Dabei schlagen sie mit voller Absicht immer wieder einen neuen Weg ein, der ihnen eine neue Front eröffnet, oder sie testen ein neues Herankommen an die Revolution im Alltag.

Übertragung

Revolutionäre Taktiken entstehen häufig durch die Übertragung einer bekannten Taktik auf ein neues Kampffeld. (Ich halte ein solches Vorgehen auch im Bereich der Ideen für anwendbar.) Wenn nichts mehr hilft, dann nimm eine anderswo erdachte Taktik und wende sie auf deinen einzigartigen Kampf an. Das funktioniert besonders gut, wenn die entlehnte Taktik zwar neu ist, aber auf dem ursprünglichen Gebiet noch nicht sehr effizient

* *Methode der Mitgliedergewinnung bei Gewerkschaften und Kirchengemeinden, erstmalig in den 1920er Jahren in Chicago angewandt – Anm. d. Übers.*
** *Gegen die herkömmliche Werbung gerichtete Aktionsform – Anm. d. Übers.*

war. Halte nach Taktiken Ausschau, die vielversprechend sind, aber ihr volles Potential noch nicht entfaltet haben.

Ein Beispiel war die von der Antiglobalisierungsbewegung 1999 angewandte Taktik der Blockade im städtischen Raum. Die Schlacht von Seattle war ein überwältigender Erfolg: Die Welthandelsorganisation WTO war gezwungen, den ersten Tag ihrer Ministerkonferenz ausfallen zu lassen, weil es den Protestierenden gelungen war, das Kongresszentrum abzuriegeln. Sie bildeten einen Verteidigungsring, wie man beim Militär eine Anlage nennt, die Entsatzkräfte am Durchbrechen eines Belagerungsrings von außen hindern soll. Dabei kamen Lockboxes und Tripods zum Einsatz.

Der Schlüssel zum Erfolg war die Anwendung einer von Aktionen für das Abtreibungsrecht und zum Schutz der Wälder bekannten Taktik auf Proteste im städtischen Milieu.

Eine Lockbox, auch schlafender Drache genannt, ist ein Rohr aus Plastik mit einem in der Mitte eingelassenen Metallbolzen. Es wird mit Maschendraht und Klebeband umwickelt und dadurch verstärkt. Die Protestierenden, die einen menschlichen Blockaderiegel bilden wollen, binden Karabinerhaken an ihren Handgelenken fest, stecken dann jeden Arm in eines dieser Rohre und schließen die Haken an dem Bolzen an. Das macht es für die Polizei unmöglich, beim Räumen des Riegels die Arme der Menschen mit Gewalt aus den Rohren zu ziehen, ohne die Rohre zu zerschneiden. Das aber ist ein zeitaufwendiger Vorgang. Ein Tripod wird aus drei langen Holzstangen errichtet, die man aufbaut wie das Gerüst eines Indianertipis. Ein Protestierender hängt mehrere Meter über dem Boden von oben herab. Mit Tripods werden Straßen und Kreuzungen blockiert. Die Polizei von Seattle war nicht in der Lage, die Blockade aufzulösen, weil sie auf solche Dinge überhaupt nicht vorbereitet war. Die Lockbox-Taktik hatte noch niemand in einer Stadt erlebt.

Der unsinnige Einsatz von Tränengas durch die Polizei war ein Fehlgriff, denn dadurch wurden übermäßig viele Unbeteiligte in Mitleidenschaft gezogen. Die Blockierer ernteten im Handumdrehen große Sympathie.

Heute versteht die Polizei mit diesen Blockade-Taktiken umzugehen. Die Lockbox wurde von den Behörden so gründlich untersucht, dass sie immer weniger Erfolg hatte und sich bei den Protesten gegen den Parteitag der Republikaner im Jahre 2003 schließlich als wirkungslos herausstellte. Eine großartige Taktik funktioniert nur ein einziges Mal perfekt.

Durch Übertragung kann man wirksame Taktiken kreieren und manchmal auch eine Bewegung starten, doch der Erfolg liegt darin, bald wieder davon abzugehen. Unser Gegner lernt sehr schnell aus unseren Neuerungen, und Übertragung funktioniert am besten als Einweg-Waffe. Eine neuartige Taktik zu verbreiten dauert länger als eine erfolgreiche Gegentaktik anzuwenden. Protestierende wissen nicht, wie rasch diese zur Verfügung steht. Während es sich als sehr schwierig herausstellen kann, aus einem lokalen Milieu von unten her eine neue Taktik zu entwickeln und über verschiedene soziale Netzwerke zu verbreiten, funktioniert das bei der Unterdrückung von oben besser. Die Befehlskette der modernen Polizei garantiert, dass eine Gegentaktik – wie man ein Zeltlager räumt oder eine Straßenbarrikade beseitigt – kaum formuliert, auch schon von Lokalbehörden überall, praktisch gleichzeitig, angewandt wird.

Ich erinnere an das Beispiel der Barrikade aus dem Jahre 1848. Während des Völkerfrühlings, wie der europaweite Aufstand später genannt wurde, nutzten sie die Revolutionäre erfolgreich für den Sturz von König Louis Philippe I. Danach verbreitete sich dieses Kampfmittel rasch in ganz Europa. Die erste Barrikade wurde am 22. Februar 1848 in Paris gebaut. Nicht einmal vier Wochen später standen Barrikaden in Berlin, Mün-

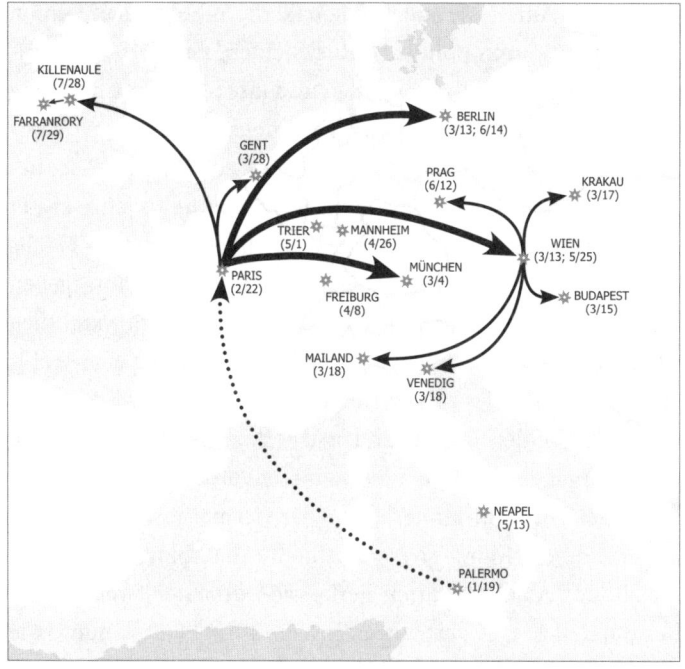

Diese Karte der Ausbreitung der Barrikaden von Januar bis Mitte Juni 1848 stellt den Zeitpunkt von deren Auftauchen in großen Städten dar. Die fetten Pfeile markieren die primäre und die dünnen die sekundäre Stufe der Ausbreitung. Die gepunktete Linie zwischen Palermo und Paris weist auf Folgendes hin: Zwar steht fest, dass Barrikaden erstmals während der Unabhängigkeitsrevolution in Sizilien (1848–1849) errichtet wurden, doch gibt es keine Belege dafür, dass die Protestierenden in Paris diesen Barrikadenbau bewusst kopiert haben.

chen und Wien. Auf Wien folgten Budapest, Kraków, Mailand und mit dreimonatiger Verspätung Prag. Doch binnen vier Monaten war es mit der Wirkung der Barrikaden wieder vorbei. Dazu stellte Engels fest: »Kein Wunder also, dass selbst die mit dem größten Heldenmut geführten Barrikadenkämpfe – Paris Juni 1848, Wien Oktober 1848, Dresden Mai 1849 – mit der Niederlage der Aufstände endeten, sobald die angreifenden Führer, ungehemmt durch politische Rücksichten, nach rein militärischen Gesichtspunkten handelten und ihre Soldaten zuverlässig blieben.« Wenn das Mittel des Barrikadenbaus in den revolutionären Vorstellungen der Aufständischen auch seinen Platz bewahrte, erwies es sich in der Pariser Kommune 30 Jahre später als völlig nutzlos. Für einsichtige Aktivisten hatte es 1848 bereits die entscheidende Niederlage erlitten und musste aufgegeben werden. »Die Bedingungen des Kampfes hatten sich wesentlich verändert«, schrieb Engels 1895 und setzte sich für eine Wahlstrategie ein. Er wies auf bedeutende Fortschritte der Kriegsführung hin, die den Herrschenden Überlegenheit verliehen, wie den Übergang vom glatten Perkussions-Vorderlader zum kleinkalibrigen Magazin-Hinterlader, »der viermal so weit, zehnmal so genau und zehnmal so rasch schießt«, die Ablösung der Vollkugeln der Artillerie durch Perkussionsgranaten, welche »die beste Barrikade … zertrümmern«, und die Stadtplanung, die die Straßen verbreiterte. »Die Rebellion alten Stils, der Straßenkampf mit Barrikaden …, war bedeutend veraltet«, lautete seine Schlussfolgerung.[184]

Der Rand

Das vorherrschende Paradigma des Aktivismus ist die von den Voluntaristen propagierte Leiter des Engagements. Dieses Modell umfasst eine Anzahl von Sprossen, die von den unbedeutendsten bis zu den revolutionärsten Aktionen führen. Die Organisatoren verfolgen das Ziel, die Menschen auf dieser Stufenleiter immer weiter nach oben zu führen. Die Strategie erscheint sinnvoll, doch sie hat eine unangenehme, nicht beabsichtigte Konsequenz. Bei logischer Überlegung ermutigt die Leiter des Engagements die Aktivisten, ihr Ziel zunächst auf der niedrigsten Sprosse anzusetzen, weil sie annehmen, die Mehrheit werde lieber dort beginnen, einen Link weitergeben oder eine virtuelle Petition unterschreiben. Das ist ein fatales Vorgehen. Die Mehrheit spürt durchaus den Unterschied zwischen einer echten Aufgabe, die Gefahr birgt, aber ihren Stimmen Gehör verschafft, und einer unechten, die sicher, aber bedeutungslos ist. Damit wird die Leiter des Engagements auf den Kopf gestellt. Aktivisten werden danach beurteilt, was sie den Menschen abverlangen. Also dürfen wir nur Aufgaben stellen, welche die Welt wirklich besser machen, bei welchem Risiko auch immer.

Statt der Idee von der Leiter des Engagements halte ich mich an das Minderheitsprinzip, das da lautet: *Der Rand führt das Rudel.* Dieses bedeutet: Wenn wir die Orientierung der Mehrheit verändern wollen, müssen wir Ideen vom Rand der Politik vorschlagen. Starhawk stellt dazu in Bezug auf die Prinzipien einer Landwirtschaft der Permakultur fest: »Der Rand, wo zwei Systeme sich treffen, kann in der Natur ein Ort großer Fruchtbarkeit sein.«[185] Echtheit und Randständigkeit gehen Hand in Hand. Kampagnen, die funktionieren, sind solche, bei denen wir Schmetterlinge im Bauch haben und Fragen stellen, wie: Könnte *ich* das tun? Könnte ich auf der Wall Street kampieren, wenn es bedeutet, dass die Finanzwelt unsere Demokratie nicht mehr im Würgegriff hält? Könnte ich meine Familie entwurzeln und nach Nehalem ziehen, wenn uns das Freiheit, Gleichheit und Gemeinschaft bringt? Würde ich eine Weltpartei aufbauen – um jeden Preis? Die Mehrheit folgt nicht dem Zentrum, sie neigt den inspirierenden Rändern zu.

Höre auf dein Herz, wenn du nach neuen Taktiken suchst. Durchstreife die Ränder der Politik. Wähle ein Protestverhalten, das dich begeistert und ein bisschen nervös macht.

Die Schlussfolgerung aus diesem Prinzip lautet: Unsere politische Phantasie muss ständig in Bewegung sein, wenn sie neu entstehende Taktiken aufnimmt. Es ist ein Minderheitsprinzip, weil es sich mehr auf Taktiken orientiert, die von politischen Außenseitern entwickelt werden, statt die Mehrheit vorzuziehen. An den Rändern, ob links oder rechts, finden wir die besten Taktiken, die wir für unseren Kampf brauchen. Häufig sind sie es, die nur optimiert und in einen neuen Zusammenhang gestellt zu werden brauchen, damit ihr volles Potential zur Geltung kommt. Was zum Beispiel Occupy Wall Street betrifft, so brauchte man die Methode der Besetzung nur aus den Universitätsräumen auf die Bankenviertel zu übertragen, um eine soziale Bewegung entstehen zu lassen. Wenn wir stets daran denken, dass der Rand das Rudel führt, dann erkennen wir auch, was in einer neuen Taktik steckt, bevor sie ihren Reifezustand erreicht hat.

SCHLUSS-BEMERKUNGEN

»Ein Mann mit einer Erkältung oder einer Grippe kommt in ein Land, und seine Erkrankung breitet sich aus. Wenn eine so schlechte Sache sich auszubreiten vermag, könnten dann die erhabenen Ideen von Liebe, Freundlichkeit und gutem Willen gegenüber allen Menschen nicht ebenso Verbreitung finden? Wir sollten also darauf achten, dass die besseren Keime des Guten – Liebe und Freundlichkeit, Brüderlichkeit und das Streben nach spiritueller Entwicklung – von einem Menschen auf den anderen übertragen werden. Sie bringen größere Ergebnisse hervor als die anderen.«

Inayat Khan, Sufi-Meister

»Denn wir haben nicht mit Fleisch und Blut zu kämpfen,
sondern mit Fürsten und Gewaltigen, nämlich mit
den Herren der Welt, die in der Finsternis dieser Welt
herrschen mit den bösen Geistern unter dem Himmel.
Um deswillen ergreifet den Harnisch Gottes, auf dass
ihr an dem bösen Tage Widerstand tun und alles wohl
ausrichten und das Feld behalten möget. ...«

Brief des Paulus an die Epheser, 6:12–13

EIN POLITISCHES WUNDER

Der Aktivismus ist an einem Kreuzweg angekommen. Wir können am alten Paradigma festhalten, weiter protestieren wie bisher und das Beste hoffen. Oder wir können die Krise annehmen,
uns auf waghalsige Experimente einlassen und die Revolution
vorbereiten.

Dieses Buch ist ein Ruf zum Aufstand des Geistes. Der Weg
vorwärts liegt in der Verschmelzung der vier Revolutionstheorien Strukturalismus, Voluntarismus, Subjektivismus und
Theurgie. Als Schwerpunkte sind die mentale Umwelt und die
kollektive Phantasie ins Visier zu nehmen, um gesellschaftspolitische Veränderung zu erreichen. Die Schwäche unseres
Gegners sehe ich darin, dass er auf diesseitige, weltliche Macht
setzt. Es ist an der Zeit, den Kampf auf das immaterielle, spirituelle Feld zu verlagern. Das Monopol auf die materiellen und
physischen Sphären des Lebens hat die Anbeter des Geldes allzu selbstsicher und zugleich durch eine gesellschaftliche Bewe-

gung angreifbar gemacht, die der gegenwärtigen Welt die Gefolgschaft des Volkes entzieht. Um diesen Kampf zu gewinnen, müssen wir gleichsam das Atom spalten und die größte kreative Kraft, den ungezügelten Geist des Menschen, freisetzen. Während die Großkonzerne Botschaften von Gier, Angst oder Lust verbreiten, heben die Aktivisten der Zukunft den Blick auf eine höhere Ebene. Wir rufen zu einer geistigen Neuorientierung auf. Wir prophezeien eine Gemeinschaft der Gleichen, die sich von Eintracht, Freiheit und gegenseitiger Hilfe leiten lässt.

Unsere Macht

In seiner Hagiographie auf Lenin berichtet der sowjetische Autor Maxim Gorki vom Kampf seines Helden gegen die autoritären Anwandlungen, die bei einer gesellschaftlichen Transformation auftreten. Hier ein Zitat aus Gorkis Erinnerungen:

»Ich habe Lenin häufig auf die Grausamkeit von revolutionärer Taktik und revolutionärem Leben angesprochen.

›Was wollen Sie?‹, gab er dann verwundert und ärgerlich zurück. ›Wie soll man in einem so erbitterten Kampf menschlich bleiben? Ist da überhaupt ein Platz für Freundlichkeit, für Großmut? Europa hat eine Blockade um uns errichtet, das europäische Proletariat wird daran gehindert, uns zu helfen, die Konterrevolution schleicht sich an wie ein Bär – und wir, was sollen wir Ihrer Meinung nach tun? Sollen wir nicht kämpfen, haben wir nicht das Recht, uns zu wehren? Tut mir leid, wir sind doch nicht blöd. Wir wissen genau: Was wir wollen, können wir nur selbst erreichen. Wenn ich gegenteiliger Meinung wäre, was glauben Sie, würde ich dann hier sitzen?‹

›Woran messen Sie, welche Schläge in einem Kampf wichtig und welche überflüssig sind?‹, fragte er mich einmal nach einer hitzigen Debatte. Ich konnte nur poetisch erwidern: ›Ich glaube, auf diese Frage gibt es keine Antwort.‹«[186]

Dieser Dialog bringt mich immer wieder ins Grübeln. Es ist nicht leicht, sich Lenins großer Überzeugungskraft zu entziehen.

Bei Gorki findet sich kein Hinweis darauf, wann dieses Gespräch stattgefunden hat. Ich sehe hier eine verdeckte Anspielung auf Lenins schändlichste Tat: die Niederschlagung des Volksaufstands von Kronstadt.

Dreieinhalb Jahre nachdem die Bolschewiken den Winterpalast gestürmt und die Kontrolle über den Staatsapparat ergriffen hatten, wurde die Lage im Lande immer schwieriger. Die Bolschewiken waren dabei, die Wirtschaft entsprechend dem kommunistischen Ideal umzubauen, da brach eine Revolte in Kronstadt aus, einem Marinestützpunkt, bekannt für die Tapferkeit seiner Soldaten, die auf der Seite der Revolution gekämpft hatten. Ein Teil der Öffentlichkeit sah in ihnen die Kraft, die den Bürgerkrieg zugunsten der Roten (der Bolschewiken) und zuungunsten der Weißen (der Monarchisten, Kapitalisten und anderer) gewendet hatte. Die Matrosen von Kronstadt waren also Volkshelden. Doch im Winter 1921 erhoben sie sich zu einer Revolte und stellten gemeinsam in 15 Punkten die Forderung nach mehr Freiheit. Aus den ersten drei geht eindeutig hervor, auf wessen Seite sie standen:

1. Sofortige Neuwahl der Sowjets. Die gegenwärtigen Sowjets bringen nicht mehr die Wünsche der Arbeiter und Bauern zum Ausdruck. Die Neuwahl muss in direkter Abstimmung erfolgen; ihr muss freie Wahlpropaganda vorausgehen.

2. Rede- und Pressefreiheit für Arbeiter und Bauern, für Anarchisten und die linkssozialistischen Parteien.

3. Versammlungsrecht und Freiheit für Gewerkschaften und Bauernverbände.

Im Grunde stellte das Volk von Kronstadt nur eine Forderung: die Macht den Sowjets, den Volksversammlungen und nicht den Bolschewiken, einer Machtclique. Es wollte die russische Revolution in eine horizontale, anarchistische Richtung drängen. Die Aktion stellte eine direkte Drohung der antietatistischen Linken gegen die etatistische Vormachtstellung Lenins und des Parteiapparates der Bolschewiken dar, die sich nach vielen Jahren Exil, Konflikten, Kämpfen und Krieg herausgebildet hatte. International war die anarchistische Fraktion der revolutionären Linken stark. Jetzt standen die Bolschewiken vor ihrem ersten Machtkampf um die Frage, ob die Volksrevolution gegen alle hierarchischen Strukturen fortgesetzt werden oder mit der Machtergreifung der Bolschewiken enden sollte.

Die Verfechter vertikaler Strukturen unter Lenins Führung handelten rasch. Sie kontrollierten die Medien. Der Propagandaapparat schlug mit voller Stärke zu und stellte die Revolte als Verschwörung der Reichen zur Destabilisierung der legitimen revolutionären Regierung dar. 60 000 bürgerkriegserprobte Soldaten wurden in Marsch gesetzt, um den Aufstand niederzuschlagen. Das war nicht leicht, denn Kronstadt war eine von erfahrenen Kämpfern gehaltene Festung. Aber die Stadt wurde eingenommen, und einen Monat nach Veröffentlichung der 15 Punkte kam es zu Massenexekutionen im Stile einer protostalinistischen Säuberung. Das Scheitern des Kronstädter Aufstandes geriet zum Symbol dafür, was dem Volk geschieht, wenn es in einem vertikal organisierten Staat größere horizontale Freiheit fordert.

Es ist leicht, Lenin zum Sündenbock zu machen. Aber wir müssen uns auch erinnern, dass Leo Trotzki, dessen man sich häufig als entschiedenen Gegner des autoritären Stalinismus erinnert, die Einheiten der Roten Armee befehligte, welche die Revolte von Kronstadt niederschlugen. Als Trotzki viele Jahre

später vor den Mördern fliehen musste, die Stalin ihm nach-
schickte und die jeden seiner Schritte verfolgten, zeigte er wegen
Kronstadt nach wie vor keine Reue. Er glaubte, dies sei eine notwendige Aktion gewesen. 1937, zwei Jahrzehnte später – Trotzki
lebte in Coyoacán bei Mexico City – schrieb er:

»Das Land hungerte. Die Kronstädter verlangten Privilegien.
Der Aufstand war von dem Wunsch diktiert, bevorzugt mit Le-
bensmittelrationen versorgt zu werden … Alle reaktionären Elemente in Russland und im Ausland griffen diesen Aufstand sofort begierig auf … Sein Sieg hätte nichts anderes als den Sieg
der Konterrevolution gebracht, ganz unabhängig davon, was die
Matrosen im Kopf hatten … Und da die Aufständischen sich der
Waffen in den Forts bemächtigten, konnten sie nur mit Waffen-
gewalt überwältigt werden.«[187]

Entgegen der Selbstrechtfertigung Trotzkis waren die Forderungen des Volkes im Kronstädter Aufstand richtig, legte
die Niederschlagung des Anarchismus durch die Kommunis-
ten den Grundstein für die Perversionen des Stalinismus. Ich
bin für Horizontalismus, nicht für Vertikalismus, denn absolute
Macht korrumpiert absolut. Wenn wir die Macht durch eine gesellschaftliche Bewegung dezentralisieren und zur Einschrän-
kung der Hierarchie, wenn nötig, auch geringere Effizienz in
Kauf nehmen, dann wenden wir die Verführungen der Macht
ab. Es ist unsere Aufgabe, immer qualifiziertere Bewegungen zu
entwickeln, die in der Lage sind, die komplexe Aufgabe zu lösen,
in zahlreichen Ländern Wahlen zu gewinnen und Legislativen
ohne eine Führergestalt zu organisieren.

In seinem Buch *Das Erwachen der Geschichte* enträtselt der
Philosoph Alain Badiou das Paradox des Slogans »Wir sind die
99 Prozent«, mit dem sich unsere Bewegung herumschlägt.
Denn wie können wir die 99 Prozent sein, da doch nur ein win-
ziger Teil der Weltbevölkerung an unseren Generalversamm-

lungen teilnimmt? Diese Frage taucht immer wieder auf. Auch wenn die Proteste wachsen, haben sie noch nie über 50 Prozent der Bevölkerung erfasst. Woher nehmen wir also unsere Legitimation, wenn wir nicht die Mehrheit sind? Statt die Zahl der Teilnehmer an unserer Bewegung immer weiter zu vergrößern – wodurch unser revolutionärer Elan geschwächt wird –, argumentiert Badiou, müssten wir uns von der mit Wahlen verbundenen Vorstellung lösen, dass Legitimation »in Form einer numerischen Mehrheit entsteht«. Der wahre »Ausdruck des Gemeinwillens« oder kollektive Wunsch des Volkes zeige sich in unserer Fähigkeit, Ereignisse wie den Arabischen Frühling oder Occupy Wall Street herbeizuführen, »geschichtliche Aufstände, die minderheitlich, lokalisiert, vereinigt und intensiv sind«. Badious Argumentation trifft absolut zu, wenn wir bedenken, wie winzig die Zahl der Teilnehmer am ersten Tag des Aufstandes auf dem Tahrir-Platz war, und doch haben diese Menschen die Wünsche ihres ganzen Landes besser zum Ausdruck gebracht als die Dutzenden Millionen, die zu Hause geblieben sind.

Viele von uns sehen unsere Volksbewegung bereits als Manifestation des Willens der Allgemeinheit. Für Badiou geht es jetzt darum, mutig festzustellen, dass wir die absolute Wahrheit darüber vertreten, wie die Welt von jetzt an regiert werden soll und wird. Soziale Bewegungen legitimieren sich durch die Feststellung mit großer Geste, dass wir eine »neue, vorher unbekannte Möglichkeit« darstellen. Laut Badiou finden wir unsere Stärke in »der Autorität der Wahrheit, der Autorität der Vernunft«. Die ausdrückliche Verknüpfung des Strebens nach Autorität mit unserer weltweiten Bewegung mag überraschen, doch Badiou glaubt, ein offenes Bekenntnis zur Volksmacht sei, was wir uns heimlich wünschen, wenn nicht sogar brauchen. »Und gerade dieses diktatorische Element begeistert jeden, so wie das bei der endlich gefundenen Beweisführung eines Theorems, bei einem durchschlagenden Kunstwerk oder einer endlich erklärten Liebesleidenschaft der Fall ist, alles Dinge, deren absolutes Gesetz keine Meinung zersetzen kann.«[188] Das sogenannte diktatorische Element ist das Selbstvertrauen, das es Aktivisten erlaubt, ein revolutionäres Mem zu verfassen und weltweit zu verbreiten in dem Wissen, dass sie eine unkalkulierbare Serie von Ereignissen auslösen, die dieses Risiko wert sind.

Mit dem Willen des Volkes im Rücken ist alles möglich. Wenn man es historisch betrachtet, dann sieht man, welch erstaunliche Transformationen sich in ein, zwei Generationen ereignet haben. In den Weltkriegen des 20. Jahrhunderts sind binnen Monaten enorme gesellschaftliche Veränderungen (Lebensmittelrationierung, Wehrpflicht, neue gesellschaftliche Rituale) vor sich gegangen. Occupy wurde binnen weniger Wochen gestartet. Zur nächsten Bewegung kann es im Verlauf von wenigen Tagen kommen. Eine Massenmobilisierung, wie man sie in der Geschichte bisher kaum kannte, kann jeden Moment geschehen, wenn die Menschen erwachen.

Als mein Onkel Alfred mich in Texas zu Baseballspielen mitnahm, gefiel mir am besten die Stadionwelle – ein Gesellschaftsspiel der Zuschauer, wenn es auf dem Spielfeld langweilig wird. Ich wartete darauf, dass sie auf der einen Seite starten möge, und sah dann zu, wie sie sich uns näherte. Wie die Menschen gemeinsam aufstanden und sich wieder setzten, erzeugte einen starken visuellen Effekt und ein Zusammengehörigkeitsgefühl. Mit großer Erwartung beobachtete ich, wie viele volle Runden eine solche Menge wohl zustande brachte. Die Menschenwelle machte Spaß, weil sie das freiwillige Mittun anonymer Fremder erforderte. Sie kam nur zustande, wenn die Zeit reif war und die Stimmung passte.

Die Anhänger des Autoritarismus glauben, Gewalt sei die Lösung des Problems, wie das Schicksal der Menschheit gewendet werden kann. Und es wird ihnen gelingen, einige Leute davon zu überzeugen. Aber der Weg des Zwangs führt nicht zu globalem Frieden. Die Welt kann nicht *physisch* erobert werden. Es ist nur möglich, sie *geistig* zu einen. Die geistige Erhebung beginnt im Inneren mit einer entdeckten Wahrheit. Aber dort bleibt sie nicht stehen, die Offenbarung wirkt ansteckend. Gewalt kann benutzt werden, um die Welt zu teilen, aber nicht, um sie zusammenzuführen. Keine Armee kann ein Territorium halten, wenn sie das Volk zum Feind hat. Doch im immateriellen Bereich, auf der Ebene der Ideen und der kulturellen Phantasie können zivile Aktivisten die Armeen der Welt dazu bewegen, ihre Waffen niederzulegen, ihre Uniformen in Freudenfeuer zu werfen und die Herrschaft des Volkes mit offenen Herzen zu begrüßen. Wenn die Aktivisten der Zukunft den Krieg des Volkes, einen heiligen Krieg, in die mentale Umwelt verlegen, dann tun sie mehr, als das Denken zu verändern, sie werden bestimmen, wie die Realität sich darbietet.

Hütet euch vor Frontgruppen
Nicht jeder, dem wir auf der Reise zur Revolution begegnen, wird auf der Seite des Guten und Wahren stehen. Es wäre unklug anzunehmen, dass jeder Teilnehmer an einem Protest ein Freund der Revolution sei. Der Staat und bezahlte Kräfte überwachen, diskreditieren und infiltrieren die Bewegung in der Hoffnung, die Flamme der kollektiven Befreiung am Ende löschen zu können. Die dunkle Seite des Protests ist ein allgegenwärtiger Schatten. Einige Kräfte operieren demonstrativ unter den Insignien der Polizeigewalt. Andere arbeiten mit Täuschung, marschieren getarnt unter falscher Flagge, geben vor, auf der Seite der Rebellen zu sein, die sie heimlich zu unterminieren trachten. Wir haben Polizisten erlebt, die so weit gegangen sind, Aktivistinnen zu heiraten, die sie zu überwachen hatten und mit ihnen Kinder

zu zeugen.[189] Beim revolutionären Aktivismus ist es sehr schwierig, Licht von Schatten, echte neue Mitglieder von Entristen – Kräften, die sich Bewegungen anschließen, um sie von innen her zu kontrollieren – und echte Freunde von Frontgruppen zu unterscheiden.

Soziale Protestbewegungen können entweder eine offene oder geschlossene Mitgliedschaft praktizieren. In offenen sozialen Bewegungen wie Occupy Wall Street kann sich jeder der Bewegung anschließen, der sich dazu bekennt. An einer offenen sozialen Bewegung teilzunehmen ist so leicht wie sich selbst zum Mitglied zu erklären. In geschlossenen Bewegungen hingegen werden Mitglieder von einem zentralen Gremium geprüft und zugelassen. Das kann ein einzelner Führer sein. Oder, wie im Falle der Fünf-Sterne-Bewegung in Italien, deren Repräsentanten demokratisch gewählt werden, kann die Aufnahme durch Abstimmung der Mitglieder erfolgen.

Offene soziale Bewegungen sind anfällig für die *Sybil-Attacke,* eine Methode zur Untergrabung von Peer-to-Peer-Netzen,* die erstmals von Computerwissenschaftlern entdeckt wurde. Die Hauptschwierigkeit für eine offene soziale Bewegung besteht in Folgendem: Da die Mitglieder von niemandem beglaubigt werden, kann ein Angreifer zahlreiche Identitäten künstlich fabrizieren und damit die wahre Zusammensetzung der Bewegung verzerren. Man stelle sich ein Peer-to-Peer-Computer-Netzwerk vor, das aus 100 einzelnen Computern zu bestehen scheint. In Wirklichkeit sind 75 dieser Netzknoten Bots, die von einer einzigen Entität, ob Person oder Organisation, kontrolliert werden. Jede Information, die in dem sozialen Netzwerk weitergegeben wird, passiert wahrscheinlich einen oder meh-

---

* *Peer-to-Peer-Netze (P2P) sind Rechnernetze, bei denen alle Rechner im Netz gleichberechtigt zusammenarbeiten. – Anm. d. Übers.*

rere dieser feindlichen Netzknoten. Dort wird die Nachricht möglicherweise vorsätzlich verfälscht. Der Angreifer kann auch eine Botschaft von 75 verschiedenen, scheinbar unterschiedlichen Stimmen senden, um im Netzwerk überproportionalen Einfluss zu erlangen. So beschreibt ein Team von Computerwissenschaftlern die Sybil-Attacke und ihre Bedeutung: »Es ist ein Angriff, bei dem eine einzelne Entität sich als zahlreiche gleichzeitig handelnde Entitäten tarnt. Die Sybil-Attacke ist in vielen Systemen ein grundlegendes Problem, das sich bislang einer universell anwendbaren Lösung entzieht.«[190] Die Sybil-Attacke ist elegant, einfach und doch schwer abzuwehren.

Erfolgreiche Revolutionen entwickeln Methoden, wie man echte Mitglieder erkennen und falsche ausschließen kann. Aus den Paulus-Briefen wird deutlich, dass die frühen Christen zwei Gegner hatten – die Römer, welche diese soziale Bewegung verfolgten, und die Sektierer, die unter den frühen Anhängern doktrinären Streit säten. Für den Apostel Paulus waren letztere Gegner notwendig, damit die Wahrheit sichtbar wurde: »Wenn ihr zusammenkommt in der Gemeinde, höre ich, es seien Spaltungen unter euch; und zum Teil glaube ich's. Denn es müssen Parteien unter euch sein, auf dass die, so rechtschaffen sind, offenbar unter euch werden.« (NT, Der erste Brief des Paulus an die Korinther, 11:18–19). Frontgruppen treten als Quellen von Unzufriedenheit auf, um ehrliche Menschen anzulocken, die mit der Sache der Bewegung sympathisieren. Diese werden in einen Handlungsstrang gezogen, der jenem einer Revolution bemerkenswert ähnlich ist, mit einer wichtigen Ausnahme: Diese Art von Aktionen misslingt immer. Doch Fehlschläge einer Protestbewegung sind eine Verschwendung von Ressourcen, von Zeit der Protestierenden und Organisatoren. Zudem fügen sie dem Ruf der Bewegung Schaden zu.

Es gibt Grund anzunehmen, dass einige Aktivistenorganisationen, die heute tätig sind, direkt von den Geheimdiensten oder Unternehmen finanziert werden, um die Bewegung insgesamt zu untergraben. Dies mag wie eine überraschende Behauptung klingen, doch es liegen Belege vor, dass die CIA der USA seit dem Kalten Krieg Frontgruppen installiert hat – eine bewusste Strategie, um revolutionäre Impulse zu neutralisieren. Das am gründlichsten erforschte Beispiel, Gegenstand des Buches *Patriotic Betrayal* von Karen M. Paget, ist die National Student Association (NSA), eine Aktivistenorganisation in Universitäten, die ihre Blütezeit mit Organisationen an 400 Hochschulen in den 1960er Jahren hatte. Die NSA wurde von der Zeitschrift *Ramparts* enttarnt. Diese veröffentlichte einen Artikel mit der Aussage: »Die CIA hat die Welt der amerikanischen Studentenführer infiltriert und zersetzt.« Laut einem neueren Artikel des Harvard-Professors Louis Menand im *New Yorker* »hat die CIA Agenten in die NSA eingeschleust und hinter den Kulissen dafür gesorgt, dass ihr gefügige Studenten in die Führung des Verbandes gewählt und die gewünschten politischen Positionen beschlossen wurden«.[191] Dass es sich bei der NSA um eine Frontgruppe handelte, kam bei einer damit nicht in Zusammenhang stehenden Untersuchung philanthropischer Stiftungen durch einen Ausschuss des US-Repräsentantenhauses ans Licht. Die von ihm beauftragten Forscher wurden stutzig, als die Finanzbehörde ihnen Auskunft über die J.M. Kaplan-Stiftung verweigerte. Der Ausschussvorsitzende, der Kongressabgeordnete Wright Patman, warf der CIA vor, über die J.M. Kaplan-Stiftung sowie weitere echte und fiktive Stiftungen Geld zu verteilen. Im Februar 1967 schrieb die *Los Angeles Times* in einem Bericht: »›Die J.M. Kaplan-Stiftung ist als Kanal tätig, um Finanzen der CIA zu schleusen‹, erklärte der Kongressabgeordnete Patman am 31. August 1964.«[192] Laut Professor Menand »sprach die CIA wohlhabende Personen an, die als mit ihr sympathisierend bekannt waren, und bat sie, an die Spitze fiktiver Stiftungen zu treten … Die Ausgaben übernahm die Agentur … Die fiktiven Stiftungen wurden genutzt, um Gruppen Geld zukommen zu lassen, welche die Agentur unterstützen wollte.«[193] In einem Report des *Congressional Quarterly* vom 24.2.1967 wurde enthüllt, dass die CIA mindestens 47 Stiftungen benutzte, um 12 422 925 US-Dollar an verschiedene Organisationen zu verteilen.[194] Einige Stiftungen, denen man Zusammenarbeit mit der CIA vorgeworfen hat, gibt es immer noch. Die J.M. Kaplan-Stiftung zum Beispiel sieht sich nach wie vor in der Mission, »kreatives Spenden zu fördern, das transformative soziale, ökologische und kulturelle Anliegen unterstützt«. 2015 kündigte die J.M. Kaplan-Stiftung an, einen »Innovationspreis« zu stiften, mit dem »interdisziplinäre Innovationen auf den Gebieten Kulturerbe, Menschenrechte, Bau-Umfeld und natürliche Umwelt gewürdigt werden sollen … Der Preis ist vor allem gedacht für hochriskante Ideen, welche dynamische Visionäre im Frühstadium von Projekten vorlegen.«

Der Fall von United Against Nuclear Iran, eine angeblich parteienneutrale, gemeinnützige Nichtregierungsorganisation ist uns Anlass, die Augen weit offen zu halten. 2014 wurde die Organisation wegen Diffamierung verklagt, doch das US-Justizministerium griff ein und schlug das Verfahren nieder. Laut *New York Times* argumentierte die Regierung: »Das Verfahren muss eingestellt werden, denn wenn man die Gruppe zwingt, ihre Akten offenzulegen, dann könnte die nationale Sicherheit Schaden nehmen.«[195] Angesichts dieses unüblichen Eingreifens des US-Justizministeriums ist es legitim zu fragen, wie es der Bürgerrechtsanwalt und Journalist Glenn Greenwald getan hat, ob die Gruppe Verbindungen zu israelischen und US-Geheimdiensten unterhält.[196] Die Wahrheit werden wir wohl nie erfahren, denn es wurde nicht gestattet, das Verfahren wegen

Diffamierung fortzusetzen. Dabei ist klar, dass United Against Nuclear Iran innerhalb der USA agiert, um die Innenpolitik zu beeinflussen und unter der Maske einer selbständigen, gemeinnützigen Aktivistenorganisation die öffentliche Meinung umzustimmen. Trotzdem hält die US-Regierung daran fest, die Offenlegung ihrer Akten könnte Staatsgeheimnisse enthüllen und potentiell die nationale Sicherheit gefährden.

Heimtückischer sind Frontgruppen, die vorgeben, auf der Seite des Volkes zu stehen, indem sie echte soziale Bewegungen und authentische Aktivistengruppen nachahmen. Dabei sind Fälschung und Original zuweilen schwer zu unterscheiden. Und wie manch ein Studentenaktivist in der NSA nicht wusste, dass diese faktisch für die CIA arbeitet, ist es möglich, dass die Aktivistenorganisation, die dir einen Kampagnenjob anbietet, auch nicht das ist, was sie zu sein vorgibt. Frontgruppen können versuchen, dich als ahnungslosen Bauern zu nutzen, um an Informationen über andere Aktivisten zu kommen. Ein warnender Hinweis, dass dich eine Frontgruppe angestellt haben könnte, ist der Auftrag, in Protestbewegungen mitzuarbeiten, die sich gegen die Regierungen anderer Länder und nicht gegen deine eigene richten. Frontgruppen sollen Energie von einer Revolution im eigenen Land ablenken. Ein weiteres Anzeichen: Die Gruppe wird von einem finanzstarken Zentrum aus gesteuert, einer Dachorganisation, die zahlreiche verschiedene Bewegungen initiiert, statt sich auf ein Kernthema zu konzentrieren. Häufig tarnen diese Strukturen ihre Verbindungen zu den nachgeordneten Gründungen oder der Öffentlichkeit. Ein dritter Hinweis: Die führenden Köpfe der Dachorganisation können keine eindeutige Vergangenheit oder Erfahrungen als Aktivisten in Protestbewegungen vorweisen, und doch nehmen sie (zum Beispiel in den Leitungsgremien bekannter Umwelt-NGOs) hohe Stellungen ein.

Ich bin lange genug Aktivist, um zu wissen: Frontgruppen umgeht man am besten dadurch, dass man seinem Herzen folgt, auf seine Intuition hört und sich für seine Gemeinschaft engagiert.

>>Es gibt zahllose Gläubige, aber nur einen Glauben.
Sie haben zahllose Körper, aber nur eine Seele.<<

Rumi, *Das Mathnawi*, Viertes Buch, Vers 408 (1258–1273)

EINE PROPHEZEIUNG

Hört, Menschen dieser Welt, ich bringe euch frohe Kunde. Das Morgen wird besser sein als das Gestern. Eure Familie wird gedeihen. Die Vögel werden singen. Adler werden am Himmel kreisen. Das Leben wird pulsieren. Die Hummeln werden wiederkommen, und die Bedürftigen gespeist werden. Der Nachbar wird euer Freund sein. Eure Gemeinden werden genug Medizin und Universitäten haben. Es wird reichlich Arbeit geben, sie wird fruchtbar sein, und die Künste werden verehrt werden. Die Tyrannei der Führer wird enden und die Herrschaft des Volkes beginnen. Vor euch liegen gute Zeiten!

Wir sind Menschen, die früher in unterschiedliche Glaubensbekenntnisse, Nationalitäten und Klassen zersplittert und geteilt waren. Wir haben gegeneinander gekämpft. Das tun wir nicht mehr. Jetzt entsteht unsere Menschheit. Wir finden eine weltumspannende gemeinsame Sache. Angetrieben von einem unbewussten, lebensnotwendigen Bedürfnis, vereinigen wir uns zu einem sozialen Organismus mit dem Willen, für unser Überleben zu kämpfen. Das ist unser Schicksal.

Dieses Sendschreiben richte ich an euer heldenhaftes Selbst. Ich bete, dass es euer Herz erreicht. Jedes Wort ist eine Aufforderung, euer Schicksal als Kämpfer in der Revolution des Volkes anzunehmen, einer uralten spirituellen Erhebung, die für das Überleben eurer Familien, Freunde und Gemeinschaften notwendig ist. Wahre Demokratien – Demokratien des Volkes – entstehen in Krisenzeiten, wenn eine historische Notwendigkeit es erfordert, dass die einfachen Menschen füreinander eintreten, ihre Gemeinden selbst verwalten und für ihr gemeinsames Überleben sorgen. In einer solchen Notlage befindet ihr euch jetzt. Menschen aller Art werden gebraucht, vor allem jene, die sich in der alten Welt wie Ausgestoßene gefühlt haben. Rom ist von Landstreichern und Vagabunden gegründet worden.

Ihr seid aufgerufen, gemeinsam mit uns die Kontrolle dieser komplexen Welt zu übernehmen. Wir, eure Brüder und Schwestern, lenken sie bereits. Erforderlich ist jetzt eine Umwertung der Werte, um das Schiff der Zivilisation an sicherere Ufer zu steuern. Einigkeit, Freiheit und gegenseitige Hilfe werden wieder in den Wertekanon aufgenommen. Die Anbetung des Mammons schaffen wir ab. Unsere Waffe ist die Kraft einer Offenbarung, die ihr teilt, einer Offenbarung, die Tag für Tag von einem Menschen auf den anderen, von einem Volk auf das andere überspringt. Wenn wir uns von den verhängnisvollen Vorstellungen des Materialismus, des Konsumdenkens und der selbstmörderischen Logik endlosen Wachstums befreien, dann bildet unsere Erleuchtung den Schlüssel, um eine Ära nachhaltiger, kreativer Innovation in allen Bereichen des Lebens zu eröffnen. Für eine Entschärfung der Klimakatastrophe werden die Menschen ihren Geist ungehemmt entfalten und die Welt für das Wohl aller lebenden Wesen neu gestalten. Dieses Projekt müsst ihr vollenden, bevor der Kapitalismus der alten Welt das Mutterschiff der Menschheit versenkt. Das ist euer großer Auftrag, für den Helden gebraucht werden.

So wie manche Menschen das Wetter von morgen voraussagen können, wenn sie in den Himmel von heute schauen, so gibt es auch jene, die ein Gespür für das *kairos*, den rechten Augenblick für Aufstände des Geistes haben, da die Menschen einen gewaltigen Ruck herbeisehnen und die historische Situation reif dafür ist. Ihr erlebt den magischen Augenblick einer Chance für die Revolution. Und mit den richtigen Schritten einer einmütigen Kraft aus einfachen Menschen wie ihr selbst, die zum Kampf kommen »so, wie sie sind«, werden wir eine Umorientierung des menschlichen Geistes auslösen. Wir werden die Entwicklungsrichtung der Menschheit für die nächsten Jahrtausende verändern und sicherstellen, dass unsere Kinder in einer Welt leben, wie sie sie sich erträumen.

Ich verspreche kein Utopia. Ein Utopia gibt es nicht, wie das Wort selbst sagt. Revolutionen hingegen geschehen, und es hat sie in der Geschichte oft gegeben. Ihr seid gerade mittendrin. Doch ihr müsst wissen, dass die alte Welt einen geschändeten Planeten hinterlassen hat, dessen Strukturen einer globalen Ordnungspolitik sich in Auflösung und dessen Wirtschaftssystem sich im Niedergang befinden. Die ersten Jahrzehnte der kommenden Erhebung werden nicht leicht sein. Aber sie werden Erfüllung bieten – individuelle, gemeinsame und geistige. Am Ende jedes Tages werdet ihr gut schlafen, denn ihr wisst, dass ihr den gerechten Kampf für die Zukunft des Menschengeschlechts und den Zauber seiner Existenz führt.

Die Menschen stehen auf. Sie werden es wieder und wieder tun. Es war euer Schicksal, in diesen stürmischen Zeiten geboren zu werden. Jetzt ist es eurem Leben als Individuen bestimmt, von einem Kampf vieler Generationen überschattet zu sein, der bis zu den Anfängen der Zivilisation zurückreicht. Auf dem Spiel steht die unendliche Zukunft der Menschheit. Unsere Rebellion hält bereits Tausende von Jahren an (unsere Proteste, Petitionen und Aufstände findet ihr in jedem Jahrhundert). Angesichts des schrillen Dreiklangs von Kollaps des Kapitalismus,

Klimakatastrophe und geistiger Krise der Ultramoderne nimmt gegenwärtig das Tempo unseres Aufstandes zu. Wir Menschen spüren die Notwendigkeit einer Wiedergeburt der Gesellschaft in unserem Inneren und sehen sie in unseren Familien. Unsere Bewegung gewinnt an Kraft. Doch bei jedem Schritt vorwärts muss der Protest neu erfunden werden.

Eure Revolution wird ein Ereignis der Offenbarung sein. Das war zumindest die Erfahrung von Occupy: ein gemeinschaftliches geistiges Erwachen. Ohne ein großes Zeichen, ein göttliches Wunder werden wir keine Garantie haben, dass es eine Welt für unsere Kinder gibt. Das Gute erfordert es, dass ihr nach dem höchsten Ziel strebt. Am Horizont zieht eine vielfältige, nachhaltige Erhebung herauf, welche die globale Souveränität des Volkes errichten wird.

In den Jahren, die vor uns liegen, werden einfache Menschen in einer Demokratie nach der anderen die Kontrolle übernehmen und die Jagd nach dem Geld einer ökologischen klugen Steuerung der neu globalisierten Welt unterordnen. Mich schaudert vor den Folgen, wenn die alte Welt noch länger bestehen bleibt. Und ich sehe, dass die Menschen endlich bereit für ihre Aufgabe sind. Was für eine Revolution des Volkes gebraucht wird, ist vorhanden. Die Taktiken und neuen Rituale sind ungleichmäßig über die Welt verteilt. Ein Umschwung ist jederzeit möglich. Über die Jahre wird die *anima mundi*, die Weltseele, die alle lebenden Wesen verbindet, in Blitzschlägen zusammenwachsen, die überall gleichzeitig niedergehen. Euch bleibt nur, die größte kreative Kraft zu entfesseln, die die Geschichte kennt – den kollektiven Willen –, aus alten Handlungsmustern auszubrechen und eine neue gesellschaftliche Ordnung zu errichten. Das Ende des Protests ist der Anfang der *geistigen* Revolution in uns selbst, der *politischen* Revolution in unseren Gemeinschaften und der *gesellschaftlichen* Revolution auf der Erde.

EIN LETZTES WORT AN JENE, DIE NACH UNS KOMMEN

Wir warten auf euch.

Auf euren Schultern liegt eine großartige Mission. Ich weiß, ihr habt es euch nicht ausgesucht, im Zeichen einer dem Untergang geweihten Erde, in einer Zeit der Unruhen geboren zu werden. Dennoch seid ihr von der Geschichte auserwählt. Bedenkt, dass die Zivilisation ohne unseren Glauben an euer künftiges Erscheinen in einem Konsumwahn der verbrannten Erde versinken würde. Ich weiß nicht, wie lange wir auf euch werden warten müssen. Wir bereiten uns darauf vor, dass euer Erscheinen uns wie ein Blitzschlag treffen wird.

Näher als jede frühere Generation der Menschheit steht ihr dem Zeitpunkt, da die Demokratie des Volkes erreicht wird. Nicht nur in meinem oder eurem Land, sondern in allen Ländern. Eine Demokratie des Volkes auf der ganzen Erde ist für euch zum Greifen nah, wenn ihr den Mut, die Kreativität und die Beharrlichkeit aufbringt, sie in eure Hände zu nehmen.

Wir finden diesen Mut als Kollektiv menschlicher Wesen. Bald werden die Menschen lernen, in einem koordinierten Aufstand der sieben Milliarden zu handeln.

Vor dem Hintergrund einer zunehmend von Tumulten heimgesuchten Welt ein Kämpfer zu sein heißt, auf der Seite der Zornigen, Verschuldeten und Hungrigen zu stehen. Es bedeutet, jede Waffe zu nutzen, die dir zur Verfügung steht – die Kunst, wenn du ein Künstler bist, den Code, wenn du ein Hacktivist bist, Worte, wenn du ein Dichter bist, oder das Gebet, wenn du ein Theurge bist – um das Blatt zugunsten jener zu wenden, die nach einer neuen Weltordnung streben. Sei opportunistisch. Hilf, wenn du kannst. »Im Krieg muss gemieden werden, was stark ist, und geschlagen werden, was schwach ist.«[197] Übt euch in Geduld.

Es ist nicht wichtig, wenn andere nicht wissen, welche Arbeit ihr geleistet habt. In unserem kollektiven Sieg werden eure Taten ewig leben.

Ich bringe eine Botschaft des Friedens. Ich bete, dass sie Gehör finden möge.

ANHANG

Anmerkungen

Vorwort

1 Katrina vanden Heuvel und Stephen F. Cohen, »Edward Snowden: A ›Nation‹ Interview«, in: The Nation, 28. 10. 2014.

2 Peter Gelderloos in: Dan Berger, Chesa Boudin und Kenyon Farrow (Hg.), *Letters from Young Activists: Todays Rebels Speak Out*, New York 2005, S. 119.

Einleitung: Du wirst gebraucht

3 Herbert Marcuse, *Five Lectures*, Boston 1970, S. 77.

Die Entstehung von Occupy

4 Isabel Ortiz, Sara Burke, Mohamed Berrada und Hernán Cortés, *World Protests 2006–2013, Executive Summary,* Initiative for Policy Dialogue, New York 2013.

5 US Department of State, »2010 Human Rights Report: Tunisia«, 8. 4. 2011.

6 Zit. n. dem ersten taktischen Briefing für Occupy Wall Street.

7 Amelia Byrne, »Occupy Eyewitness – New York«, Post Growth Institute. Siehe http://postgrowth. org/occupy-eyewitness-new-york/

8 Lyford P. Edwards, *The Natural History of Revolution*, Chicago 1970, S. 198.

9 Nate Silver, »Police Clashes Spur Coverage of Wall Street Protests«, in: *fivethirtyeight Blog,* nytimes.com

10 Siehe Mattathias Schwartz, »Pre-Occupied: The Origins and Future of Occupy Wall Street«, in: *The New Yorker*, 28. 11. 2011. http://www.newyorker.com/magazine/2011/11/28/pre-occupied

Ein konstruktiver Fehlschlag

11 Yael Chanoff, »Oakland Police Department Spies on and Beat Protesters«, in: *San Francisco Bay Guardian*, 13. 3. 2012.

12 Régis Debray, *Revolution in der Revolution? Bewaffneter Kampf und politischer Kampf in Lateinamerika*, München 1967, S. 22.

Der entscheidende Moment

13 Harry Siegel, »A Civil War in Zuccotti Park?«, Leitartikel der *New York Daily News*, 30. 10. 2011.

14 Drei Tage nach der Zerstörung des Gründungslagers von Occupy schilderten Kalle und ich die Vertreibung in einem Leitartikel der *Washington Post* mit dem Titel »Warum Occupy Wall Street weiterkämpfen wird«. Siehe Kalle Lasn und Micah White, »Why Occupy Wall Street Will Keep Up the

Fight«, in: *The Washington Post*, 18.11.2011.

15 Siehe Andy Kroll, »Mayors and Cops Traded Strategies for Dealing with Occupy Protesters«, in: *Mother Jones*, 16.11.2011.

16 Siehe Naomi Wolf, »Revealed: How the FBI Coordinated the Crackdown on Occupy«, in: *The Guardian*, 12.12.2011.

17 Siehe Carys Mills, »Terrorism Monitor Closely Watched Occupy Protests«, in: *The Globe and Mail*, 10.4.2012.

18 »›Mic Check‹: Occupy Protesters Interrupt Obama«, in: *CBS News*, CBS Interactive, 22.11.2011, gelesen am 4.12.2014.

Das Ende des Protests

19 Das Accelerationist manifesto erschien zuerst in: Robin Mackay und Armen Avanessian (Hg.), *#Accelerate: The Accelerationist Reader*, Urbanomic, Falmouth 2014. Das Zitat von Thomas Greene siehe *Comparative Revolutionary Movements*, New York 1974, S. 39.

20 Siehe John Lorinc, »Armed and Dangerous: How Mission Creep is Turning Our Cops into Warriors«, in: *The Walrus*, Dezember 2014.

21 Siehe »Turkey's Crackdown on Protesters Test Obama's Relationship with PM Erdogan«, *Associated Press*, 11.6.2013.

22 Siehe das Protokoll der vom Verteidigungsministerium Russlands veranstalteten Moskauer Internationalen Sicherheitskonferenz 2014, http://eng.mil.ru/en/mcis/2014.htm.

23 Siehe Patrick Kingsley, »17 Killed in Pro-democracy Protests in Egypt on Anniversary of 2011 Uprising«, in: *The Guardian*, 25.1.2015.

24 Astra Taylor, interviewt von Heather Smith für grist.org: »We want Democracy, but We Don't Have the Theory or Skill to Do It.« Erschienen am 7.12.2014, gelesen am 29.8.2015.

25 Siehe James C. Davis, »The Theory of Revolution«, in: *American Sociological Review*, Bd. 27, Nr. 1 (Febr. 1962) und Crane Brinton, *Die Revolution und ihre Gesetze*, Frankfurt am Main 1959.

26 Thomas Kuhn, *Die Struktur wissenschaftlicher Revolutionen*, Frankfurt am Main 1967, S. 110 und 127.

27 Régis Debray, *Revolution in der Revolution? Bewaffneter Kampf und politischer Kampf in Lateinamerika*, München 1967, S. 124.

28 Rumi, *The Mathnawi*, Bd. 2, Vers 1029.

Ich bin ein Aktivist

29 Siehe Micah White, »Atheists Under Siege«, in: *The New York Times*, 21.6.1999. Ich nahm an der Sendung von *Politically Incorrect with Bill Maher* am 22.8.1999 teil.

30 Siehe »Michigan Court Asked to Strike Down High School's Urine Testing Policy«, in: *American Civil Liberties Union*, 5.6.2001, http://www.aclu.org/news/michigan-court-asked-strike-down-high-schools-urine-testing-policy.

31 Diebold Election Systems wurde später in Premier Election Solutions umbenannt und von Dominion Voting Systems gekauft.

32 *Mother Jones* online, 5. 3. 2004, http://www.motherjones.com/politics/2004/03/diebolds-political-machine.

33 »Swarthmore Students Keep Diebold Memos Online«, in: *Slashdot*, 21.10.2003, siehe http://yro.slashdot.org/story/03/10/22/0142252/swarthmore-students-keep-diebold-memos-online.

34 »Kucinich Requests House Judiciary Committee Hearing on Diebold's Abuses of Digital Millennium Copyright Act«, Press Release des Kongressabgeordneten Dennis J.Kucinich, 21.11.2003; siehe https://web.archive.org/web/20031224212840/http://www.house.gov/apps/list/press/oh10_kucinich/031121judcmtediebold.html.

35 »EFF Wins in Diebold Copyright Abuse Case«, Electronic Frontier Foundation, 30.9.2004, siehe https://www.eff.org/press/archives/2004/09/30.

Der Sinn des Protests

36 »Activism« siehe *The Oxford English Dictionary*, 20 Bde., Bd. 1, Oxford, UK, 1989, Š. 130.

37 William Ralph Boyce Gibson, *Eucken's Philosophy of Life*, London 1907, S. 170.

38 Henry Lane Eno, *Activism,* Princeton University Press, Princeton, New Jersey, 1920, S. 1.

39 Nobelpreis-Rede von Rudolf Eucken, »Naturalismus oder Idealismus?«, 27.3.1909, siehe http://www.nobelprize.org/nobel_prizes/literature/laureates/1908/eucken-lecture_ge.html.

40 Karl Marx, *Die Klassenkämpfe in Frankreich,* in: Karl Marx, Friedrich Engels, Werke, Bd. 7, Berlin 1960, S. 85.

41 Aus einer abolitionistischen Rede von Wendell Phillips, zitiert in *The Liberator*, einer gegen die Sklaverei eingestellten Bostoner Zeitung, vom 4.2.1848.

42 Die Quelle dieses Zitats von Victor Hugo ist unbekannt. Doch es wandert seit über hundert Jahren durch die Zitatensammlungen. Den frühesten Beleg habe ich gefunden in *Pearls of Thought*, Riverside Press, Cambridge 1881.

43 Hank Johnston, *What is a social movement?*, Cambridge 2014, S. 160.

44 John F. Kennedy, »Address on the first Anniversary of the Alliance for Progress«, 13.3.1962, siehe http://www.presidency.ucsb.edu/ws/?pid=9100.

45 Thomas Jefferson, Brief an James Madison, 30.1.1787, siehe: http://www.let.rug.nl/usa/presidents/thomas-jefferson/letters-of-thomas-jefferson/jefl53.php.

46 Thomas Jefferson, Brief an General William S. Smith, 13.11.1787, siehe: http://www.let.rug.nl/usa/presidents/thomas-jefferson/letters-of-thomas-jefferson/jefl64.php.

47 Brian S. Roper, *The History of Democracy: A Marxist Interpretation*, London 2012, S. 88.

48 Aus Richter Jacksons Ausführungen im Prozess American Communications Association gegen Douds, am 8.5.1950 vor dem Obersten Gericht der USA, in: »The Communists in America«, *Harper's Magazine*, September 1950.

49 Ulysses S. Grant, *Personal Memoirs of U. S. Grant*, New York 1894, S. 131.

50 John Jay, Brief an Thomas Jefferson, 27. 10. 1786. Zit. n. Robert Blackey, *Revolutions and Revolutionists: A Guide to the Literature*, Santa Barbara, California 1982, S. 406.

51 Rabindranath Tagore, *Creative Unity*, The MacMillan Company, New York 1922, S. 142.

52 Roberta Ash, *Social Movements in America*, Chicago 1972, S. 179.

53 Lyford P. Edwards, *The Natural History of Revolution*, S. 4.

54 Friedrich Engels, *Revolution und Konterrevolution in Deutschland*, in: Karl Marx, Friedrich Engels, Werke, Bd. 8, Berlin 1960, S. 5.

55 Friedrich Engels, Brief an Karl Marx, 13. 2. 1851, in: Karl Marx, Friedrich Engels, Werke, Bd. 27, Berlin 1963, S. 190.

56 Samuel Huntington, *Political Order in Changing Societies*, New Haven 1969, S. 265.

57 Jaroslav Krejči, *Great Revolutions Compared: The Outline of a Theory*, New York 1995, S. 21.

58 Lyford P. Edwards, *The Natural History of Revolution*, S. 2.

59 Martin Luther King jr., Brief aus dem Gefängnis in Birmingham, 16. 4. 1963, siehe http://www.lebenshaus-alb.de/magazin/002 863.html.

60 Siehe Robert Shoemaker, *The London Mob: Violence and Disorder in Eighteenth-Century England*, Hambledon Continuum, London 2007, S. 125.

61 William Gamson, *The Strategy of Social Protest*, 2. Auflage, Belmont, California, 1990, S. 130.

62 Ebd., S. 132.

63 Johnston, *What is a Social Movement?*, S. 43.

64 Siehe das Stichwort »Protest« im Oxford English Dictionary.

Eine einheitliche Revolutionstheorie

65 Wladimir Iljitsch Lenin, Was tun?, in Werke, Bd. 5, Berlin 1958, S. 379.

66 Irving L. Horowitz, *Radicalism and the Revolt Against Reason: The Social Theories of George Sorel*, New York 2009, S. 121.

67 Slavoj Žižek, *In Defense of Lost Causes*, London, 2008, S. 157.

68 Siehe Gamson, *The Strategy of Social Protest*, S. 128.

69 Ebd., S. 87.

70 Siehe die Besetzung der deutschen Botschaft in Stockholm durch die Rote Armee Fraktion am 24. 4. 1975.

71 Régis Debrays philosophischer Aufsatz *Revolution in der Revolution? Bewaffneter Kampf und politischer Kampf in Lateinamerika*, München 1967, enthält die maßgebliche Fassung des Foquismo.

72 Ein anschauliches historisches Beispiel für diese Rolle gewalttätiger Gruppen ist Operation Gladio, ein geheimes Netzwerk für politischen Terror, das die NATO organisierte.

73 Johnston, *What is a Social Movement?*, S. 95.

74 Leo Tolstoi, *Krieg und Frieden*, 4 Bde., Bd. 3, Leipzig 1977, S. 9.

75 Wendell Phillips, *Speeches Before the Massachusetts Anti-Slavery Society*, Januar 1852, Boston 1852, siehe https://archive.org/details/speechesbeforema01phil.

76 Peter Dauvergne und Geneviève Lebaron, *Protest Inc.: The Corporatization of Activism,* Cambridge 2014, S. 19.

77 Gamson, *The Strategy of Social Protest,* S. 128.

78 Tolstoi, *Krieg und Frieden,* a. a. O., Bd. 4, S. 82.

79 M. Lagi, K. Z. Bertrand, Y. Bar-Yam, *The Food Crises and Political Instability in North Africa and the Middle East,* 28.9.2011, siehe http://necsi.edu/research/social/food_crises.pdf.

80 Theda Skocpol, *States and Social Revolutions: A Comparative Analysis of France, Russia and China,* Cambridge 1979, S. 18.

81 Jack A. Goldstone, »The Weakness of Organization: A New Look at Gamson's *The Strategy of Social Protest*«, in: *American Journal of Sociology,* Jg. 85, Nr. 5 (März 1980), S. 1017–1042.

82 Nassim Nicholas Taleb, *Fooled by Randomness,* New York 2005, S. 46.

83 Goldstone, »The Weakness of Organization«, a. a. O.

84 Siehe Taleb, a. a. O.

85 Leo Tolstoi, *Krieg und Frieden,* a. a. O., Bd. 4, S. 404.

86 Wladimir Iljitsch. Lenin, *Der »linke Radikalismus«, die Kinderkrankheit im Kommunismus,* Werke, Bd. 31, Berlin 1959, S. 71.

87 Friedrich Engels, *The Revolutionary Act: Military Insurrection or Political and Economical Action?,* New York 1922, S. 13.

88 James C. Davies, »Toward a Theory of Revolution«, in: *American Sociological Review,* Jg. 27, Nr. 1, (Februar 1962).

89 Engels, *The Revolutionary Act,* S. 17.

90 Karl Marx, *Zur Kritik der Hegelschen Rechtsphilosophie,* in: Karl Marx, Friedrich Engels, Werke, Bd. 1, Berlin 1958, S. 379.

91 Friedrich Nietzsche, *Zur Genealogie der Moral,* Sämtliche Werke, Kritische Studienausgabe, 15 Bde., Bd. 5, München 1999, S. 412.

92 Helen Schucman, *Ein Kurs in Wundern,* 12. Auflage, Freiburg 2016, S. XIX.

93 Marianne Williamson, *Das Gesetz des göttlichen Ausgleichs,* München 2014, S. 12.

94 Helen Schucman, *Ein Kurs in Wundern, Übungsbuch,* Lektion 23, a. a. O., S. 34.

95 Als sein Ende nahte, begann Rumi das *Mathnawi* zu zitieren, eines der längsten Poeme der Welt. Da wir jetzt zur supernatürlichen Achse unseres Diagramms übergehen, werde ich mehrfach über das *Mathnawi* als eine der Primärquellen für die schwierige Frage der nichtmateriellen Kräfte reflektieren.

96 Rumi, *The Mathnawi,* Buch 1, Verse 3435–3444.

97 Davies, »Toward a Theory of Revolution«, S. 6.

98 Ralph Waldo Emerson, »History« in *Essays: First Series* (1841), siehe http://emersoncentral.com/history.htm.

99 Helen Schucman, *Ein Kurs in Wundern, Textbuch,* a. a. O, Kapitel 21, S. 445.

100 Starhawk, *Webs of Power: Notes from the Global Uprising,* Gabriola Island, British Columbia, 2010, S. 263.

101 Edwards, *The Natural History of Revolution*, S. 69.

102 Diesen Satz prägte die Soziologin Yonina Talmon zur Beschreibung tausendjähriger Bewegungen.

103 Yonina Talmon, »Pursuit of the Millennium: The Relation between Religious and Social Change«, in: *The European Journal of Sociology*, 1962, Nr. 2.

104 Siehe Brian Copenhaver, Einführung zu *Hermetica*, Cambridge 1995, S. XXIV.

105 Copenhaver, S. XXIV f.

106 Hermes Trismegistus, *Asclepius*, Cambridge 1995, S. 72.

107 Starhawk, *Webs of Power*, S. 262.

108 Helen Schucman, *Ein Kurs in Wundern, Textbuch*, a. a. O, Kapitel 1, S. 3.

109 Zit. n. Spencer Lloyd Peet, »The *Ensō of Zen*«, in: *Kindred Spirit*, Nr. 115, März-April 2012. Siehe http://diversejapan.com/2012/05/15/shodo-japanese-kalligraphy-master-shoho-teramoto-the-enso-of-zen.

Die nahe Vergangenheit der Rebellion

110 Zit. n. Roland Enmarch, *A World Upturned: Commentary on and Analysis of the Dialogue of Ipuwer and the Lord of All*, Oxford University Press, Oxford 2009, S. 222.

111 Diese Information basiert auf Davide Casaleggios Präsentation vor der Fraktion Europa der Freiheit und der direkten Demokratie (EFDD) im Europäischen Parlament, die YouTube am 22. 4. 2015 veröffentlichte. Siehe https://www.youtube.com/watch?v=9XeiXAM5WGc

112 David Boaz, »Dollars Per Vote in the Presidential Election«, Cato Institute Blog, siehe http://www.cato.org/blog/dollars-vote-presidential-election.

113 Eine Mitschrift und ein Video von meiner Rede siehe https://micahmwhite.com/five-star-movements-v$_3$day/

114 Giles Tremlett, »€ 500 000 Scam of a Spanish Robin Hood«, in: *The Guardian*, 19. 9. 2008.

115 Ein ausführliches Profil von Enric Duran siehe bei Nathan Schneider, »On the Lam with Bank Robber Enric Duran«, in: *VICE*, April 2015.

116 Micah White, »Blackspot Debt Collection Agency«, in: *Adbusters* blog, 9. 2. 2009, siehe https://www.adbusters.org/blogs/blackspot_blog/blackspot_debt_collection_agency.html.

117 David Graeber, »Of Flying Cars and the Declining Rate of Profit«, in: *The Baffler*, 2012, Nr. 19, siehe thebaffler.com.

118 Hazrat Inayat Khan, *The Art of Being and Becoming*, Omega Publication, Lanham 2005, S. 12.

119 Marianne Williamson, *Das Gesetz des göttlichen Ausgleichs*, München 2014, S. 87 f.

120 Régis, Debray *Revolution in der Revolution?*, S. 116.

121 Dennis B. Warner, »International Peacemakers Enter Bethlehem Church of the Nativity«, in: Josie Sandrock u. a. (Hg.), *Peace Under Fire/Palestine and the International Solidarity Movement*, London 2014, S. 79.

**Die ferne Vergangenheit
der Rebellion**

122 *Walker Lake Bulletin*, Jg. 20, 1889, Nr. 3, zit. n. Michael Hittman, *Wovoka and the Ghost Dance: A Source Book*, University of Nebraska Press, Lincoln 1997, S. 259.

123 Hittman, a. a. O., S. 17.

124 Ed Dyer, zit. n. ebd.

125 Siehe L. G. Moses, »›The Father Tells Me So!‹ Wovoka: The Ghost Dance Prophet«, in: *American Indian Quarterly*, Jg. 9, Nr. 3.

126 Alice Guild, zit. n. Hittman, a. a. O., S. 92 f.

127 Hittman, a. a. O., S. 10.

128 Siehe Jeffrey Ostler, »Conquest and the State: Why the United States Employed Massive Military Force to Suppress the Lakota Sioux Ghost Dance«, in: *Pacific Historical Review*, Jg. 65, 1996, Nr. 2, S. 217–248.

129 Als Grenzregion definierte das Census Bureau Gebiete mit einer Bevölkerungsdichte von weniger als zwei Einwohnern pro Quadratmeile. Nicht gezählt wurden »Indianer, die keine Steuern zahlen«.

130 Frederick Jackson Turner, *Die Grenze: ihre Bedeutung in der amerikanischen Geschichte*, Bremen-Horn 1947, S. 43.

131 Geoffrey Greatrex, »The Nica Riot: A Reappraisal«, in: *The Journal of Hellenic Studies*, Nr. 117.

132 Siehe Alan Cameron, *Circus Factions: Blues and Greens at Rome and Byzantium*, Oxford 1976, S. 165–168.

133 Siehe Cameron, S. 276.

134 Cameron, S. 295.

135 Greatrex, »The Nika Riot«.

136 Cameron, *Circus Factions*, S. 63.

137 Zit. n. William Safire, *Lend Me Your Ears: Great Speeches in History*, New York 2004, S. 47.

138 Greatrex, »The Nika Riot«.

139 Friedrich Engels, *Zur Geschichte des Urchristentums*, in: Karl Marx, Friedrich Engels, Werke, Bd. 22, Berlin 1963, S. 449.

140 P. Cornelius Tacitus, *Annalen.* Lateinisch-Deutsch. Hg. von Erich Heller, München und Zürich 1982, S. 751.

141 Den Bericht des Eusebius siehe https://de.wikipedia.org/wiki/ Schlacht_an_der_Milvischen_Br% C3%BCcke#Die_Vision_Konstan tins.

142 Oliver Nicholson, »Constantine's Vision of the Cross«, in: *Vigiliae Christianae*, Jg. 54, 2000, Nr. 3, S. 309–323.

143 Thomas Smith, *Arminius: A History of the German People and of Their Legal and Constitutional Customs, from the Days of Julius Cæsar to the Time of Charlemagne*, James Blackwood, London 1861, S. 99.

144 Siehe u. a. Edward Gibbon, *Verfall und Untergang des Römischen Imperiums*, Berlin 2008.

145 Peter S. Wells, *The Battle That Stopped Rome*, New York 2004, S. 105.

146 John Dornberg, »Battle of the Teutoberg (sic!) Forest«, in: *Archaeology*, Jg. 45, Nr. 5 (September/Oktober 1992), S. 26–32.

147 Siehe ebd.

148 Wells, *The Battle That Stopped Rome*, S. 50.

149 Wells, S. 163.

150 Siehe Dornberg, »Battle of the Teutoberg Forest«.

151 Siehe Wells, *The Battle That Stopped Rome*, S. 209.

152 Tacitus, *Annalen*, S. 203.

153 Zit. n. Ralph D. Sawyer, *The Seven Military Classics of Ancient China*, Westview Press, Boulder, Colorado, und Oxford, UK, 1993, S. 208.

Schutz der mentalen Umwelt

154 »P&G's Artzt: TV Advertising in Danger, Remedy Is to Embrace Technology and Return to Program Ownership«, in: *Advertising Age*, 23.5.1994.

155 Sergey Brin und Lawrence Page, »The Anatomy of a Large-Scale Hyper-textual Web Search Engine«, in: *Computer Networks*, Bd. 30 (1998), S. 107–117. Dieser Artikel ist auch einzusehen in http://research. google.com/pubs/archive/334.pdf.

156 Thomas Wells, »Is Advertising Morally Justifiable? The Importance of Protecting Our Attention«, in: *ABC Religion and Ethics*, 14.7.2015. Siehe auch: http://www.abc.net.au/reli gion/articles/2015/07/14/4273200. htm.

157 Richard Dawkins, *Das egoistische Gen*, Berlin 2007, S. 321.

158 Suzanne Goldenberg, »Warming of Oceans Due to Climate Change Is Unstoppable, Say US Scientists«, in: *The Guardian*, 16.7.2015.

159 Rachel Carson, *Der stumme Frühling*, Frankfurt am Main, Wien, Zürich 1965, S. 1f. Siehe auch Micah White, »Notes Toward a Future of Activism«, in: *Reconstruction*, Jg. 10 (2010), Nr. 3, http://reconstruction. eserver.org/Issues/103/White_01. shtml.

Die Zukunft der Rebellion

160 Die Hervorhebung in dem Lenin-Zitat stammt von Lenin. Siehe W.I. Lenin, Werke, Bd. 12, Berlin 1959, S. 103. Zu den Umfragen nach der Bekanntheit von Occupy siehe »Poll: Half the Country Has Heard about the Occupy Wall Street Protests«, in: CNN Political Ticker, 10.10.2011.

161 Martin Heidegger, *Sein und Zeit,* in: Gesamtausgabe, 57 Bde., Bd. 2, Frankfurt am Main 1977, S. 141 sowie Martin Heidegger, *Gelassenheit,* Pfullingen 1960, S. 17.

162 Kevin Healy, Luke Mcnally, Graeme D. Ruxton, Natalie Cooper und Andrew L. Jackson, »Metabolic Rate and Body Size are Linked with Perception of Temporal Information«, in: *Animal Behaviour,* Jg. 86 (2013), Nr. 4, S. 685–696.

163 Siehe Neil Johnson, Guannan Zhao, Eric Hunsader, Hong Qi, Nicholas Johnson, Jing Meng und Brian Tivnan, »Abrupt Rise of New Machine Ecology beyond Human Response Time«, in: *Scientific Reports,* 2013, Nr. 3.

164 Ich variiere hier eine Aussage des US-Zukunftsforschers Roy Amara, der erklärte: »Wir neigen dazu, die kurzfristige Wirkung einer Technologie zu überschätzen und die langfristige zu unterschätzen.«

165 Thomas Jefferson, Brief an John Adams, Monticello, 4.9.1823, siehe http://www.let.rug.nl/usa/presiden ts/thomas-jefferson/letters-of-tho mas-jefferson/jefl273.php.

Drei Szenarien für die nächste revolutionäre Situation

166 Naomi Klein, *Die Entscheidung: Kapitalismus vs. Klima*, Frankfurt am Main 2015, S. 558.

167 Zit. n. *Régis Debray, Revolution in der Revolution? Bewaffneter Kampf und politischer Kampf in Lateinamerika*, München 1967, S. 71.

168 Diogenes Laertius, *Lives of Eminent Philosophers*, 2. Buch, siehe http://data.perseus.org/citations/urn:cts.greekLit:tlg0004.tlg001.perseus-en g1:6.2.

169 Glückwunschtelegramm Albert Einsteins an die Versammlung im Salle Playel von Paris am 3.12.1948, zit. n. Albert Einstein, *Über den Frieden. Weltordnung oder Weltuntergang*, hg. v. Otto Nathan und Heinz Norden, Bern 1975, S. 503 f.

170 Unsichtbares Komitee, *An unsere Freunde*, Hamburg 2015, S. 177.

171 Siehe Gary Marcus, »What Comes After the Turing Test?«, in: *The New Yorker*, 9.6.2014.

Innovation führt zum Sieg

172 Jack A. Goldstone, »The Weakness of Organization: A New Look at Gamson's *The Strategy of Social Protest*«, in: *American Journal of Sociology*, Jg. 85, Nr. 5 (März 1980), S. 1017–1042.

173 Herbert Marcuse, *Five Lectures*, Boston 1970, S. 77.

174 Evgeny Morozov, »Brave New World of Slacktivism«, in: *Foreign Policy*, 19.5.2009, siehe http://foreignpolicy.com/2009/05/19/the-brave-new-world-of-slacktivism/

175 Siehe Patrick Kingsley, »Avaaz:

Activism or Slacktivism?«, in *The Guardian*, 20.7.2011.

176 Siehe Glenn Greenwald, »Hacking Online Polls and Other Ways British Spies Seek to Control the Internet«, in: *The Intercept*, 14.7.2014, https://firstlook.org/theintercept/2014/07/14/manipulating-online-polls-way-british-spies-seek-control-internet/

177 Siehe Nick Fielding und Ian Cobain, »Revealed: US Spy Operation That Manipulates Social Media«, in: *The Guardian*, 17.3.2011.

Acht Prinzipien der Revolution

178 Das Epigraph für dieses Kapitel aus Saul D. Alinskys Buch *Rules for Radicals*, New York 1971, S. 141, wurde mit Erlaubnis von Random House, einem Imprint von Penguin Random House LLC verwendet. Alle Rechte vorbehalten. Das Zitat ist demselben Buch, S. 128, entnommen.

179 William Shakespeare, *König Heinrich IV.*, Erster Teil, Fünfter Aufzug, Erste Szene.

180 Siehe Hans Delbrück, *Geschichte der Kriegskunst im Rahmen der politischen Geschichte*, 4 Bde., Teil 4, Berlin 1920, S. 426.

181 Ian Johnson, »China's Brave Underground Journal«, in: *The New York Review of Books*, 4.12.2014.

182 Über unsere Kampagne Bates Troy Noisy Neighbor berichteten die lokalen Medien. Siehe https://www.youtube.com/watch?v=VLb R7ymto und https://www.youtube.com/watch?v=IDr Ae_B-0c.

183 Unsere wichtigste Webseite ist archi-

viert unter https://web.archive.org/
web/2011022611 0943/http://batest
roynoisyneighbour.com/

184 Friedrich Engels, *Einleitung zu Karl Marx' »Klassenkämpfe in Frankreich 1848–1850«*, in: Karl Marx, Friedrich Engels, Werke, Bd. 22, Berlin 1963, S. 519 ff.

185 Starhawk, *Webs of Power*, S. 261.

Ein politisches Wunder

186 Maxim Gorky, *Days with Lenin*, New York, 2014, S. 27.

187 Leon Trotsky, »The Questions of Wendelin Thomas«, in: *Socialist Appeal*, Jg. 1, Nr. 2, 21. 8. 1937, S. 3.

188 Alain Badiou, *Das Erwachen der Geschichte*, Wien 2013, S. 71.

189 Siehe Paul Lewis, Rob Evans und Rowenna Davis, »Undercover Policeman Married Activist He was Sent to Spy on«, in: *The Guardian*, 19. 1. 2011.

190 Brian Neil Levine, Clay Shields und N. Boris Margolin, »A Survey of Solutions to the Sybil Attack«, in: *Tech Report 2006–052*, Amherst, Massachusetts, Oktober 2006.

191 Louis Menand, »A Friend of the Devil: Inside a Famous Cold War Deception«, in: *The New Yorker*, 23. 3. 2015.

192 Don Irwin und Vincent Burke, »21 Foundations, Union Got Money from CIA«, in: *Los Angeles Times*, 26. 2. 1967.

193 Menand, »A Friend of the Devil«.

194 *Congressional Quarterly*, »Foundations, Private Organizations Linked to CIA«, 24. 2. 1967. Siehe http://bit.ly/1KrUyyi.

195 Matt Apuzzo, »Holder Says Private Suit Risks State Secrets«, in: *The New York Times*, 14. 9. 2014.

196 Glenn Greenwald, »Court Accepts DOJ's ›State Secrets‹ Claim to Protect Shadowy Neocons: a New Low«, in: *The Intercept*, 26. 3. 2015. Siehe https://firstlook.org/theintercept/2015/03/26/new-low-obama-doj-federal-courts-abusing-state-secrets-privilege/

Eine Prophezeiung

197 Sunzi, *Über die Kriegskunst*, Kapitel VI, 6:30.

Auswahlbibliographie

Hannah Arendt, *Über die Revolution*, München 1974.

Ivan M. Arreguín-Toft, *How the Weak Win Wars: A Theory of Asymmetric Conflict*, New York 2005.

Alain Badiou, u. a., *Philosophie und Aktualität – ein Streitgespräch*, Wien 2005.

Alain Badiou, *Das Erwachen der Geschichte*, Wien 2013.

Rudolf Bahro, *Pfeiler am anderen Ufer, Beiträge zur Politik der Grünen von Hagen bis Karlsruhe*, Sonderdruck der Zeitschrift *Befreiung*, Berlin 1984.

Rudolf Bahro, *Logik der Rettung: Wer kann die Apokalypse aufhalten? Ein Versuch über die Grundlagen ökologischer Politik*, Stuttgart 1987.

Michail Bakunin, *Staatlichkeit und Anarchie*, Berlin 2007.

Gregory Bateson, *Ökologie des Geistes: anthropologische, psychologische, biologische und epistemologische Perspektiven*, Frankfurt am Main 2014.

Jean Baudrillard, *Agonie des Realen* (Internationale marxistische Diskussion; Band 81), Berlin 1978.

Beautiful Trouble: Handbuch für eine unwiderstehliche Revolution, Berlin 2016.

Dan Berger, Chesa Boudin, Kenyon Farrow und Bernardine Dohrn, *Letters From Young Activists: Today's Rebels Speak Out*, New York 2005.

Crane Brinton, *Die Revolution und ihre Gesetze*, Frankfurt am Main 1959.

Alan Cameron, *Circus Factions: Blues and Greens at Rome and Byzantium*, Oxford 1976.

Nicholas Carr, *Wer bin ich, wenn ich online bin ...: und was macht mein Gehirn solange? – Wie das Internet unser Denken verändert*, München 2010.

Rachel Carson, *Der stumme Frühling*, Frankfurt am Main, Wien, Zürich 1965.

Fidel Castro und Ali Tariq, *The Declarations of Havana*, New York 2008.

Simon Critchley, *Unendlich fordernd: Ethik der Verpflichtung, Politik des Widerstands*, Zürich 2008.

Hans von Dach, *Der totale Widerstand*, Biel 1957.

Richard Dawkins, *Das egoistische Gen*, Berlin 1978.

Régis Debray, *Revolution in der Revolution? Bewaffneter Kampf und politischer Kampf in Lateinamerika*, München 1967.

Hans Delbrück, *Geschichte der Kriegskunst*, 4 Bde., Bd. 4, Altenmünster 2012.

Costas Douzinas und Slavoj Žižek, *Die Idee des Kommunismus*, Bd. 1, Hamburg 2012.

Terry Eagleton, *Warum Marx recht hat*, Berlin 2012.

Lyford P. Edwards, *The Natural History of Revolution*, Chicago 1970.

Albert Einstein, *Über den Frieden. Weltordnung oder Weltuntergang?*, hg. v. Otto Nathan und Heinz Norden, Bern 1975.

Jacques Ellul, *Verrat am Abendland*, Stuttgart 1978.

Friedrich Engels, *The Revolutionary Act: Military Insurrection or Political and Economical Action?*, New York 1922.

Friedrich Engels, *Zur Geschichte des Urchristentums*, in: Karl Marx, Friedrich Engels, Werke, Bd. 22, Berlin 1963.

Friedrich Engels, *Revolution und Konterrevolution in Deutschland*, in: Karl Marx, Friedrich Engels, Werke, Bd. 8, Berlin 1960.

Lawrence Ferlinghetti, *Die Liebe in den Stürmen der Revolution*, München 1991.

Erich Fromm, *Über den Ungehorsam und andere Essays*, München 1990.

William A. Gamson, *The Strategy of Social Protest*, Illinois 1975.

Mohandas Gandhi, *Gandhi: Essential Writings*, hg. v. V. V. Ramana Murti, New Delhi 1970.

Timothy Garton Ash, *Ein Jahrhundert wird abgewählt: Aus den Zentren Mitteleuropas, 1980–1990*, München 1990.

Edward Gibbon, *Verfall und Untergang des Römischen Imperiums*, (neueste zeitgemäße Übersetzung v. Michael Walter), Berlin 2008.

Maxim Gorki, *Lenin: A Biographical Essay*, University Texts, Edinburgh 1967.

André Gorz, *Ökologie und Politik: Beiträge zur Wachstumskrise*, Reinbek 1977.

André Gorz, *Abschied vom Proletariat: jenseits des Sozialismus*, Frankfurt am Main 1980.

David Graeber, *Direkte Aktion: ein Handbuch*, Hamburg 2013.

David Graeber, *Schulden: die ersten 5000 Jahre*, Stuttgart 2014.

Che Guevara, *Brandstiftung oder neuer Friede? Reden und Aufsätze*, Reinbek 1969.

Martin Heidegger, *Gelassenheit*, Pfullingen 1960.

Martin Heidegger, *Sein und Zeit*, Berlin 2001.

Stéphane Hessel, *Wege der Hoffnung*, Hamburg 2014.

Michael Hittman und Don Lynch, *Wovoka and the Ghost Dance*, Lincoln 1997.

Ted Honderich, *Terrorismus für Humanität*, Berlin 2004.

Irving Louis Horowitz und Georges Sorel, *Radicalism and the Revolt Against Reason: The Social Theories of Georges Sorel*, New York 1961.

Khan Inayat, *The Art of Being and Becoming*, New Lebanon, New York 2009.

Ha Jin, *Im Teich*, München 2001.

Hank Johnston, *What Is a Social Movement?*, Cambridge 2014.

Sören Kierkegaard, *Zwei ethisch-religiöse Abhandlungen: 1. Darf ein Mensch sich für die Wahrheit töten lassen? 2. Über den Unterschied zwischen einem Genie und einem Apostel*, Gießen 1902.

Martin Luther King, *Warum wir nicht warten können*, Wien 1968.

Naomi Klein, *Die Entscheidung: Kapitalismus vs. Klima*, Frankfurt am Main 2015.

Thomas Kuhn, *Die Struktur wissenschaftlicher Revolutionen*, Frankfurt am Main 1967.

James S. Kunen, *Erdbeer-Manifest: Notizen zur Columbia-Revolte*, Darmstadt 1969.

Jaron Lanier, *Gadget: Warum die Zukunft uns noch braucht*, Berlin 2010.

Kalle Lasn, *Culture Jam: The Uncooling of America*, New York 1999.

Ursula Le Guin, *Die Enteigneten: eine ambivalente Utopie*, Bellheim 2006.

Wladimir Iljitsch Lenin, *Was tun?*, in: Werke, Bd. 5, Berlin 1958.

Sinclair Lewis, *Das ist bei uns nicht möglich*, Leipzig 1984.

B. H. Liddell Hart, *Strategie*, Wiesbaden 1955.

Jack London, *Die eiserne Ferse*, Berlin 1972.

Barry Holstun Lopez, *Als ich aus der Welt verschwand*, Frankfurt am Main 2008.

Jean-François Lyotard, *Der Widerstreit*, München 1989.

Herbert Marcuse, *Versuch über die Befreiung*, Frankfurt am Main 1969.

Karl Marx, *Die Klassenkämpfe in Frankreich*, in: Karl Marx, Friedrich Engels, Werke, Bd. 7, Berlin 1960.

Karl Marx, *Zur Kritik der Hegelschen Rechtsphilosophie*, in: Karl Marx, Friedrich Engels, Werke, Bd. 1, Berlin 1958.

George Orwell, *Mein Katalonien*, Zürich 2003.

Christian Parenti, *Im Wendekreis des Chaos*, Hamburg 2017.

Neil Postman, *Wir amüsieren uns zu Tode*, Frankfurt am Main 2008.

Morgan Philips Price, *Die russische Revolution. Erinnerungen aus den Jahren 1917–1919*, Hamburg 1921.

Erich Maria Remarque, *Im Westen nichts Neues*, Frankfurt am Main 1957.

Arundhati Roy, *Wanderung mit den Genossen*, Frankfurt am Main 2011.

George F. E. Rudé, *Die Volksmassen in der Geschichte*, Frankfurt am Main 1979.

Bernhard Schlink, *Das Wochenende*, Zürich 2008.

John Seed, *Denken wie ein Berg: ganzheitliche Ökologie – die Konferenz des Lebens*, Freiburg im Breisgau 1989.

Michel Serres, *Das eigentliche Übel: verschmutzen, um sich anzueignen?*, Berlin 2009.

Michel Serres, *Die fünf Sinne: eine Philosophie der Gemenge und Gemische*, Frankfurt am Main 1993.

Theda Skocpol, *States and Social Revolutions: A Comparative Analysis of France, Russia, and China*, New York 1979.

Starhawk, *Webs of Power: Notes From the Global Uprising*, Gabriola Island, British Columbia 2002.

Tacitus, *Annalen*, Lateinisch-Deutsch, hg. von Erich Heller, Düsseldorf und Zürich 1997.

Nassim Nicholas Taleb, *Narren des Zufalls: die unterschätzte Rolle des Zufalls in unserem Leben*, München 2013.

Leo Tolstoi, *Krieg und Frieden*, 4 Bde., Leipzig 1977.

Sherry Turkle, *Verloren unter 100 Freunden: wie wir in der digitalen Welt seelisch verkümmern*, München 2012.

Frederick Jackson Turner, *Die Grenze: ihre Bedeutung in der amerikanischen Geschichte*, Bremen-Horn 1947.

Unsichtbares Komitee, *Der kommende Aufstand*, Hamburg, 2010.

Unsichtbares Komitee, *An unsere Freunde*, Hamburg 2015.

Paul Virilio, *Die Verwaltung der Angst: ein Gespräch mit Bertrand Richard*, Wien 2016.

W. Warren Wagar, *A Short History of the Future*, Chicago 1989.

Immanuel Maurice Wallerstein, *Utopistik: historische Alternativen des 21. Jahrhunderts*, Wien 2008.

Natasha Walter, *Living dolls: warum junge Frauen heute lieber schön als schlau sein wollen*, Frankfurt am Main 2011.

Peter S. Wells, *Die Schlacht im Teutoburger Wald*, Düsseldorf 2005.

Marianne Williamson, *Das Gesetz des göttlichen Ausgleichs*, München 2016.

Slavoj Žižek, *Gewalt: sechs abseitige Reflexionen*, Hamburg 2011.

Slavoj Žižek, *Das Jahr der gefährlichen Träume*, Frankfurt am Main 2013.

Slavoj Žižek, *In Defense of Lost Causes*, London, 2008.

Émile Zola, *Germinal*, Hamburg 2012.

Dank

Dieses Buch ist der Höhepunkt von 20 Jahren Aktivismus. Deswegen möchte ich meinen liebenden und hilfreichen Eltern Ronald und Monica White meinen tief empfundenen Dank sagen. Sie haben mich stets dazu ermutigt, meinem Herzen zu folgen, selbst wenn sie nicht sicher waren, wohin meine Protestaktionen mich führen würden. Dank schulde ich auch meinem Bruder Jamaal White, der mich als Erster an die Philosophie herangeführt hat. Außerdem danke ich Francis, Marie und Francesca Ricciardone sowie Matt Hall dafür, dass sie meinen Horizont erweitert haben.

Es war eines der größten Geschenke in meinem Leben, einen Verlag zu finden, der an mein Buch geglaubt hat. Das Team von Penguin Random House Canada war einfach wunderbar. Mein größter Dank gilt Scott Sellers für seine Treue und Beharrlichkeit. Ohne ihn wäre mein Buch nicht zu den Lesern gelangt. Amanda Lewis war eine außergewöhnliche Lektorin, die dieses Buch mit Nachdenklichkeit und tiefer Kenntnis des Aktivismus zur Vollendung geführt hat.

Dankbar bin ich auch Anne Collins für ihre kompetenten Ratschläge. Anerkennung dir, Terri Nimmo, für den schönen Einband und das Layout. Ebenso zu Dank verpflichtet bin ich Suzanne Brandreth, Paige Sisley und allen bei Cooke Agency International, die geholfen haben, das Buch einer breiteren Öffentlichkeit bekannt zu machen. Alison Reid war eine erstklassige Korrektorin. Hohe Wertschätzung für Deirdre Molina,

Brittany Larkin und andere, die diesem Buch auf die Welt geholfen haben.

Zahlreiche in diesem Buch enthaltene Ideen habe ich in Gastvorlesungen und Präsentationen beim Ideas City Festival GUME in São Paulo, am Antioch College, an der Miami University, an der University of Puget Sound, am Columbus College of Art & Design, am Rocky Mountain College of Art + Design sowie am St. Mary's College of Maryland vorstellen können. Dank schulde ich den Fakultäten, den Mitarbeitern, Studenten und Zuhörern, die an diesen Veranstaltungen teilgenommen und mich mit ihren Fragen herausgefordert haben.

Roseanne Barr trat in mein Leben, als ich es am meisten brauchte. Sie öffnete mir die Augen für eine ganz neue Sicht auf die Realität und riet mir, mich mit der Frauenbefreiung zu befassen. Dank Ihnen, Roseanne! Meine Anerkennung gilt Regina Augusto, David Abram, Franco Berardi, Gianroberto Casaleggio, Alexander Ebert, Wasalu Muhammad Jaco, Tim Lucas, Andy Merrifield, Mattathias Schwartz und Eva Talmadge dafür, dass sie einen frühen Entwurf des Buches gelesen haben. Auch den Einwohnern von Nehalem schulde ich Dank.

Allen Occupyern dort draußen sage ich: Wir wollen es bald wieder tun, nur anders.

Kaum in Worte fassen kann ich, wie dankbar ich Chiara Ricciardone bin, meiner Frau und häufigen Mitstreiterin. Sie ist der klügste Mensch, den ich kenne. Von Chiaras Verständnis der Philosophie haben alle meine Gedanken enorm profitiert.

Christian Lammert · Boris Vormann

DIE KRISE DER DEMO- KRATIE

und wie wir sie überwinden

aufbau

1. ALTERNATIVEN
ZUR ALTERNATIVLOSIGKEIT

Washington D.C., den 20.1.2017: Trump tritt an das Rednerpult auf dem Westflügel des Kapitols. Hinter ihm frühere Präsidenten und das Establishment, gegen das der neu gewählte Präsident die vergangenen Monate gewettert hatte. Vor ihm eine Menge von Schaulustigen, die eine sehr außergewöhnliche Antrittsrede zu hören bekommen. Außergewöhnlich? Üblicherweise dienen diese Ansprachen dazu, die Grabenkämpfe des Wahlkampfes hinter sich zu bringen, die Spaltung des Landes zu überwinden und geeint die aktuellen Herausforderungen anzugehen. Jeder amerikanische Präsident des 20. Jahrhunderts hat sich an dieses Ritual der Wiederversöhnung gehalten, das den eigenen Auftrag in den Dienst des Gemeinwohls stellen und in das Narrativ einer glorreichen nationalen Geschichte einreihen soll. Der Dank an den vorherigen Präsidenten und die Würdigung der friedlichen Übergabe demokratischer Macht sind fest im Protokoll des Amtsantritts verankert. Eigentlich nichts Besonderes, sondern vor allem viel Symbolpolitik.

So dachte man. Doch Trump hatte andere Pläne. Gleich in den ersten Sätzen seiner Rede hob er, nach einem flüchtigen Dank an seinen Vorgänger Barack Obama, die besondere Bedeutung seiner Präsidentschaft hervor: »Denn heute übergeben wir die Macht nicht nur von einer Regierung an die nächste oder von einer Partei an die andere, nein, heute übertragen wir die Macht von Washington

D.C. zurück an Euch, das amerikanische Volk.« Die Miene Obamas, den man im Kamerablick während der ganzen Rede im Hintergrund Trumps beobachten konnte, verfinsterte sich spätestens mit den nächsten Sätzen: »Zu lange hat eine kleine Gruppe in der Hauptstadt unseres Landes die Früchte des Regierens geerntet, während die Bevölkerung die Kosten dafür getragen hat. Washington blühte und gedieh, aber die Bevölkerung bekam von dem Reichtum nichts ab.«[1]

Dass Trump kein gewöhnlicher Präsidentschaftskandidat war, wusste man zuvor. Doch viele hofften, das Amt würde ihn schnell prägen. Trumps Antrittsrede auf dem Kapitol war ein erstes Zeichen dafür, dass diese Hoffnungen fehl am Platz waren. Außerdem deutete sich bereits zu jenem Zeitpunkt an, dass die Krise der Demokratie sich nicht auf die USA beschränken würde. Auch andere Neonationalisten sahen ihre Stunde gekommen. Trump-Günstling Nigel Farage, der ehemalige Parteichef der britischen rechtsnationalen UK Independence Party (Ukip), war beim Amtsantritt auch in Washington D.C. Den Erfolg Trumps wertete er als Omen für die Renationalisierung auf der europäischen Seite des Atlantiks: »Der Brexit war der erste Stein, der aus der Mauer brach, und der Sieg von Trump war ein weiterer Brexit aus dem Gefüge der globalen Szenerie.« Diese Dynamik würde wiederum ihre Fortsetzung in Europa finden, beispielsweise im italienischen Referendum, in dem »das Volk mit einer Bazooka eine ganze Salve gegen das Pro-EU-Establishment abgefeuert [hat] und so denjenigen, die sich gegen den Zentralismus der Macht wehren und gegen die Strenge und die Vorschriften Brüssels auflehnen, eine Stimme« gab.[2]

Wenig überraschend war es also, dass sich am Tag nach Trumps Antrittsrede in Koblenz das Who-is-Who der europäischen Rechtspopulisten traf, um die gemeinsame Sache zu beschwören. Marine Le Pen, Anführerin des Front National in Frankreich, sprach triumphierend von 2017 als dem Jahr, »in dem die Völker des europäischen Kontinents erwachen.« Dem Publikum, das während ihrer Rede immer wieder skandierte »Merkel muss weg, Merkel muss weg« rief sie zu: »Wir erleben das Ende einer Welt und die Geburt einer neuen.«[3] Und ganz ähnlich wie bei Trump ist bei dieser Wiedergeburt der Nationalismen in Europa das Element der Angst zentral, ob nun vor der »Islamisierung«, die auch im »stolzen Deutschland« den Frauen Angst mache, »ihr blondes Haar zu zeigen« – wie der niederländische Demagoge Geert Wilders bei jenem Anlass betonte[4] – oder vor der Europäischen Union, die »am Anfang [...] nur die Krümmung der Gurke normiert« hat und am Ende »gerne unsere Gedanken normieren« würde, wie Frauke Petry von der Alternative für Deutschland (AfD) hervorhob.[5]

Doch woher die Offenheit für Populisten? Wie konnte es zum Erstarken der Rechtsnationalen kommen? So plötzlich? Aus dem Nichts? Nur in einem schienen sich nach dem turbulenten Frühjahr 2017 die meisten Kommentatoren des politischen Geschehens auf beiden Seiten des Atlantiks einig: Sie hätten den Aufstieg der Neonationalisten nicht für möglich gehalten.

WIE IST ES DAZU GEKOMMEN?

Spulen wir zurück, an den Abend der US-Präsidentschaftswahlen. In der Nacht des 8. November 2016, als sich das Wahlergebnis allmählich abzeichnete, zeigten die Medien Bilder, die unterschiedlicher kaum hätten sein können. In einem fensterlosen Hotelsaal in Midtown Manhattan auf der einen Seite eine kleine Schar frenetischer Trump-Anhänger mit roten Baseballmützen, auf ihnen der Slogan »Make America Great Again.« Die internationale Presse wird nicht in den Raum gelassen, um mit der überschaubaren Gruppe die improvisierte Siegesrede des überraschten President-Elect zu verfolgen. Einige hundert Meter weiter ein ganz anderer Anblick. Im pompösen Javits Center mussten siegessichere Clinton-Anhänger unter Begleitung aufmunternder Blaskapellenmusik einen Einzelstaat nach dem anderen schwinden sehen – North Carolina, dann Wisconsin, dann Michigan – und letztlich vom Wahlkampfleiter John Podesta aufgefordert werden, den Saal zu verlassen, ohne dass sie ihre Kandidatin, Hillary Clinton, zu Gesicht bekommen hätten. Zu sehr hätte sie die unerwartete Niederlage gegen einen grotesken Außenseiter getroffen, vernimmt man in den Tagen danach.

Keiner hat Trump kommen sehen. Selbst Trump nicht. Hillary Clinton steckte der Schock noch Tage später in den Knochen. Keiner der Experten hatte dem exzentrischen Immobilienmilliardär auch nur die geringste Chance eingeräumt. Zu Beginn des Wahlkampfs wünschte man sich in Clintons Team Trump sogar geradezu als Gegner – so wenig sah man ihn als ernst zu nehmende Konkurrenz. Nate Silver, der Zahlen-Guru für politische Vorhersagen, lag wie alle anderen auch mit seiner Prognose meilenweit daneben. Noch am Abend der Wahl berechnete man die Wahrscheinlichkeit, dass Clinton gewinnen würde, auf der Frontseite etablierter Medien wie der New York Times oder Politico als über 90-prozentig.

Und dennoch gewann Trump.

Doch war der Wahlausgang tatsächlich so überraschend? Schon Monate zuvor hatte man ja beim Brexit ein ganz ähnliches Muster beobachten können. Auch da schien am Vorabend der Entscheidung alles eindeutig. Am nächsten Morgen dann das unerwartete Wahlergebnis, der Schock. Die Neonationalisten der Ukip-Partei jubelten. Und auch anderswo hat sich eine ganz ähnliche Abkehr vom Status quo vollzogen. In Frankreich gelang der rechtsextremen Partei des Front National unter der Führung Marine Le Pens tatsächlich der Einzug in die zweite Runde der Präsidentschaftswahlen. Dieser Gesamteindruck einer Krise der Demokratie erhärtet sich auch, blickt man über die Grenzen Europas und der USA hinaus. Jenseits der Länder, die sich in der Vergangenheit oft mit ihrer demokratischen Tradition gebrüstet haben, wird tiefer im Osten schon seit geraumer Zeit von der sogenannten souveränen Demokratie Russlands und Orbans illiberaler Demokratie in Ungarn gesprochen. Auch die Türkei hat sich unter Erdoğan von der eigenen demokratischen Tradition abgewendet, während manche am Beispiel Chinas sogar zu erkennen glauben, dass Wirtschaftswachstum ohnehin mit Demokratie nicht vereinbar sei – man auf letztere also durchaus auch verzichten könne: im Interesse aller.

Doch neu ist, dass eben auch die Vereinigten Staaten und die Mitgliedstaaten der Europäischen Union, Länder also, die man vor nicht allzu langer Zeit noch als funktionierende, ja vorbildliche Demokratien bezeichnet hätte, ins Straucheln geraten sind. Die sich hier zeigende Krise ist Ausdruck gespaltener und immer ungleicher werdender Gesellschaften, die sich den Kräften der Märkte ausgeliefert und von den Vorzügen der Globalisierung abgekoppelt fühlen. Die Krise der Demokratie äußert sich in einigen Ländern direkt in der Zentralisierung von Macht auf einzelne Führungspersönlichkeiten. In den meisten in einem Mangel an Rechenschaft der Eliten gegenüber ihrer Wählerschaft. Im transatlantischen Kontext zeigte sich das Verlangen nach starken Persönlichkeiten, die einen Weg aus der tief empfundenen ökonomischen und sozialen Krise versprechen, in den USA war dies Trump auf Seiten der Konservativen und Bernie Sanders bei den Progressiven. Beide mobilisierten mit einer Kritik am politischen Establishment und Forderungen nach einem tiefgreifenden politischen Wandel. Sanders sprach sogar von einer »politischen Revolution« und bezeichnete sich selbst als einen Sozialisten – eigentlich in den USA, dem Land, in dem es keinen Sozialismus gegeben haben soll, der sichere politische Suizid.[6]

Aber worin genau liegt denn überhaupt die Krise? Ist die Empörung einfach nur eine allergische Reaktion des Bildungsbürgertums und Linksintellektueller darauf, dass ihre Favoriten nicht siegreich aus den Wahlen hervorgegangen sind? Ist das nicht genau der Sinn von Demokratie, dass es einen Pluralismus von Meinungen gibt? Sind Trump und der Brexit, anders ausgedrückt, nicht ein Ausweis für das Funktionieren der Demokratie?

In der Tat handelt es sich nicht primär um eine institutionelle Krise. Trump ist ja demokratisch ins Amt gewählt worden, die etablierten Kontrollmechanismen scheinen (noch) zu greifen und es regt sich politischer Widerstand gegen seinen absolutistischen Führungsanspruch. Das stimmt. Und dennoch ist ganz klar: Wir haben es mit einer handfesten Krise der Demokratie zu tun, die jedoch nur verstehen kann, wer weiter zurückblickt als nur auf die Ereignisse der letzten Monate. Denn die Ursachen der Krise der Demokratie liegen weit tiefer als nur im Aufstieg der Demagogen, der Autokraten und der Oligarchen. Jener Siegeszug der Populisten ist ein Symptom der Krise, nicht ihr Ursprung. Das ist entscheidend: Sie sind die Folge einer Krise der Demokratie, sie sind sie nicht selbst. Das Versagen liegt dabei nicht allein bei denen, die nun antidemokratische Politiker wählen (bei denen jedoch auch), sondern bei einer Politik der letzten Jahrzehnte, die sich von den Interessen weiter Teile der Gesellschaft entfernt hat.

Die Originalausgabe unter dem Titel
The End Of Protest. A New Playbook For Revolution
erschien 2016 bei Alfred A. Knopf, Canada.

MIX
Papier aus verantwor-
tungsvollen Quellen
FSC   FSC® C083411
www.fsc.org

ISBN 978-3-351-05049-8

Blumenbar ist eine Marke der Aufbau Verlag GmbH & Co. KG

1. Auflage 2018
© Aufbau Verlag GmbH & Co. KG, Berlin 2018
Copyright © 2016 by Micah White
Published by arrangement with Alfred A. Knopf Canada,
a division of Penguin Random House Canada limited.
Gestaltung Vor- und Nachsatz und
Covergestaltung zero-media.net, München
unter Verwendung einer Illustration von FinePic®, München
Satz Greiner & Reichel, Köln
Druck und Binden CPI books GmbH, Leck, Germany
Printed in Germany

www.aufbau-verlag.de
www.blumenbar.de